“十三五”国家重点图书出版规划项目
交通运输科技丛书·公路基础设施建设与养护

高烈度深切峡谷山区公路边坡地质灾害分析与防治

裴向军　程　强　袁进科　杜　毅　编著

人民交通出版社股份有限公司
北　京

内 容 提 要

本书依托交通运输部西部交通建设科技项目“四川藏区高海拔高烈度条件下公路建设减灾关键技术研究”(2013318800020)的研究成果编写而成。全书共6章,系统介绍了深切峡谷山区的地质环境特征;分析总结了深切峡谷山区公路边坡地质灾害的发育类型和分布规律;在研究冻融作用和地震动效应下公路边坡岩体结构及劣化损伤作用的基础上,剖析了边坡致灾机理;最后介绍了深切峡谷山区边坡地质灾害调查新技术,给出了深切峡谷山区典型公路边坡地质灾害评估及防治技术方法。

本书为提高高烈度峡谷山区公路边坡地质灾害防灾减灾能力提供技术支撑,可供公路工程技术人员学习使用,也可为相关研究者和关注者提供借鉴。

图书在版编目(CIP)数据

高烈度深切峡谷山区公路边坡地质灾害分析与防治 / 裴向军等编著. — 北京 : 人民交通出版社股份有限公司, 2021.12

ISBN 978-7-114-16445-3

Ⅰ. ①高… Ⅱ. ①裴… Ⅲ. ①山区—公路路基—边坡—地质灾害—研究 Ⅳ. ①U418.5

中国版本图书馆 CIP 数据核字(2021)第 252938 号

“十三五”国家重点图书出版规划项目
交通运输科技丛书 · 公路基础设施建设与养护
Gaoliedu Shenqie Xiagu Shanqu Gonglu Bianpo Dizhi Zaihai Fenxi yu Fangzhi

书　　名:高烈度深切峡谷山区公路边坡地质灾害分析与防治
著 作 者:裴向军　程　强　袁进科　杜　毅
责任编辑:牛家鸣
文字编辑:王景景
责任校对:刘　芹
责任印制:张　凯
出版发行:人民交通出版社股份有限公司
地　　址:(100011)北京市朝阳区安定门外外馆斜街 3 号
网　　址:http://www.ccpcl.com.cn
销售电话:(010)59757973
总 经 销:人民交通出版社股份有限公司发行部
经　　销:各地新华书店
印　　刷:北京交通印务有限公司
开　　本:787 × 1092　1/16
印　　张:9.75
字　　数:219 千
版　　次:2021 年 12 月　第 1 版
印　　次:2021 年 12 月　第 1 次印刷
书　　号:ISBN 978-7-114-16445-3
定　　价:90.00 元
(有印刷、装订质量问题的图书由本公司负责调换)

交通运输科技丛书编审委员会

（委员排名不分先后）

本书编写组

主　　编：裴向军　程　强　袁进科　杜　毅

成　　员：庄卫林　马洪生　邬　凯　罗　璟　邵　江

崔晓光　袁　泉　芮雪莲　刘天翔　张国厅

余建华　邹雪晴　胡朝旭　刘霁茗　唐江涛

杨智翔

编写单位：成都理工大学

四川省公路规划勘察设计研究院有限公司

总　序

科技是国家强盛之基，创新是民族进步之魂。中华民族正处在全面建成小康社会的决胜阶段，比以往任何时候都更加需要强大的科技创新力量。党的十八大以来，以习近平同志为核心的党中央做出了实施创新驱动发展战略的重大部署。党的十八届五中全会提出必须牢固树立并切实贯彻创新、协调、绿色、开放、共享的发展理念，进一步发挥科技创新在全面创新中的引领作用。在最近召开的全国科技创新大会上，习近平总书记指出要在我国发展新的历史起点上，把科技创新摆在更加重要的位置，吹响了建设世界科技强国的号角。大会强调，实现"两个一百年"奋斗目标，实现中华民族伟大复兴的中国梦，必须坚持走中国特色自主创新道路，面向世界科技前沿、面向经济主战场、面向国家重大需求。这是党中央综合分析国内外大势、立足我国发展全局提出的重大战略目标和战略部署，为加快推进我国科技创新指明了战略方向。

科技创新为我国交通运输事业发展提供了不竭的动力。交通运输部党组坚决贯彻落实中央战略部署，将科技创新摆在交通运输现代化建设全局的突出位置，坚持面向需求、面向世界、面向未来，把智慧交通建设作为主战场，深入实施创新驱动发展战略，以科技创新引领交通运输的全面创新。通过全行业广大科研工作者长期不懈的努力，交通运输科技创新取得了重大进展与突出成效，在黄金水道能力提升、跨海集群工程建设、沥青路面新材料、智能化水面溢油处置、饱和潜水成套技术等方面取得了一系列具有国际领先水平的重大成果，培养了一批高素质的科技创新人才，支撑了行业持续快速发展。同时，通过科技示范工程、科技成果推广计划、专项行动计划、科技成果推广目录等，推广应用了千余项科研成果，有力促进了科研向现实生产力转化。组织出版"交通运输建设科技丛书"，是推进科技成果公开、加强科技成果推广应用的一项重要举措。"十二五"期间，该丛书共出版72册，全部列入"十二五"国家重点图书出版规划项目，其中12册获得国家出版基金支持，6册获中华优秀出版物奖图书提名奖，行业影响力和社会知名度不断扩大，逐渐成为交通运输高端学术交流和科技成果公开的重要平台。

"十三五"时期，交通运输改革发展任务更加艰巨繁重，政策制定、基础设施建设、运输管理等领域更加迫切需要科技创新提供有力支撑。为适应形势变化的需要，在以往工作的基础上，我们将组织出版"交通运输科技丛书"，其覆盖内容由建设技术扩展到交通运输科学技术各领域,汇集交通运输行业高水平的学术专著,及时集中展示交通运输重大科技成果,将对提升交通运输决策管理水平、促进高层次学术交流、技术传播和专业人才培养发挥积极作用。

当前,全党全国各族人民正在为全面建成小康社会、实现中华民族伟大复兴的中国梦而团结奋斗。交通运输肩负着经济社会发展先行官的政治使命和重大任务,并力争在第二个百年目标实现之前建成世界交通强国,我们迫切需要以科技创新推动转型升级。创新的事业呼唤创新的人才。希望广大科技工作者牢牢抓住科技创新的重要历史机遇,紧密结合交通运输发展的中心任务,锐意进取、锐意创新,以科技创新的丰硕成果为建设综合交通、智慧交通、绿色交通、平安交通贡献新的更大的力量!

杨传堂

2016 年 6 月 24 日

前　言

四川藏区地处青藏高原东缘，该区域海拔从四川盆地边缘的600多米快速攀升到青藏高原东部的4000多米，自南向北受大渡河、岷江、涪江、嘉陵江等水系切割，形成深切峡谷地貌条件。四川藏区高等级公路顺峡谷布线，上方边坡高度往往有数百米，甚至上千米。由于河流分割强烈、下切强烈，总体特点是山脉纵横、山高谷深、沟谷狭窄、横坡陡峻，存在连续长大纵坡、超长深埋隧道、特长连续隧道群、特大跨度桥梁、工程规模巨大、施工组织困难、运营安全性差等技术问题。

该区域断裂构造发育、新构造运动强烈，呈Y形分布的龙门山、鲜水河、川滇南北构造等三大断裂带影响着藏区公路建设。如从四川盆地进入四川藏区的雅安至康定高速公路的二郎山隧道，穿过龙门山断裂带南缘，止点紧临鲜水河断裂带；汶川至马尔康高速公路，起点穿越龙门山后山断裂；绵阳至九寨沟高速公路，穿越龙门山前山、中央及后山断裂；汶川至九寨沟高速公路中汶川—茂县段，贴近或穿越龙门山后山断裂。待建的部分藏区高速公路，也穿越断裂带。区内历史上强震活动频繁，地震地质灾害发育，斜坡岩土体在强震作用下稳定性差，对斜坡下方公路危害巨大。如2008年"5·12"汶川大地震就发生在龙门山中央断裂带上，2010年"4·14"玉树地震与鲜水河断裂有关，项目区地震烈度高，动峰值加速度达0.10g至0.4g以上，对应地震基本烈度达Ⅶ~Ⅸ度以上。构造物抗震减震，以及强震条件下深切峡谷地段高陡斜坡崩滑失稳及次生地质灾害问题，是关系到高速公路建设和抗灾减灾能力的关键问题。

区域地处高海拔区，冻融循环作用强烈，气候条件特殊。该区域山峰海拔多处于1500m以上，大部分在3000m以上，处于高海拔甚至超高海拔区。在高海拔条件下，边坡岩体受冻融循环作用强烈。同时区内地层岩性繁多，从古老的震旦系到新近的第四系均有分布，沉积岩、岩浆岩、变质岩均有出露。受地质构造、风化作用以及陡峭地形影响，岩体普遍破碎，滑坡、崩塌、泥石流等地质灾害类型多、规模大，对公路建设产生较大影响。如雅安至康定高速公路紫石隧道出口斜坡，在2014年4月23日、4月27日以及5月3日发生滑坡，总方量达到约7000m^3，滑塌后缘高程约1050m，造成G318国道交通完全中断。又如雅安至康定高速公路K68公里处在

2016 年 7 月 27 日发生滑坡，方量约达 6 万 m^3，规模巨大的滑体沿着贯通的滑裂面整体高速下滑，瞬间冲垮了坡脚在建高速公路的 4 根桥墩，淹埋了天全河部分河道，造成直接经济损失约 500 万元，并对工期造成一定影响。

由于四川藏区公路地处极为特殊的高海拔、高烈度、深切峡谷地区，地质灾害极为发育，尤其是高陡斜坡地质灾害判识评价困难、危害巨大，对区内公路建设和安全运营危害巨大，成为四川藏区公路灾害防治的关键技术问题。针对以上问题，在交通运输部科技司和四川省交通运输厅的支持下，项目组开展了“四川藏区高海拔高烈度条件下公路建设减灾关键技术研究”(项目编号 2013 318 800 020)，其中“高海拔、高烈度深切峡谷区高陡边坡地质灾害评估及对策”作为研究专题之一，系统研究深切峡谷区公路边坡地质灾害形成机理及防治技术，本书系对该项目研究成果的系统总结和深化。

本书共 6 章，第 1 章主要论述深切峡谷山区的区域地质环境特征，包括地形地貌、地层岩性、气象水文、地质构造以及地震活动等。第 2 章主要是基于研究路线的边坡地质灾害调查统计数据，分析不同类型边坡地质灾害的发育特征，研究调查路线边坡地质灾害的发育规律。第 3 章结合前述公路边坡地质灾害特征，分析调查区域温度场分布特征，并结合冻融损伤、地震动力影响因素，研究边坡岩体的劣化损伤机理。第 4 章主要结合低温冻融效应、地震动力作用，研究深切峡谷山区公路边坡的失稳机制以及灾害机理。第 5 章主要基于边坡地质灾害调查统计数据，依托航拍遥感测量、三维激光扫描等先进调查技术，开展公路走廊带和灾害点的危险性、易损性、风险性评估。第 6 章主要结合典型灾害点，提出对于深切峡谷山区公路边坡地质灾害的防治技术及建议。

本书编写得到了交通运输部科技司、四川省交通运输厅的大力支持；四川省公路规划勘察设计研究院有限公司，成都理工大学等单位的相关研究人员也付出了努力，多位专家指导了相关内容的研究，在此一并表示衷心的感谢。

作　者

2021 年 12 月

目　　录

第 1 章　深切峡谷山区地质环境特征

深切峡谷山区是指山区陡峻谷坡深度大于宽度的深切割谷地，沟谷狭窄呈 V 字形，两侧边坡陡峻，河床纵坡降普遍大于 7%，深切峡谷山区是地壳表层在内外动力长期地质作用下的综合表现。本书中研究的深切峡谷山区是指与青藏高原隆升相关联的地区，位于四川盆地西侧丘陵区向川西北龙门山、青藏高原的过渡地带。深切峡谷山区断裂构造发育、新构造运动强烈，边坡岩体破碎、风化及侵蚀作用强烈，边坡地质结构极为复杂。一方面，高海拔区冻融风化作用强烈，受冻融风化影响，边坡岩体风化带发育，经常发生风化卸荷带岩土体失稳灾害；另一方面，该区域新构造运动强烈、强震频发，地震作用下更易诱发高陡边坡地质灾害。

1.1　区域地质环境

1.1.1　气候环境

区域内边坡海拔多处于 2000m 以上，甚至在 3000m 以上，处于高海拔甚至超高海拔区。区域地处青藏高原东缘，为亚热带气候区，受青藏高原地形影响，呈现高原气候和大陆型气候特征，属高原寒温带、亚热带大陆性季风高原型气候。

但由于该区域受复杂的地形、海拔以及季风环流的交替影响，气候呈现出复杂多样的状况。由于海拔高，整体呈现出空气稀薄、年平均气温低、日照强烈、昼夜温差大、降雪日多的特征。区域内随着垂直高度的变化，呈现出亚热带、温带、寒带三种气候类型。从南部山地峡谷区到西北部高山高原区，呈现出由亚热带演变到亚寒带的变化，垂直方向上有从亚热带到永冻带的各种气候类型。深切峡谷山区年平均气温一般在 5 ~ 10℃，但昼夜温差可达 14 ~ 17℃，山地气温低，谷底气温高，局部高山有冰川分布[1]。短时间内气象变化频繁，极端天气多，常见冰雪、大雾、冰雹及大风等不利天气。深切峡谷山区大部分城镇均只能感受春、冬两季，其每年月均最高气温未达到由春入夏由夏入秋的转折点 22℃（秋季的特征为由 22℃降至稳定的 22℃以下，故性质上无秋季）[2]。仅九寨沟、泸定、汶川三城镇有较明显的四季区分（表 1.1），但总的来说，夏季、秋季两个季度的持续时间只占全年月份的 1/3，仅 4 ~ 5 个月，且其中秋季占 3 ~ 4 个月（秋季温度特征与春季相同）。

研究区域气象统计表　　表 1.1

地名	高程（m）	年平均气温（℃）	极端最高气温（℃）	极端最低气温（℃）	年平均降水量（mm）	年均蒸发量（mm）	年均湿度（%）	主风向	最大风速（m/s）	大风日数（>8 级）（d）
汶川	1325.6	13.1	35.6	−8.6	524	1619.9	69	SSW	9	无
理县	1887.5	11.2	34.7	−12.1	619.9	1412.7	68	N	17	1
马尔康	2600.0	8.6	34.8	−17.5	761.2	1514.3	61	WN	22	8

深切峡谷山区由于地势高、降水少、气候寒冷,具有高海拔多年冻土分布特征。降水主要出现在夏季,雨季与旱季分明,降水大多集中在5—9月,个别地区雨季开始较晚。从20世纪60年代以来,多年平均降水量均在895~1269mm之间,其中7—8月份降水最多,夏季降水量占年总降水量的60%左右。海拔在1800m以上的路段存在不同程度的季节性积雪冰冻影响。多年平均温度均在15.8~16.4℃之间,4—10月温度较高,最高值出现在7月份,均在25℃以上;最低值出现在1月份,均在5~6℃之间。多年日平均日照时数在2.9~3.1h之间,6—8月份日平均日照时数较多,最多日照时数出现在8月份,均是每天5h左右,12月份日照时数最少,在1.5~2h之间。区域内年温差最大为甘孜县,达到59℃,年温差最小为雅江,也达到了42℃;区域内年最高气温43℃,最低气温-28℃。G317线年最高气温都达到了28℃以上,而最低气温最高也在-10℃;而G318线年温差平均在48℃,日平均气温在0℃以下的天数最多达到了132d,冬季与夏季气温变化明显(表1.2)。

研究区域气温特征统计表

表1.2

线路	地点	纬度N(°)	经度E(°)	海拔(m)	年平均气温(℃)	日平均气温<0℃的天数(d)	年最低气温(℃)	年最高气温(℃)
G317	马尔康	31.54	102.14	2664.4	8.6	63	-18	35
	德格	31.44	98.34	3201.2	6.4	81	-21	34
	甘孜	31.37	100.00	3393.5	5.6	100	-24	35
	炉霍	31.38	100.65	3250.0	6.1	108	-22	34
	色达	32.17	100.20	3893.9	-0.1	175	-28	28
	汶川	30.45	102.51	1326.0	18.1	26	-10	36
	理县	30.58	102.20	1888.0	15.5	37	-12	33
G318	康定	30.03	101.58	2615.7	7.1	73	-15	29
	巴塘	30.00	99.06	2589.2	12.5	70	-11	36
	道孚	30.03	101.29	3449.0	4.5	108	-24	33
	泸定	29.30	101.46	1330.0	17.1	22	-9	43
	理塘	30.09	100.16	3948.9	3.0	132	-28	24
	雅江	29.03	100.19	2569.0	12.1	80	-14	28

区域气候特征总体表现为:日照时间长、无霜期短、冬夏交替,春秋同季,降水季节性差异大,气温具有年变化大的特点。年平均气温反映了各地区地表辐射热量平衡和大气环流的特点,冻结年变化深度、季节冻结深度也受区域气候的影响。在西部,主要受海拔影响,青藏高原大部分地区的年平均气温在0℃以下,边坡坡表岩体也会受到气温的影响而降低到0℃以下。

1.1.2 地形地貌

深切峡谷山区位于四川盆地西缘向青藏高原的过渡地带(图1.1),地势由东南向西北极短距离内迅速升高,在较短的150~200km距离内,高程从四川盆地不足600m跨越到4000多米的青藏高原东缘。局部地形在不到50km的范围内,地形高差达到5000m以上,地貌形态以盆地丘陵(图1.2)和高原山地峡谷(图1.3)为主。西南藏区区域内水系切割强烈、山高谷深，自东向西分布着纵贯南北的岷江、大渡河、雅砻江、金沙江等多条深切河谷。山岭河谷高低悬殊，山高谷深，谷地海拔一般1000~3000m，两侧山脉多在4000~5000m以上，沿线多见高山、极高山地形。

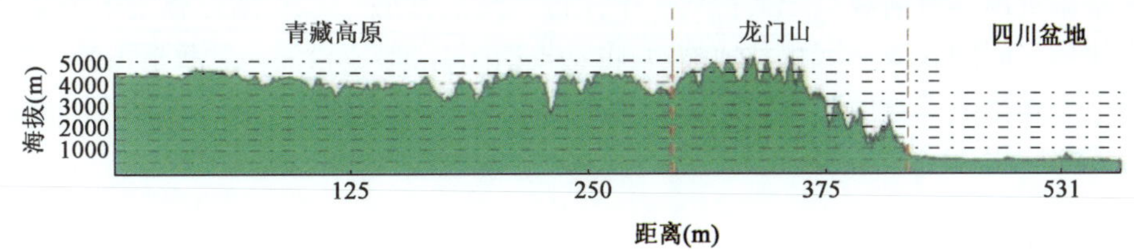

图1.1 区域地形地貌示意图

图1.2 丘陵宽谷地貌

图1.3 山地峡谷地貌

1.1.3 地层岩性

深切峡谷山区地层岩性繁多，从古老的震旦系到新近的第四系均有分布，沉积岩、岩浆岩、变质岩均有出露。

前震旦系包括三套地层：晚太古—早元古代的康定群，中元古代以会理群、盐边群为代表的9个群及分布于川东的属晚元古代早期的板溪群。康定群厚1962~8930m，上部称冷竹关组厚1227~2484m。该群主要出露于康定—攀枝花、安县—宝兴、南江。会理群厚22500m，可见水平、粒序、包卷层理与小型斜层理。此外，尚有黄水河群、通木渠群、火地址群、恰斯群，为变质的碎屑岩、基—酸性火山岩夹碳酸盐岩。盐边群厚7230m，可见粒序层理、包卷层理、冲刷构造，黄水河群厚2708m。中、晚元古界地层(除恰斯群外)零星分布于盆地周围的会理、盐边、冕宁、峨边、宝兴、汝川、青川、平武、南江、秀山。震旦系下统在平武、城口以北为海相沉积。东部地区本系厚1000~7000m，西部高原及北大巴山地带的震旦系厚1580~7000m。下古生界厚1000~7000m，上古生界厚150~18200m。东部地区的泥盆—石炭系以北川—宝兴发育齐全，西部地区的上古生界多沿大断裂带出露。康定、盐源的上古生界具东、西部过渡特征。三叠系在东部地区厚2200~7700m，西部地区厚920~19800m，侏罗—白垩系只发育在东部地区，厚1548~7450m。第四系以河流相为主，次为湖沼、洪积、冰川、风成等堆积，大多为阶地堆积。第四纪冰川活动主要发育在西部高原，东部地区也有冰水沉积物。

位于青藏高原东部的松潘—甘孜地体，为一东西向延伸、东宽西窄的三角形地体。东南缘以龙门山断裂带为界与扬子板块毗邻，西南缘以金沙江缝合带与羌塘—昌都地块相接，金沙江缝合带被认为是晚古生代俯冲带；北侧以阿尼玛卿缝合带与东昆仑—西秦岭造山带相隔。地体内巨厚的三叠系西康群复理石沉积覆盖于震旦系—古生界系列，在松潘—甘孜地体东部龙门山断裂带附近出露有前震旦纪太古代—中元古代结晶基底。印支期三叠纪末扬子、华北和羌塘三个块体之间的收敛使沉积盆地缩短、古特提斯闭合，形成松潘—甘孜造山带。在四川盆地，寒武系、奥陶系沿着盆地边缘和断层上盘在地面出露，前者埋深一般为2500～5000m，后者埋深多为2300～4500m。

1.1.4 水文特征

深切峡谷山区水系发达，河流纵横交错，形成一个错综复杂的水系网络（图1.4）。沿线经过的河流有金沙江、雅砻江，西部高原的金沙江、雅砻江、大渡河和东部盆地的岷江、沱江、涪江、嘉陵江、渠江等水系由北向南流经四川全省。河川径流以降水补给为主，发源于高原山地的河流兼有冰雪融水补给。西部高原金沙江、雅砻江、大渡河上游，每年11月上、中旬岸边开始结冰，至次年3月融冰，金沙江德格至白玉段水流缓慢处10年内有1～2年封冻，上游邓柯附近有6～7年封冻，雅砻江甘孜至新龙段有7～8年封冻，阿坝地区的包座河、梭磨河等每年11月开始封冻。

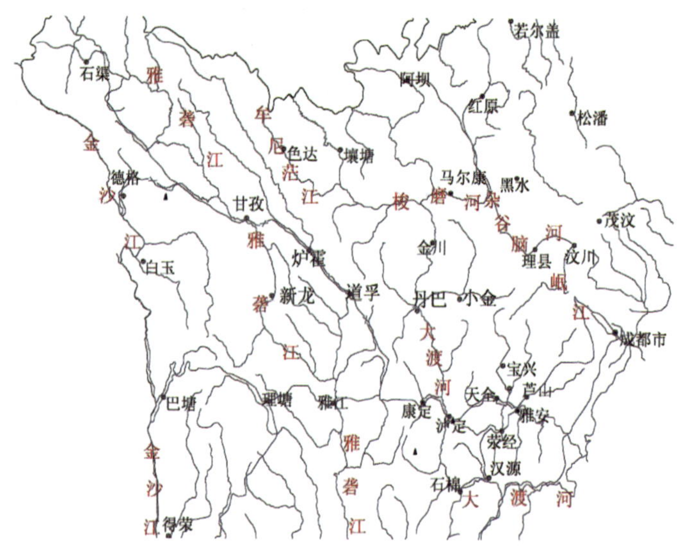

图1.4 区域水系分布图

1.1.5 地质构造

构造运动最直观的表现是强烈的垂向隆升和块体的水平滑动，其运动在时间上具有阶段性、继承性和新生性，空间上具有差异性等[3]。青藏高原于始新世中晚期发生强烈抬升，但其隆升是间歇性、阶段性的，其在多级层状地貌方面表现明显。新生代期间青藏高原大致经历了三期强烈的地面抬升、两次较长时间的夷平。三期强烈的地面抬升分别在30Ma以前，23～15Ma和3.4Ma以后。两次较长时间的夷平形成早期夷平面—山顶面，形成于24Ma以前的渐新世晚期，海拔大于5800m。晚期夷平面形成于上新世，表现为宽缓波状起伏的山原面、宽坦的湖盆和谷地面，海拔5300～5600m，保存完好。在海拔4500～5000m之间还存在一级剥夷面。雅鲁藏布江地区早—中更新世发育多级宽谷、冰积台地，晚更新世—全新世以来发育5～6级河谷阶地。从3.4Ma起，青藏高原开始整体强烈隆升，主夷平面瓦解。

深切峡谷山区可以分为扬子准地台、松潘—甘孜褶皱系、三江褶皱系与秦岭褶皱系四个一级构造单元。扬子准地台基底具双层结构，下为结晶基底，由晚太古—早元古期地质体组成。上为褶皱基底，由中元古期与晚元古早期地质体组成，形成于晋宁运动。晋宁运动分早、晚两幕，早幕在会理群、盐边群沉积之后、板溪群沉积之前，晚幕在板溪群沉积之后、震旦系沉积之前。晋宁运动结束了前震旦纪地槽发展史，自震旦纪开始进入地台发展时期。在早震旦世时期由于地台边缘仍较活动，有较强的火山活动。澄江运动、加里东运动、华力西运动表现为升、降。印支运动使台区结束海相沉积史并与松潘—甘孜褶皱系发生陆内汇聚，至喜马拉雅期这种汇聚更加强烈。与此同时，太平洋板块也向西对扬子板块俯冲。这样就在地台西、东两侧形成一系列推覆构造。

松潘—甘孜褶皱系是经历了两次地槽发展史的褶皱系。褶皱系内最老地层是恰斯群，但出露范围很小，大面积出露的是上二叠统—三叠系，在一些断裂带上有属古生界的岩块。华力西晚期—燕山期岩浆活动十分强烈。变质作用以印支期为主。晋宁运动使前震旦纪地槽褶皱回返。震旦纪地壳仍较活动，火山活动较为频繁。古生代时从地壳活动、岩浆活动、变质作用、沉积建造看，与扬子地台比较是“活动”的，与本褶皱系的前震旦纪、三叠纪比较是“稳定”的。因此古生界既不是地台型沉积，又不是典型的地槽沉积。晚二叠世—三叠纪是典型的地槽发展期。印支运动使这一地槽褶皱回返形成褶皱系，从此进入陆内改造阶段。喜马拉雅运动使褶皱系快速、大幅度地上升，最终形成了高原。

深切峡谷山区断裂构造发育、新构造运动强烈，呈Y形分布的龙门山、鲜水河、川滇南北构造等三大断裂带的断裂构造发育。如雅安至康定高速公路的二郎山隧道，穿过龙门山断裂带南缘，止点紧临鲜水河断裂带；汶川至马尔康高速公路，起点穿越龙门山后山断裂；绵阳至九寨沟高速公路，穿越龙门山前山、中央及后山断裂；汶川至九寨沟高速公路中汶川—茂县段，贴近或穿越龙门山后山断裂。

1.1.6　地震特征

深切峡谷山区位于印度板块与欧亚板块的接合部，属于喜马拉雅构造带的东构造结，是印度板块与欧亚板块碰撞的前缘，横跨雅鲁藏布江缝合带。断裂构造发育，新构造活动强烈，地震频繁且震级较高。现代构造运动以强烈隆升、断陷、逆掩及走滑活动为特征。印度和欧亚大陆板块的碰撞及陆内变形是青藏高原活动构造及地震发生的动力源。从震源机制角度分析，藏南地区的地震活动主要是由于强烈的南北向挤压作用导致地壳浅部形成南北走向的活动断陷带及北东向、北西向的走滑活动带，它们是诱发地震的控制性构造。强烈地震主要发生在块体周边的深断裂带及其附近，7级及以上地震主要与北西向和北东向断裂构造带有关，尤其是与断裂构造带中规模较大、全新世强烈活动段密切相关。其中，8级地震主要发生在断裂构造带中走滑分量较大的北西西向断裂带上，如1950年察隅—墨脱8.6级地震发生在阿帕龙断裂带上。研究区域内，强地震主要沿嘉黎断裂、通麦断裂、雅鲁藏布江缝合带东段北界断裂分布，在活动断裂几何构造复杂部位、拐折部位或多组方向断裂交汇区是强烈地震发生的主要场所。

汶川地震是中国大陆近 100 年来发生在人口密集山区的震级最高、破坏性最大的地震。由于地震震级高、持续时间长(约 2min)、震区地形地质环境复杂,地面振动响应强烈(地面峰值加速度最高达 1.5g ~2.0g),从而触发了大量的崩滑地质灾害等,总数达 5 万余处。龙门山断裂带位于我国中部,扬子地块西北缘,呈北西—南东向延伸,是中国大陆构造中的主要构造结之一。龙门山断裂带南起泸定、天全,向北东延伸经宝兴、灌县、江油、广元进入陕西勉县一带,全长约 500km,宽 40 ~50km,主要由 4 条逆断裂组成,自西北往东南分别为汶川—茂汶逆断裂(龙门山后山断裂);映秀—北川逆断裂(龙门山中央断裂),沿映秀—北川—平通—南坝展布,连续性较好,这次 8 级地震破裂主要发生在这条断裂上;灌县(现都江堰市)—安县逆断裂(龙门山前山断裂) 沿龙门山与成都平原交界处分布。

芦山地震发生于 2013 年 4 月 20 日 8 时 02 分,震中位于四川省雅安市芦山县(北纬 30.3°,东经 103.0°),震源深度 13km,根据中国地震局发布的“芦山 7.0 级地震烈度图”,震中最大烈度为Ⅸ度。因其震源浅、震级高、极震区烈度大,诱发了地质灾害 3000 余处。

1933 年 8 月 25 日,发生于四川省茂汶县(现茂县)境内的 7.5 级大地震造成了重大的人员伤亡和财产损失,同时地震滑坡在叠溪镇形成的堰塞湖将整个叠溪镇淹没,形成了现在的叠溪海子。叠溪地震发生于四川省茂县境内,震中位置为 N31.93° ±0.09°,E103.50° ±0.06°,此区域位于印度板块与欧亚板块相互碰撞汇聚形成的青藏高原东缘川西北断块,地处岷江断裂的南段,为近南北向左旋走滑为主兼具逆冲分量。岷江断裂在大地构造上属于特提斯喜马拉雅域东北缘,位于松潘—甘孜北西西向地槽褶皱带的东部和西部秦岭近东西向地槽褶皱带南部与龙门山北东向断裂带的交汇部位的三角地带内,区域构造如图 1.5 所示。

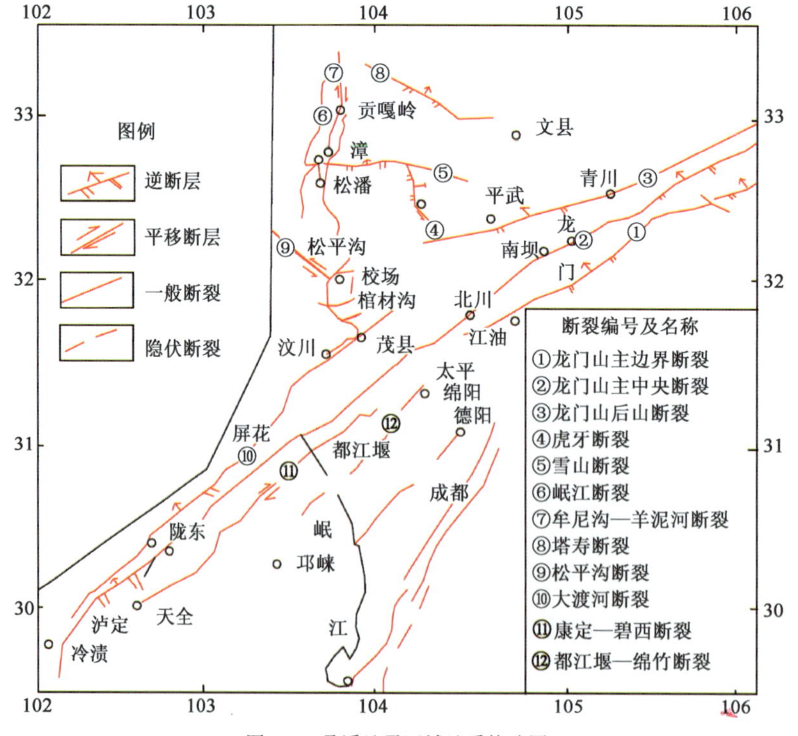

图 1.5 叠溪地震区域地质构造图

1.2　公路建设主要边坡工程问题

基于四川藏区特殊的气候环境和地形地质条件,区内边坡地质灾害位置高、危害大、隐蔽性强、防治难,边坡地质灾害问题极为突出,主要表现在:

(1)边坡灾害体位置高、危害大。区内峡谷深切、短距离高差大,公路多沿峡谷两侧布线,公路上方往往有数百米甚至上千米的边坡,边坡灾害体一旦失稳,防治难度极大。

(2)边坡灾害体隐蔽性强,识别难。由于区内气候环境及地形条件极为复杂,边坡灾害体隐蔽性极强,常规地质勘察手段很难识别,给公路灾害防治带来巨大挑战。

(3)边坡岩土体受冻融、强震等各种因素影响,损伤弱化作用强烈,分析评估极为困难。一方面,区内强震频发,强烈地震触发大量地质灾害的同时,造成岩体振动损伤弱化,后期更易演化为地质灾害;另一方面,区内昼夜温差大、最低温度低、海拔高,冻融风化作用强烈,岩土体损伤弱化问题突出。

四川藏区高速公路多沿深切峡谷两侧布线,公路两侧高陡边坡地质灾害危害巨大。因此,高烈度深切峡谷山区公路边坡地质灾害分析与防治,是这一区域公路建设的关键技术问题之一。

第2章　深切峡谷山区公路边坡地质灾害特征及规律

受四川藏区地质构造、地层岩性、地形地貌、气象水文条件、新构造运动等因素的综合影响,公路边坡地质灾害发育规模较大、形成历史长、危害严重。受相应地质构造运动的发生时间和动力学因素的影响,深切峡谷山区地质灾害类型和发育特征比较复杂。深切峡谷山区公路边坡地质灾害类型主要是结合边坡的形成条件、影响因素、形成规模、失稳破坏模式等划分。对地质灾害类型进行划分,掌握其分布规律,对于边坡地质灾害防治具有重要意义。

2.1　公路边坡地质灾害类型

根据地质灾害发育特征和失稳破坏模式,公路边坡地质灾害可划分为倾倒型、滑移型、坠落型和剥蚀型四大类。结合深切峡谷山区所处的高海拔、高烈度、深切峡谷地貌的特点,从冻融效应、风力作用、地震动力等方面在四大类模式基础上进行了细分,进一步根据地质灾害形成机理,划分出不同亚类,各亚类具有不同的发育特征,见表2.1。

公路边坡地质灾害类型　　表2.1

灾害类型	灾害亚类	形成机理	发育特征
倾倒型	冻胀/水压—倾倒型	冬季岩体裂隙充水,负温下裂隙内水冰相变引起体积膨胀导致裂隙扩展延伸,膨胀力作用下导致岩体失稳。 在夏季暴雨条件下,岩体裂隙充水,形成动水压力和静水压力,水压力作用下导致岩体失稳	通常发育在有水源补给,存在大量陡倾节理裂隙的岩质边坡中。裂隙倾角较陡,同时张开度较大,贯通性好,基本无充填,水存在裂隙中。 通常发育在高陡边坡地表水流容易汇集的部位,形成较高的水头压力
	风压—倾倒型	边坡发育陡倾裂隙,被裂隙切割的块体在风力作用下靠岩壁侧风压力出现正值,临空侧全为负值,在压差的作用下切割块体向临空方向发生倾倒失稳	这类型失稳主要发育在对称V字形深切河谷中,河谷风作用力强,风压产生的狭管效应明显,地形多为上陡下缓的山型,边坡陡倾切割裂隙发育
	震动—倾倒型	边坡中上部发育的陡倾结构面在地震力作用下被震裂拉开或张开错动,形成地震裂缝。在后期降雨、余震作用下,地震裂缝逐渐贯通形成贯通缝,震裂块体沿陡倾裂缝发生倾倒失稳	主要发育在近直立层状或似层状结构山体的浅表部,或近直立陡崖的强卸荷松弛带。地震作用下,陡立岩层顶部或中上部被震裂发生倾倒变形失稳。残留岩层上常可见清晰张性折断面
	鼓胀—倾倒型	发育陡倾节理岩体下部有较厚软弱岩层的地层,或下部岩体在水流、重力等因素作用下弱化、蠕变,上部岩体受到重力作用发生向外鼓胀,导致后缘裂隙逐渐贯通,上部岩体受后缘裂隙控制发生倾倒变形	多发育在节理岩体下覆有软岩的地层中,或者下部岩体破碎、受水流作用侵蚀弱化。下覆软岩受到上覆垂直挤压作用产生鼓胀,由于基底的不均匀挤压使得后缘裂隙显著发育,切割块体向临空方向倾倒崩落

续上表

灾害类型	灾害亚类	形成机理	发育特征
滑移型	拉裂—滑移型	较为长大发育外倾结构面边坡，岩体在重力、渗流和地震作用下，前缘岩体顺外倾结构面滑移失稳，具有牵引失稳特征	前缘岩体逐级牵引失稳，后面往往残留潜在顺外倾结构面失稳岩体，呈现逐级失稳特征
	剪断—滑移型	发育外倾结构面岩体，在重力、裂隙水压力、地震作用下，岩体顺外倾结构面剪断或前缘切穿岩体剪断。 土层及风化卸荷带边坡，在重力、地下水及地震等因素作用下，顺岩土界面、风化界面滑移	其一为完全平面性顺外倾结构面滑移；其二为前缘切穿外倾结构面滑移。多发生在层状、似层状岩体中，也经常发生在土层及强风化层——基岩二元结构边坡中，如地震中常见的“山扒皮”现象
	震动—溃滑型	在地震力作用下岩体被震动溃裂，进而形成后缘陡峻的拉裂面。下部坡体剪断形成潜在滑裂面，逐渐和后缘拉裂面贯通形成统一滑面高速下滑	发育在硬岩、较硬岩类地层中，同时边坡后缘显著发育陡倾的结构面。在地震时形成后缘陡倾宽大的后缘壁，这类滑坡发育规模大
坠落型	拉裂—坠落型	主要为悬挂岩体，在重力等因素作用下，岩体抗压强度不足，岩体与坡面连接部位拉裂破坏，岩体坠落失稳	主要发育在陡坡孤立、突出岩体部位
	剪断—坠落型	主要为悬挂岩体，岩体与坡面间接触面在重力、地震等因素作用下，连接部位抗剪强度不足，剪断后坠落失稳	主要发育在边坡孤立、悬挂岩体部位
剥蚀型	冻融—剥蚀型	强烈的冻融作用使得岩土体裂隙扩张，岩土体结构崩解破坏。坡表水进入岩体裂隙降低其稳定性。周而复始的冻融作用使得岩体不断崩解破碎，在边坡表面产生剥蚀效应使得块体失稳	多发育在含水率高，且岩土体渗透性较大的岩质边坡中。岩体结构内部渗流通道良好，渗流水易入渗到岩体内部冻融导致边坡坡表的岩土体发生碎裂变形而崩解
	风化—剥蚀型	边坡表层的岩土体受到温差风化作用使得岩石松解，岩体结构发生碎裂、解体，在坡表产生剥蚀效应。大量崩解的岩土体在重力因素作用下失稳，堆积在坡脚	这种变形破坏在各类地层中均有分布，主要发育在土层及强风化层二元结构边坡、碎裂结构岩体边坡，或者边坡地形表面发育微冲沟等微地貌。同时边坡坡表植被不发育或一般发育
	震裂—剥蚀型	地震诱发大量崩塌及滑坡灾害，地震力造成岩土体结构被震裂解体。地震产生了显著的剥蚀效应，不仅岩体结构被震裂，还造成大量植被丧失，导致边坡表层的大量岩土体失稳	这类型边坡受到的地震作用力强烈，地震力对边坡岩体结构造成了严重剥蚀损伤，且破坏范围大。主要发育在土层及风化卸荷带边坡中，大量的岩土体被震裂、震松形成震裂岩体

2.2 公路边坡地质灾害特征

2.2.1 倾倒型灾害特征

倾倒型灾害根据形成机理，划分为冻胀/水压—倾倒型、风压—倾倒型、震动—倾倒型和鼓胀—倾倒型四个亚类，各亚类进一步阐述如下。

(1)冻胀/水压—倾倒型

主要发生在边坡顶部，有地表水或地下水深入岩体裂隙。在冬季，裂隙内水冻结成冰，并且可能存在冻融循环，冻胀力作用下，导致岩体向外变形，最终诱发倾倒失稳灾害。典型灾害点和破坏模式如图 2.1 所示。

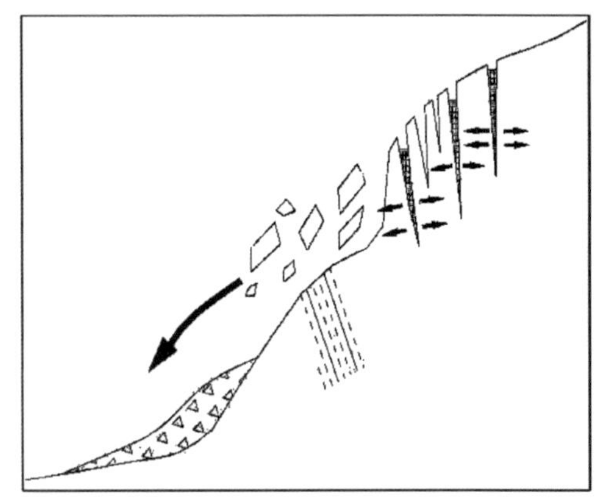

图 2.1　冻胀—倾倒型失稳模式

这种类型的变形破坏发生在岩质边坡中，主要以硬质岩为主，坡体地下水或地表水显著发育，同时边坡整体岩体结构较差，坡体发育大量节理裂隙。这种类型边坡发育的裂隙倾角较大，张开程度较高，裂隙无充填或夹杂少量的细颗粒碎块石。这种变形破坏模式主要与边坡裂隙发育程度和自由水的分布、冻结时间有关。当含水率高且岩体强度较低时，周期性长时间的冻融作用，将导致岩质边坡的变形失稳。

在雨季，失稳主要发生在高陡边坡地表水流通过的部位，容易在裂隙中形成坡面水流速度水头和裂隙水压力，在水压力作用下导致岩体失稳灾害(图 2.2)。

(2)风压—倾倒型

这种类型的失稳主要发育在对称 V 字形深切河谷中，河谷风作用力强，风压产生的狭管效应明显，地形多为上陡下缓的山型，边坡陡倾切割裂隙发育。峡谷对气流起引导作用，当风速遇到地形突变的峡谷时，气流收缩，风速急剧增大。特别是下陡上缓的山型，在转折端处，风速出现极大值并伴随明显的涡旋气流现象。同时边坡发育陡倾裂隙，被裂隙切割的块体在风力作用下靠岩壁侧风压力出现正值，临空侧全为负值，在压差的作用下切割块体向临空方向发生倾倒失稳(图 2.3)。由于风力强劲位置往往位于突兀山顶或陡缓交界部位，因此变形体形成的破坏力极强。

图 2.2　坡面水流作用下的岩体失稳

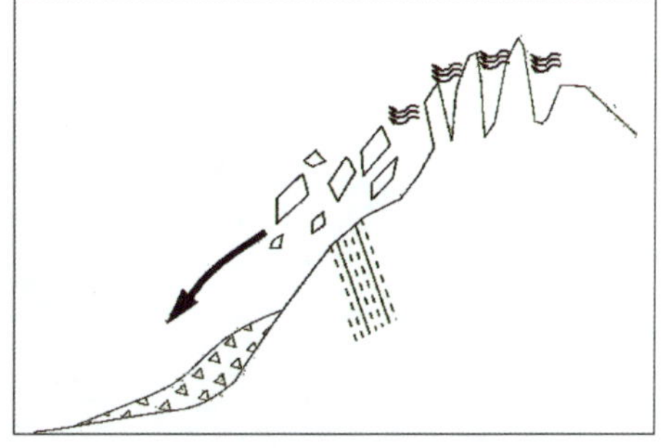

图 2.3　风压—倾倒型失稳模式

(3)震动—倾倒型

这类型变形破坏主要发育在近直立层状或似层状结构山体的浅表部,或近直立陡崖的强卸荷松弛带。地震作用下,陡立岩层顶部或中上部被震裂发生倾倒变形失稳。同时边坡发育陡倾的结构面,地震波在陡倾结构面处反复的折射和反射,使得结构面处动力累积效应迅速增加,形成地震裂缝。受陡倾的主控结构面的影响,地震裂缝的发育主要沿结构面分布,岩体被震碎并沿结构面被拉裂开,在残留岩层上常可见清晰拉张性折断面。在地震力作用下诱发岩体倾倒失稳的同时,还在很多坡面形成拉裂缝,形成“震裂岩体”,在后期余震、降雨作用下容易再次失稳(图 2.4)。

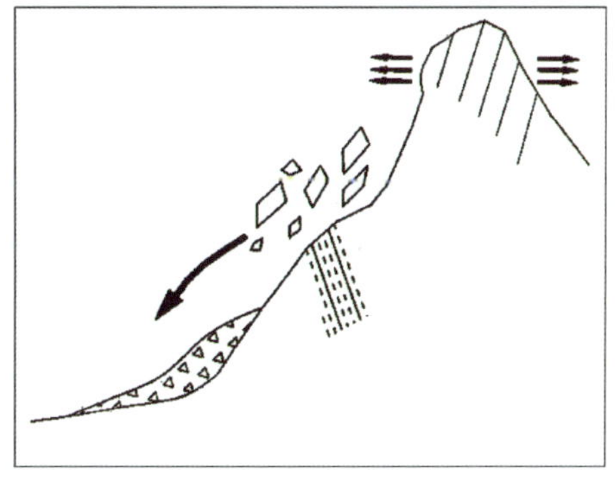

图 2.4　震动—倾倒型失稳模式

(4)鼓胀—倾倒型

这类型变形破坏多发育在硬岩地层下覆有软岩这种软硬互层的地层边坡中。边坡上部陡倾节理发育,下部为较水平的结构面,失稳变形主要受陡倾节理控制,上部陡倾裂隙切割的块体变形对下部软岩岩体产生挤压作用。由于下部软岩受无侧限挤压产生塑性变形向侧向膨胀,当下覆软岩受到上覆垂直挤压作用产生鼓胀,不稳定块体受挤压逐渐变形下沉和外移,同时发生倾倒,一旦切割块体重心移出坡外即产生崩落。

这类型边坡的作用机理是不稳定岩体下部有软弱岩层,而且坡体发育的长大陡倾切割裂隙把不稳定岩体和稳定的母岩分开。岩体在外力影响因素作用下,陡倾结构面不断张开,切割块体与母岩逐渐分离,挤压下部软弱基底。上部切割块体由于重力产生的压应力超过下覆岩体的抗压强度后导致下部软岩被挤出,发生向外鼓胀。由于下覆软弱基底的不均匀压缩导致切割块体沿陡倾结构面向临空方向倾倒变形而失稳(图2.5)。

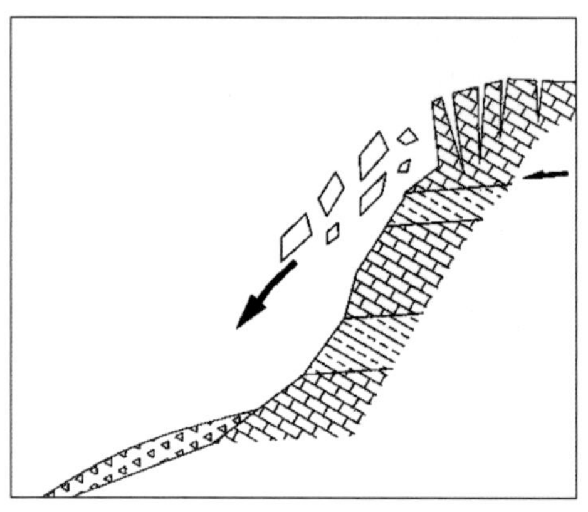

图2.5　鼓胀—倾倒型失稳模式

2.2.2　滑移型灾害特征

滑移型灾害根据破坏模式,主要分为以下四种:

(1)拉裂—滑移型

这类型变形破坏多发育在高陡边坡顶部,边坡中发育为长大外倾结构面,岩体在重力、渗流和地震作用下,前缘岩体顺外倾结构面滑移失稳,具有牵引失稳特征。前缘岩体逐级牵引失稳,后面往往残留潜在顺外倾结构面失稳岩体,呈现逐级失稳特征(图2.6)。

(2)剪断—滑移型

这种破坏一般有如下几种形式:

①发育外倾结构面岩体,在重力、裂隙水压力、地震作用下,完全顺层面滑移失稳,失稳后外倾结构面裸露,结构面较为顺直(图2.7)。

②岩体厚度较大,而前缘较为薄弱,在重力、地震、水压力作用下,前缘“切层”剪断,岩体滑移失稳。

③土层及风化卸荷带边坡,在重力、地下水及地震等因素作用下,顺岩土界面、风化界面滑移,即汶川地震大量的“山扒皮”破坏模式。

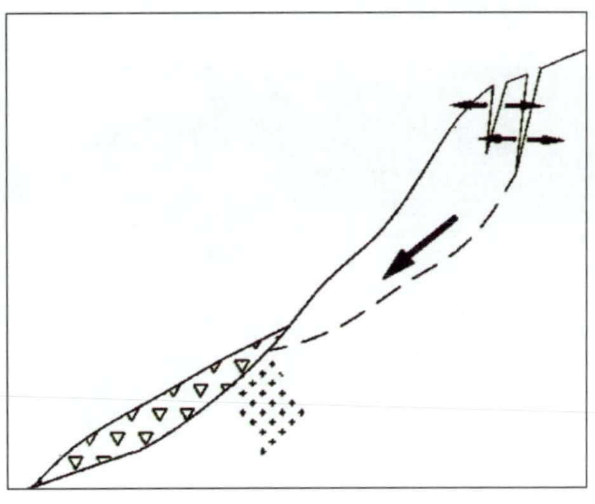

图 2.6 拉裂—滑移型失稳模式

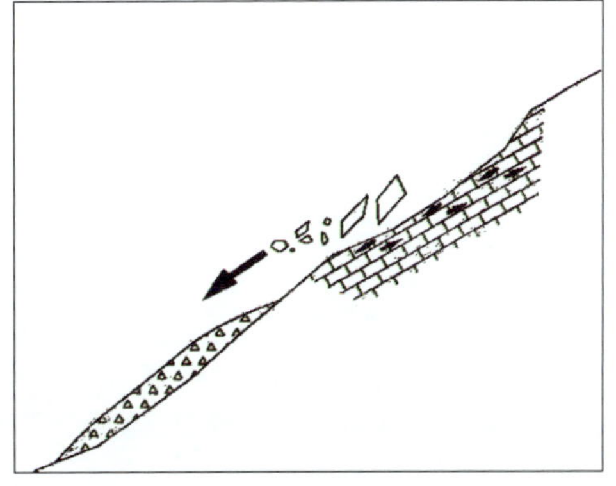

图 2.7 剪断—滑移型失稳模式

④在冻融作用下,土层边坡浅层滑移失稳(图 2.8)。作用机理是季节性融化层冻融后,坡表及裂隙中的冰雪逐渐融化深入坡面岩土体中。边坡表层岩土体达到饱和或过饱和,抗剪强度降低,在重力作用下向下蠕滑。边坡形成冻结层以后,其上部先融化,融化水在向下部渗流时遇到未融化层产生阻断,使融化层与冻结层交界部水量赋存增加。交界面处土体强度下降,地下水渗流形成动水压力,其作用方向有利于土体的滑动,增强了边坡土体的滑动力,抗滑力降低,所以融化层与冻结层的接触部位常是滑动面形成位置[4]。

(3)震动—溃滑型

这类型变形破坏主要发育在硬岩、较硬岩类地层中,同时边坡后缘显著发育陡倾的结构面,边坡后部一般为突兀山脊。这种变形破坏的边坡主要是在地震中受到地震力的作用形成,在地震时形成后缘陡倾宽大的后缘壁,这类滑坡发育规模巨大,岩体结构比较破碎。边坡岩体在强震的持续作用下,岩体被震碎溃裂,松弛解体,且滑体的下滑速度快、散落面积大、堆积范围广,破坏性极大。

由于藏区公路沿线地处龙门山断裂带和 NW 向鲜水河断裂带及 SN 向安宁河断裂带,所以这类型边坡的失稳主要是受到强大的地震力造成的。这类型失稳边坡的作用机理是在地震力作用下坡体溃裂,由于动力放大效应拉裂变形,在坡体后部形成陡峻的拉裂面,并与两侧拉裂面贯通形成滑体下滑边界。下部坡体剪断形成潜在滑裂面,逐渐和后缘拉裂面贯通形成统一滑面,滑动界面摩擦阻力迅速降低,被震裂的块体沿滑面溃滑(图2.9)。

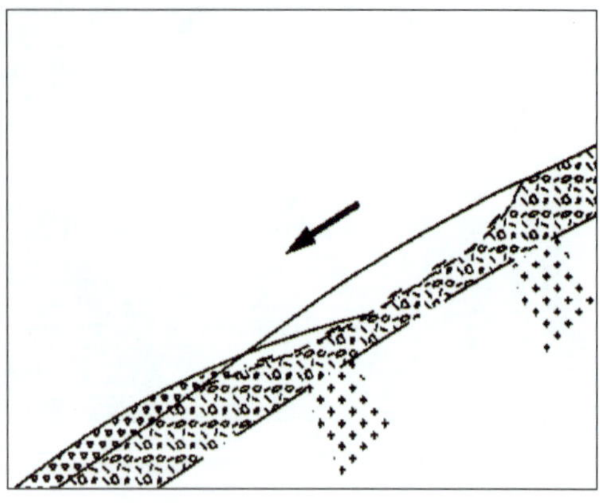

图2.8　冻融因素作用下土层边坡滑移失稳

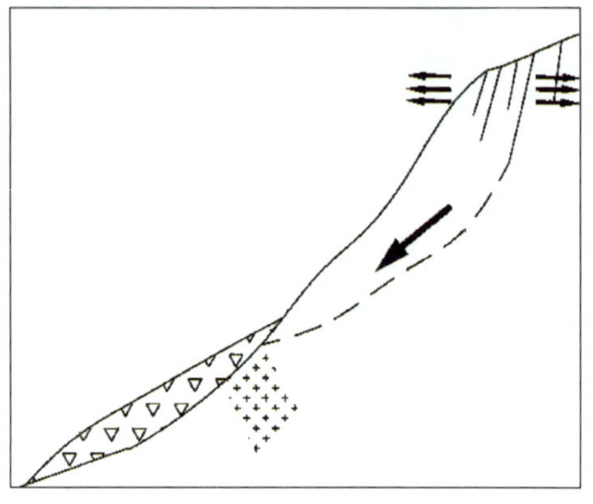

图2.9　震动—溃滑型失稳模式

2.2.3　坠落型灾害特征

坠落型灾害主要有拉裂—坠落和剪断—坠落两种。

(1)拉裂—坠落型

这类型变形破坏主要为边坡上的悬挂岩体,在重力等因素作用下,岩体抗压强度不足,岩体与坡面连接部位拉裂破坏,岩体坠落失稳。

这类型边坡的作用机理是被切割块体具有很好的底部临空条件,被切割块体在后期改造和岩体自重的作用下,后缘主控结构面扩大发展。同时主控结构面强度由于自重力和雨水软化作用降低,后缘陡倾结构面产生拉裂缝(图2.10)。后缘陡倾裂缝逐渐扩大发展,拉应力更进一步集中在尚未产生节理裂隙的部位。一旦拉应力大于这部分岩体的抗拉强度时,拉裂缝就会迅速向下发展,岩桥被剪断后与母岩分离发生坠落。

(2)剪断—坠落型

这类型变形破坏主要为悬挂岩体与坡面间接触面在重力、地震等因素作用下,连接部位抗剪强度不足,剪断后坠落失稳(图2.11)。

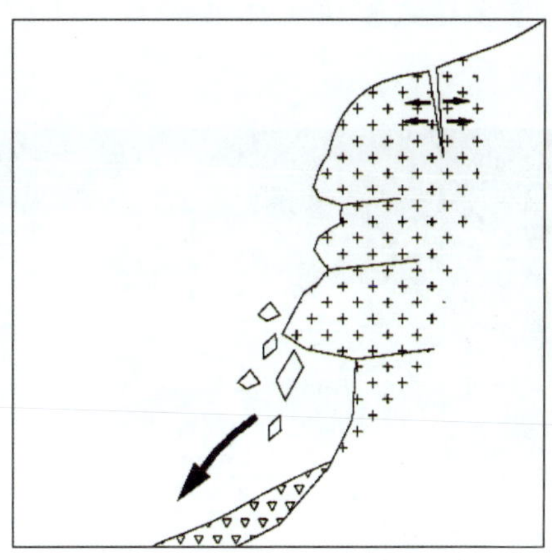

图 2.10 拉裂—坠落型失稳模式

图 2.11 剪断—坠落型失稳模式

2.2.4 剥蚀型灾害特征

根据破坏模式,主要有如下三种:

(1)冻融—剥蚀型

这类型变形破坏主要发育在含水率高,且岩土体渗透性较大的岩质边坡中。岩体结构内部渗流通道良好,渗流水易入渗到岩体内部冻结导致岩土体发生碎裂剥蚀(图 2.12)。这类岩石边坡主要表现为表层破坏,对于高含水率、渗透性好、微裂隙发育的岩体,这种作用表现很明显[5]。这种变形破坏形式主要与岩体结构内部微裂隙形成良好的渗流通道有关,地表水可以进入到岩体结构内部,从而冻结时引起岩土体产生体积膨胀。

这类型边坡的作用机理是由于岩土体微孔隙中的水分在冻结时体积膨胀,使裂隙随之加大、增多导致整块土体或岩石发生碎裂。在重力作用下岩土顺坡向下发生碎裂导致剥蚀。

图2.12　冻融—剥蚀型失稳边坡

(2)风化—剥蚀型

这类型边坡的作用机理是边坡表层的岩土体受到强烈风化作用使得岩石松解,岩体结构发生碎裂、解体,在坡表产生剥蚀效应(图2.13)。同时边坡所处区域的周期性温度场变化,以及由于岩石的各向异性和岩体结构的差异,昼夜温差和季节性温差的影响造成岩石发生不均匀的热胀冷缩,导致岩石颗粒之间的结合力减弱,最终被剥蚀松弛而崩解。大量崩解的岩土体在重力因素作用下失稳,堆积在坡脚。

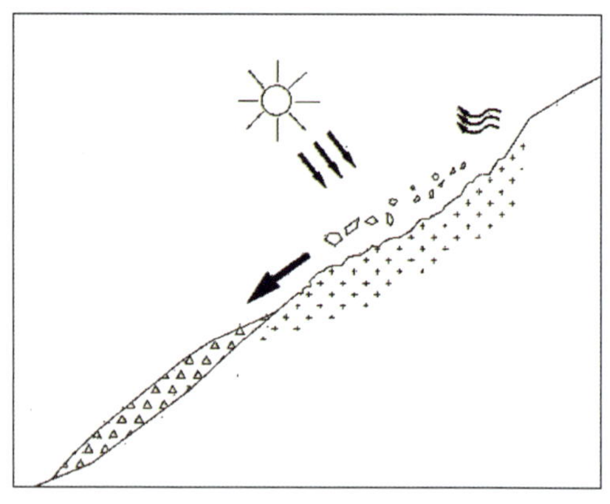

图2.13　风化—剥蚀型失稳模式

(3)震裂—剥蚀型

这类型边坡受到的地震作用力强烈,地震力对边坡岩体结构造成了严重的地质动力剥蚀损伤,且破坏范围大。主要发育在岩质边坡中,大量的岩土体被震裂、震松形成震裂岩体。由于边坡受到的地震作用力影响范围集中在表面及深部一定位置,地震破坏力对更深部的岩体结构破坏性有限,所以斜坡表面岩石受到强地震力被震裂、解体产生地震动力的剥蚀效应。这种被震裂的松散岩体在后期诱发因素作用下失稳崩落(图2.14)。

图 2.14　震裂—剥蚀型失稳边坡

2.3　公路边坡地质灾害发育规律

以拟建雅安—康定、汶川—马尔康高速公路沿线为重点，同时也调查了康定—竹巴笼，马尔康—德格，汶川—川主寺公路沿线。根据已有的资料和现场野外调查，针对研究区内对公路有一定危害的地质灾害点进行了调查分析，调查结果见表 2.2，其中雅康高速公路和汶马高速公路分布的灾害点数量较多。

公路沿线调查情况表　　表 2.2

序号	路 线 名 称	长度(km)	调查灾害点数量(个)
1	雅安—康定(拟建高速公路沿线)	133	31
2	汶川—马尔康(拟建高速公路沿线)	173	69
3	康定—竹巴笼(G318)	488	49
4	马尔康—德格(G317)	562	37
5	汶川—川主寺(G213)	205	57
合计		1561	243

汶川—马尔康段沿线灾害点一共 69 个，全线灾害点发育密度为 0.40 个/km。其中崩塌点主要集中在汶川—理县一段，发育崩塌点 37 个，达到 55%，发育密度为 0.74 个/km；理县—马尔康段发育灾害点 32 处，并且主要集中在理县—米亚罗段，该段发育密度为 0.28 个/km。

雅安—康定段沿线共调查地质灾害点 31 个，其中崩塌点 26 个，滑坡 5 个，全线灾害点线密度为 0.23 个/km。其中崩塌点主要集中在二郎山—康定一段，发育崩塌点 21 个，达到 68%，发育密度为 0.39 个/km；雅安—二郎山发育灾害点 10 处，并且主要集中在天全—二郎山段，该段发育密度为 0.41 个/km。

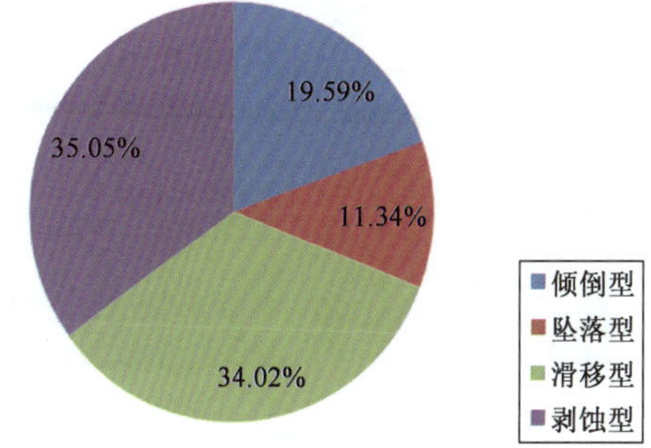

图 2.15　研究区崩塌类型比例

根据对 194 处崩塌灾害点的统计(图 2.15)，剥蚀型灾害最为普遍，共 68 处，占总数的 35.05%，其中在高寒山区岩体以风化—剥蚀型、冻融—剥蚀型失稳为主。汶川—马尔康及汶川—川主寺沿线由于地震的影响则以震裂—剥蚀为主。在66处滑移型灾害点中,以剪断—滑移型最为普遍,占68.20%。倾倒型崩塌则主要发生在汶川—马尔康公路沿线的反向坡中。坠落型崩塌则在研究区内分布最少,占总数的11.34%,且主要分布在以花岗岩、变质砂岩为主的硬质岩中。

2.3.1 高程特征

以1000m为单位按照高程划分成不同的高度范围,统计得出,1500~2500m范围内灾害点分布最多,占到总灾害点的39.12%(图2.16)。海拔大于2500m的灾害点共95处,占总灾害点的36.21%,由于高海拔区强烈的寒冻风化作用,此海拔范围内岩体的失稳类型以风化、冻融—剥蚀型为主,少数为坠落型、倾倒型崩塌(图2.17)。超高海拔区(>3500m)地质灾害点则分布较少,地质灾害类型以坡表松散覆盖层的冻融—滑移型为主。

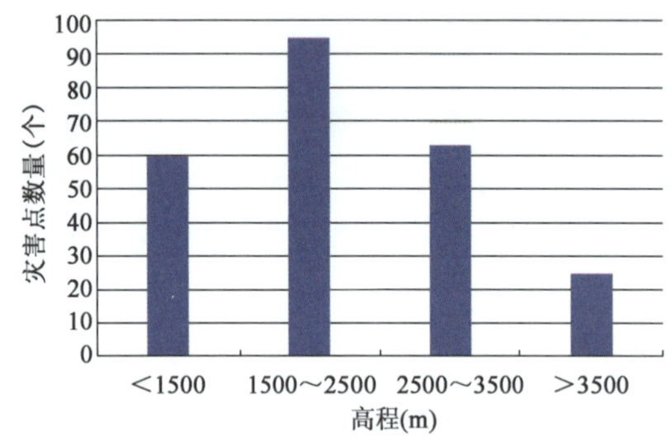

图2.16 灾害点数量与高程关系

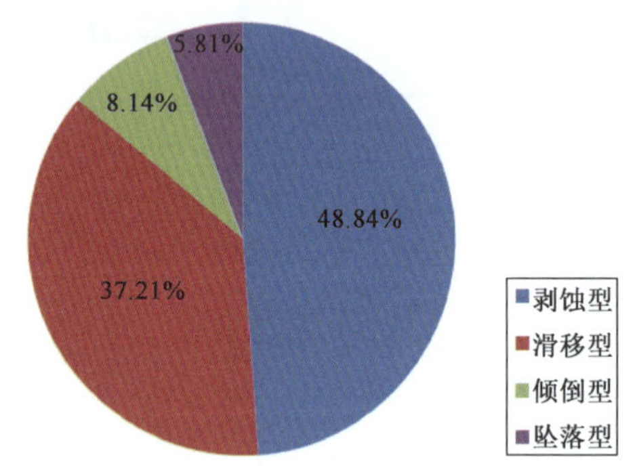

图2.17 高海拔区灾害类型比例

高海拔区(>2500m)分布的花岗岩等火山岩寒冬风化能力强,透水性好,冻融—剥蚀是斜坡的变形方式之一,碎块石散落边坡表面,形成碎石帷幕层(图2.18)。随着冻融风化的继续,堆积的岩块会越来越多,越积越厚,直至出现块、碎石的滑塌。寒冻风化碎屑组成的坡地往往较陡,坡度在35°以上。砂板岩抗寒冻风化能力差,灾害类型以风化—剥蚀型为主,物理风化物含土较多,岩体剥落堆积在坡脚,坡度较缓,多小于30°(图2.19)。

图2.18 花岗岩斜坡冻融—剥蚀失稳

图2.19 砂板岩斜坡风化—剥蚀失稳

2.3.2 地震影响

各典型路段汶川地震震后崩塌灾害数据见表2.3。

典型公路路段崩塌灾害统计　　表2.3

典型段落	主体岩性	地质构造	地震烈度	与中央主断裂的垂直距离(km)	灾害点数量(处)	路线长度(km)	灾害点密度(处/km)	灾害点平均规模(m^3/处)
G213 汶川—茂县	砂板岩、千枚岩灰岩	后山断裂带内	Ⅷ~Ⅸ	24.1~26.9	18	40.0	0.45	21092
G317 汶川—理县	砂板岩、千枚岩、灰岩	后山断裂上盘方向	Ⅷ	30.1~51.3	25	49.0	0.51	8180
G213 茂县—叠溪镇	砂板岩、千枚岩夹灰岩		Ⅷ	26.9~65.3	18	56.9	0.32	1690
G317 理县—马尔康	砂板岩、千枚岩夹灰岩	远离后山断裂	≤Ⅶ	51.3~149.9	28	150.0	0.21	2604
G213 叠溪—川主寺	砂板岩、千枚岩夹灰岩		Ⅶ	65.3~75.3	3	99.2	0.03	3926

从表2.3中可以看出,处于后山断裂带、烈度为Ⅷ~Ⅸ区内的G213汶川—茂县段地灾灾害点的规模远远超过了其他区域灾害点的规模。而远离后山断裂的G213叠溪—川主寺段,G317理县—马尔康段地震烈度为Ⅷ度及以下,灾害点密度低,平均规模小。

2.3.3 地形地貌

线路所处地形地貌总体上呈峡谷、宽谷相间分布。在山体陡峻、高差较大的地区灾害点较为密集,而高差较小。地势平缓的地区则鲜有灾害的发生。在断层和褶皱活动强烈,河流强烈下切的峡谷区,如汶川—炉霍、汶川—松潘、二郎山—红龙公路沿线灾害点的分布密度远高于地形较平缓的宽谷区。不同地貌区灾害点分布见表2.4。

不同地貌区灾害点分布表　　表2.4

公路名称	段落	里程(km)	地貌形态	灾害点数量(个)	密度(个/km)
G317	汶川—炉霍	436	峡谷	94	0.22
	炉霍—德格	299	宽谷	12	0.04
G318	雅安—二郎山	86.2	宽谷	10	0.12
	二郎山—红龙	346	峡谷	33	0.10
	红龙—海子山	124	宽谷	8	0.06
	海子山—竹巴笼	114	峡谷	29	0.25
G213	汶川—松潘	179	峡谷	57	0.32
	松潘—川主寺	14.5	宽谷	0	0

不同地貌地质灾害出现的频次存在巨大差异,从图2.20所示的统计数据分析可得出,仅12.50%的地质灾害发生在宽谷地区,峡谷地区地质灾害的数量接近宽谷地区灾害数量的7倍。

坡度是反映地貌特征的重要指标,坡度越陡,坡顶拉应力区越大,顶部岩体节理越容易发生,越易发生崩塌灾害。根据图2.21所示的实际调查信息得出,多数灾害点发生在50°~60°之间,极少数灾害发生在40°坡度以下。

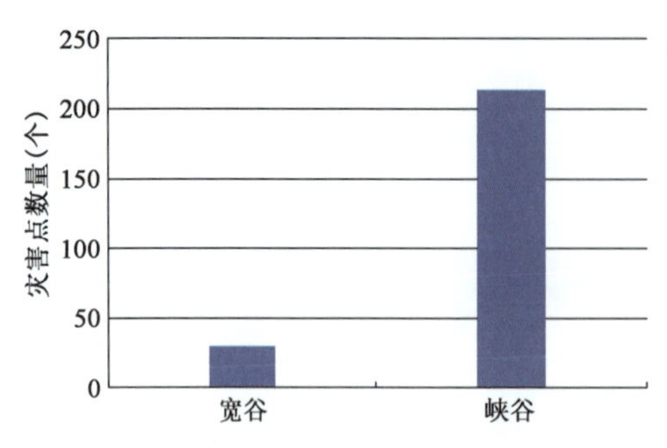

图2.20　灾害点数量与地貌的关系

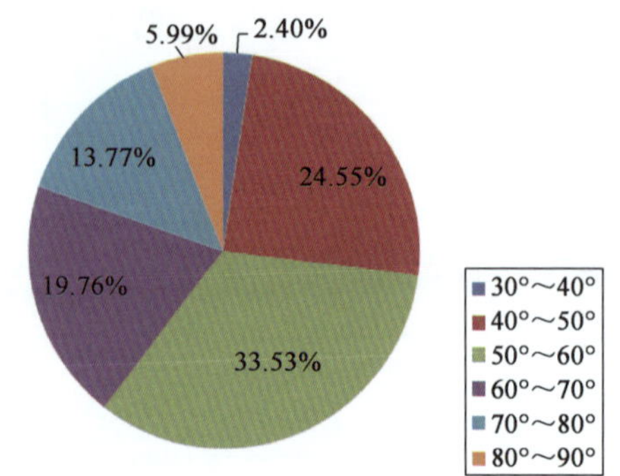

图2.21　灾害点不同坡度分布比例

2.3.4　地层岩性

将研究区岩性按坚硬程度分为坚硬岩、较硬岩、较软岩三个工程地质岩组(图2.22)。不同地层组合的不同岩类构成的斜坡各有自身的变形特征和常见的破坏形式[6]。以花岗岩、花岗闪长岩为主的坚硬岩具有较大的抗剪强度和抗风化能力,易形成高陡的斜坡,但是随着后期区域的地震动力效应和寒冻风化侵蚀,加之公路开挖之后的岩体卸荷效应,诱发形成结构面逐渐相互贯通,导致边坡失稳。软岩中灾害以千枚岩的震动—倾倒为主。

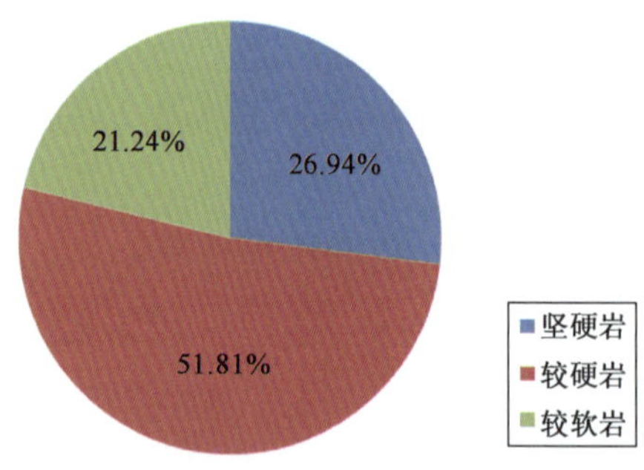

图2.22　不同工程地质岩组灾害点分布比例

2.4　公路边坡地质灾害分布特征

受高程、地震、地貌、岩性等因素的影响,高烈度深切峡谷区地质灾害的分布呈现一定的特征。为了探索地质灾害分布与影响因素之间的关系,在边坡灾害发育影响因素的统计基础上,研究高程、地震、地貌、地层等地质灾害影响因素的分形特征,利用变维分形方法对地质灾害的分布与影响因素的关系进行探讨，从分形的角度揭示地质灾害发育分布与各影响因子之间的定量关系，为进一步建立区域地质灾害岩体质量评价体系提供科学依据。

2.4.1　变维分形实现方法

本次研究选取的地质灾害样本为调查公路沿线的地震灾害点，共计243处，采用变维分形方法对该区域地震灾害分布与其影响因素的关系进行定量化研究。影响因素选择高程、坡度、地层、地震烈度，根据上述数据，将影响因素划分为合适的分段，将各分段所对应的地震灾害个数按由大到小的顺序排列，分别取编号 $r=1,2,3,\cdots$，将不同影响因素分段的地质灾害个数 $N(r)$ 与 r 标绘在双对数坐标图上，并拟合其关系曲线，判断是否属于线性关系。如果该双对数曲线为直线，则研究对象之间呈原始分形关系，可测定其分维值[7,8]；如果表现出明显的非线性关系，则将数据进行一阶累计，再拟合相应双对数曲线，直至累计和变换后呈线性关系，并测定相应变维分形分维值[9-11]。

2.4.2　地质灾害分布研究

(1)地质灾害分布与高程之间的分形特征

根据地质灾害点的高程数据，按照500m的间隔分为8个高程段，并统计相应高程段的地质灾害分布个数。按照地质灾害点个数从大到小的顺序，将各高程段进行排列，取编号 $r=1,2,3,4,5,\cdots$，分别代表各个高程段，如表2.5所示。其一阶累计分维关系曲线呈线性关系，其相关系数大于0.9，说明地质灾害的分布与高程之间呈一阶累计分形关系，其分维值 $D_1=0.780$。

地质灾害分布个数与高程关系　　表2.5

r	1	2	3	4	5	6	7	8
高程	2000～2500	1500～2000	1000～1500	2500～3000	3000～3500	<1000	3500～4000	>4000
地质灾害个数 $N(r)$	49	46	41	35	28	19	14	11

(2)地质灾害分布与坡度之间的分形特征

根据地质灾害点的坡度数据，按照10度的间隔分为6个坡度段，并统计相应坡度段的地质灾害分布个数。按照地质灾害个数从大到小的顺序，将各坡度段进行排列，取编号 $r=1,2,3,\cdots,6$，分别代表30°～90°的6个坡度段，如表2.6所示。其一阶累计分维关系曲线呈线性关系，其相关系数大于0.9，说明地质灾害的分布与坡度之间呈一阶累计分形关系，其分维值 $D_1=0.630$。

地质灾害分布个数与坡度关系　　表2.6

r	1	2	3	4	5	6
坡度(°)	50～60	40～50	60～70	70～80	80～90	30～40
地质灾害个数 $N(r)$	81	60	48	33	15	6

(3)地质灾害分布与地层岩性之间的分形特征

按照工程岩体分级标准，将研究区地层出露岩性按坚硬程度分为坚硬岩、较硬岩、较软岩，分别统计相应地层区域的地质灾害分布个数。按照地质灾害个数从大到小的顺序，将各地层区域进行排列，取编号 $r=1,2,3$，分别代表三个地层出露区域，如表2.7所示。其双对数关系曲线呈线性关系,其相关系数大于0.9,说明地质灾害分布与地层岩性之间呈原始分形关系,其分维值 D_1 =0.820。

地质灾害分布个数与地层岩性关系　　表2.7

r	1	2	3
地层岩性	较硬岩	坚硬岩	较软岩
地质灾害个数 $N(r)$	126	65	52

(4)地质灾害分布与地震烈度之间的分形特征

根据研究区的地质灾害调查资料统计的地震烈度分布在Ⅵ~Ⅸ,按照不同的地震烈度分为4个区段,并统计相应烈度的地质灾害分布个数。按照地质灾害个数从大到小的顺序,将各烈度进行排列,分别取编号 r =1,2,3,4,分别代表Ⅷ、Ⅶ、Ⅸ、Ⅵ烈度,如表2.8所示。其一阶累计分维关系曲线呈现线性关系,其相关系数大于0.9,说明研究区地质灾害分布与地震烈度之间呈一阶累计分形关系,其分维值 D_1 =0.627。

地质灾害分布个数与地震烈度关系　　表2.8

r	1	2	3	4
地震烈度	Ⅷ	Ⅶ	Ⅸ	Ⅵ
地质灾害个数 $N(r)$	103	89	35	16

2.4.3　基于变维分形的地质解译

地质灾害分布与其影响因素的变维分形特征简表如表2.9所示。

地质灾害分布个数与其影响因素的变维分形特征简表　　表2.9

影响因素	高程	坡度	地层岩性	地震烈度
分形关系	一阶累计分形关系	一阶累计分形关系	原始分形关系	一阶累计分形关系
分维值	0.780	0.630	0.820	0.627
相关系数	0.981	0.968	0.985	0.941

根据以上分维测定结果可以看出,研究区地质灾害空间分布与地层岩性呈原始分形关系,与高程、坡度、地震烈度呈一阶累计分形关系。其相关系数均大于0.9,呈较好的线性相关性,说明研究区地质灾害空间分布对地层岩性的敏感程度较高,对高程、坡度、地震烈度的敏感程度次之。其中呈原始分形关系的影响因素中,研究区地质灾害分布与地层岩性的变维分形分维值为0.820,这主要是因为硬岩、软岩对地质灾害分布的影响较大,是影响地质灾害分布的首要因素;同时调查线路经过深切峡谷区、丘陵区、山谷地区等,深切峡谷区的地震灾害分布远远多于丘陵、山谷地区,这也是影响地质灾害分布的重要因素。

呈一阶累计分形关系的影响因素中,研究区地质灾害分布与高程的变维分形分维值为0.780,与坡度的变维分形分维值为0.630,与地震烈度的变维分形分维值为0.627,说明地质灾害分布与高程的变维分形特征相对比较复杂,因为调查线路从低海拔一直到高海拔,地质灾害的分布在1500~2500m范围内最多,即中高海拔区域,灾害的分布也呈现一定特点,说明高程对灾害的分布影响较大。同时由于调查的地质灾害主要集中在高陡边坡以及Ⅶ、Ⅷ烈度区,所以分形特征不明显,影响也较小。总体来看,研究区地质灾害的分布与本次研究的影响因素的敏感程度从大到小依次为:地层岩性、高程、坡度、地震烈度。

2.5　本章小结

(1)深切峡谷区公路边坡地质灾害总共分为四个大类,14 个亚类。即倾倒型、滑移型、坠落型和剥蚀型四大类。其中倾倒型按照失稳机理又划分为冻胀—倾倒型、拉裂—倾倒型、风压—倾倒型、鼓胀—倾倒型、震动—倾倒型;滑移型划分为张裂—滑移型、剪断—滑移型、冻融—滑移型、震动—溃滑型;剥蚀型划分为冻融—剥蚀型、风化—剥蚀型、震裂—剥蚀型;坠落型划分为拉剪—坠落型、震裂—坠落型。

(2)地质灾害规模以小型为主,分布具有明显的区域性。高程 1500 ~ 3500m 范围内灾害点最为发育,在高海拔平原区地质灾害较少发生。高海拔地区由于强烈的寒冻风化作用,岩体多属于强风化,灾害类型则以剥蚀型为主。地形地貌是影响地质灾害分布的主要因素,深切峡谷地区由于地形高陡,风化作用强烈,峡谷区的灾害点数量明显高于宽谷地区。

(3)依托变维分形统计方法,在深切峡谷区公路边坡地质灾害调查的基础上进行地质解译,选择高程、坡度、地层、地震烈度作为评价因子,研究表明地质灾害的分布与影响因素的敏感程度从大到小依次为:地层岩性、高程、坡度、地震烈度。

第3章　深切峡谷山区公路边坡岩体结构特征及劣化损伤作用

深切峡谷山区所属的高海拔高烈度区，因为季节往复形成的循环冻融作用以及地震动力作用导致岩体结构劣化损伤严重，而公路建设及营运与岩石物理力学性质密切相关。因此，研究受到季节往复形成的循环冻融作用以及地震动力作用影响的岩体物理力学特性，对分析深切峡谷山区公路边坡岩体受冻融及地震作用劣化引发的地质灾害问题具有很强的实用性及代表性。

3.1　公路边坡岩体结构特征

3.1.1　岩体结构影响因素

影响深切峡谷山区公路边坡岩体结构类型划分的因素，从岩体结构成因机制的角度分析，主要有以下几点：

(1)高海拔区特殊的冻融风化作用

高海拔、高寒山区，存在昼夜温差大、季节性温差大的特点，在昼夜温差及季节温差的循环作用下，渗入坡体的雨雪水的反复冻融作用加速了岩体的风化作用，使得坡体裂隙、岩体的裂隙进一步增大，土体的结构更加松散，有时也将其理解为一种特殊的强风化作用形式，反复的冻融作用劣化了坡体的稳定性。

对于土质边坡，冻融循环作用后土颗粒之间的原有结构被破坏，形成新的结构，土中团粒会发生分裂和团聚作用，土的渗透性增大，塑性指数减小。松散土和密实土的密度以及孔隙比具有不同的变化趋势[12,14]。特别是在含水率较高的坡体中，在温度升高的过程中，冻结土体将融化，融化后的土体含水量很高，其抗剪强度很低[15,16]。且下部土体的冻结层为一个近似的不透水层，上部溶解的水分不能够渗入到地下，造成水分沿交界面流动，严重时土体变成流动状态，最终形成融冻泥流或热融滑塌等灾害。

而相对于土体而言，岩体强度较高、渗透性低，具有孔隙介质和裂隙介质的双重属性，从岩石的冻融破坏机理上看，造成这种冻融破坏的原因是由于组成岩石冻结和融化状态的三相介质(水、空气、含冰岩石)具有不同热物理性质，岩石矿物颗粒在温度降低时，其体积发生收缩，而冰在温度降低时，体积发生膨胀(约9%)[17-20]。由于这种冻胀力是作用在矿物颗粒及岩石微孔隙这一微观尺度上，故孔隙水的存在及冻融循环条件会对岩体尤其是强度较低但含水率较高的岩体力学性质产生重要的影响，加速了岩体的破坏[21,22]。表层剥蚀崩落的破坏模式是岩石边坡长期冻融作用的主要表现形式。

深切峡谷山区公路沿线冰雪冻融灾害分为以下三个方面：①基伏界面的冻融问题（图3.1）；②覆盖层的冻融问题（图3.2）；③岩体中的弱面（图3.3），即裂隙的冻融冰劈问题。

图3.1　基伏界面的冻融问题

图3.2　覆盖层的冻融问题

图3.3　裂隙的冻融冰劈问题

（2）高烈度地震区频繁的地震损伤作用

边坡在地震过程中将受到地震波的作用。地震波是一种复杂的应力波，具有冲击压剪的特点，其在岩体中的传播、反射和折射是一个复杂的过程，对不同特性的岩体产生的动力响应也不尽相同[23]。原本在静态应力场作用下难以破坏的微裂纹，由于地震波在经风化界线、软弱带和节理裂隙时会发生反射和透射现象，压缩波入射到变异界面经过反射会变成拉伸波，其将与持续入射的压缩波相互作用，两者作用的结果使自由表面产生附加拉应力，并随着作用增强而增大，当拉应力大于裂纹扩展临界应力阈值，即会劈裂扩展引起材料的破坏，再加上横波的剪切作用,造成不可逆的破坏[24-26]。

(3)高陡边坡强烈的卸荷作用

深切峡谷山区公路沿线特别是汶川—朴头、汶川—川主寺段,地形起伏大,两侧山高坡陡、峭壁峥嵘,河流发育,属于典型的深切峡谷地区。在地质历史时期,伴随着河谷的下切或地貌的改造,河谷构造应力释放,从而驱动边坡岩体产生变形和破裂,以适应新的平衡状态,这一过程我们称之为表生改造。当边坡由于表生改造而完成应力场的调整,在自重应力场的驱动下,继续发生随时间的变形,这个变形过程称之为时效变形[27]。以上变化都可能恶化岩体的工程性状,降低结构面强度(从构造或原生状态的峰值降为残余值),使岩体整体质量下降,或形成新的岩体变形破坏几何边界。因此,对由表生改造及时效变形而产生的岩体结构改变进行研究,具有明显的工程意义。

3.1.2 岩体结构分类特征

根据深切峡谷区公路边坡特征,对边坡岩体结构进行分类,见表3.1。

深切峡谷山区公路边坡岩体结构分类　　表3.1

岩体结构类型	岩体结构亚类	斜坡岩体结构特征	失稳破坏模式及控制因素
土层及强风化层——基岩二元结构	岩土二元结构	基岩斜坡,在斜坡中上部覆盖一定厚度的土层,岩土分界面外倾	斜坡上部土层在冻融、降雨、地震等因素作用下,滑移失稳
	强风化及卸荷松动岩体——基岩	基岩斜坡(尤其是高陡基岩斜坡),在重力、降雨、风化以及地震作用下,斜坡中上部发育一定厚度的强风化层及卸荷松动岩体	冻融、降雨、地震等因素作用下,斜坡上部强风化层、卸荷松动岩体倾倒、滑移破坏
块状结构	整体块状岩体	整体块状岩体,岩体完整~较完整,岩体结构面多呈陡倾或缓倾状	局部结构面切割块体失稳
	发育不利外倾结构面块状结构岩体	整体块状岩体,岩体完整~较完整,发育不利外倾结构面	沿外倾结构面滑移失稳
层状及似层状结构	近水平~缓倾层状结构	层面、片理产状平缓(一般不超过15°)	主要是强烈地震动作用下,沿节理震动拉裂,顺层面大规模滑移破坏
	顺层结构	层面及片理面外倾,顺层斜坡	顺层滑移;陡倾层状岩体则容易产生倾倒破坏
	反倾结构	层面及片理面反倾,发育外倾结构面	顺外倾结构面滑移破坏;陡倾层状岩体倾倒破坏
	斜交结构	层面及片理面走向与临空面斜交	结构面切割岩体失稳破坏
碎裂结构		岩体多呈破碎~极破碎状,各类结构面发育	碎裂岩体剥蚀失稳,或沿其中不利结构面滑移失稳

续上表

岩体结构类型	岩体结构亚类	斜坡岩体结构特征	失稳破坏模式及控制因素
土层	均质土层	土体为相对均质体,土体颗粒堆积杂乱无章,土体内无各类沉积、堆积界面;主要为崩破积层,冰碛层,泥石流堆积层等	多为圆弧状滑移失稳,或土体中的块石失稳
	水平层状土层	土体成层性明显,层理多为水平状或近水平状;主要为河流相冲洪积层、冰水堆积层、泥石流堆积层等	多为圆弧状滑移失稳,或土体中的块石失稳
	外倾层状土层	土体具有一定的成层性,且不同土性层界面外倾,形成不利地质界面	土体中的地质界面对土体的稳定性具有一定的控制作用

3.2 公路边坡沿线温度场特征

3.2.1 平均气温分布特征

深切峡谷山区地处青藏高原东缘,为亚热带气候区,受青藏高原地形影响,呈现高原气候和大陆型气候特征,属高原寒温带、亚热带大陆性季风高原型气候。表3.2为青藏高原东缘川西高原地区的部分台站的气象资料。

研究区域气象站温度数据收集　　表3.2

站名	纬度N (°)	经度E (°)	海拔高度 (m)	年平均气温 (℃)	日平均气温<0℃的天数(d)	年最低气温 (℃)	年平均气温差 (℃)
马尔康	31.54	102.14	2664.4	8.6	63	-18	17.2
德格	31.44	98.34	3201.2	6.4	81	-21	17.3
甘孜	31.37	100.00	3393.5	5.6	100	-24	18.4
康定	30.03	101.58	2615.7	7.1	73	-15	17.7
巴塘	30.00	99.06	2589.2	12.5	70	-11	15.9
石渠	32.59	98.06	4200.0	-1.6	193	-30	21.1
阿坝	32.54	101.42	3275.1	3.3	131	-21	20.4
小金	31.00	102.21	2369.0	12.0	50	-15	17.7
道孚	31.54	101.29	3449.0	4.5	108	-24	17.6
红原	31.44	101.51	3491.4	1.1	157	-25	21.2
炉霍	31.37	100.65	3250.0	6.1	108	-22	19.8
色达	30.03	100.20	3893.9	-0.1	175	-28	21.1
汶川	30.45	102.51	1326.0	18.1	26	-10	15.4

续上表

站名	纬度 N (°)	经度 E (°)	海拔高度 (m)	年平均气温 (℃)	日平均气温 < 0℃的天数(d)	年最低气温 (℃)	年平均气温差 (℃)
理县	30.58	102.20	1888.0	15.5	37	-12	15.9
泸定	29.30	101.45	1330.0	17.1	22	-9	15.7
理塘	30.09	100.16	3948.9	3.0	152	-28	16.5
雅江	29.03	100.19	2569.0	12.1	80	-14	16.1

根据上表可知,所研究区域气候特征总体表现为:日照时间长,无霜期短,冬长无夏,春秋同季,降水季节性差异大,气温具有年变化小、日变化大的特点。年平均气温反映了各地区地表辐射热量平衡和大气环流的特点,与冻土年变化深度、季节冻结深度有着较好的相关关系。在西部,主要受海拔影响,青藏高原大部分地区的年平均气温在0℃以下。

对川西地区的年平均温度(T)与纬度(N)、经度(E)及海拔高度(H)的关系分别进行线性和多元回归分析,如表3.3所示。

年平均温度与其影响因素相关性系数比较 表3.3

因素	回归方程	相关性系数
经度(°)	$T=-199.03166+2.05172E$	0.16305
纬度(°)	$T=106.805-3.21239N$	0.25522
海拔(m)	$T=27.35-0.0675H$	0.92161
综合	$T=115.42255-0.84111N-0.60848E-0.00689H$	0.97075

图3.4~图3.6为年平均温度与纬度、经度的线性关系图。

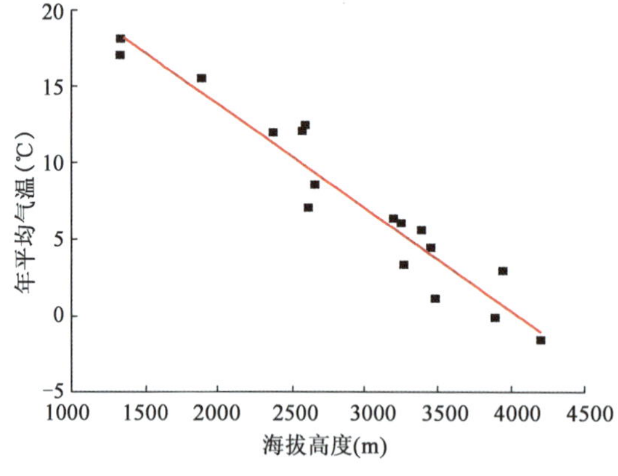

图3.4 年平均温度与海拔的线性关系

由于气象站数据有限,上述回归方程存在一定的偏差。综合来看,研究区年平均气温与海拔、纬度及经度有较好的线性相关关系,拟合程度达到0.95075。就单因素而言,从表3.3可看出年平均温度与海拔的线性关系较好,相关性系数达到0.92161,与纬度有一定的线性关系,相关性系数为0.25522,与经度的线性关系较差。从回归方程可以大致看出,在川西高原地区,影响温度的最显著因素是海拔高度,在纬度与经度相同的情况下,平均气温随海拔高度的增加而降低。在经度与海拔相同的情况下，年平均温度随纬度的升高而降低，对温度的影响较为明显。经度对年平均温度的影响在总结数据中并未明显体现。综上，研究区温度呈向北、向高处降低的趋势。根据海拔、纬度与平均温度的线性关系，可以对研究区环境温度有大致的了解。

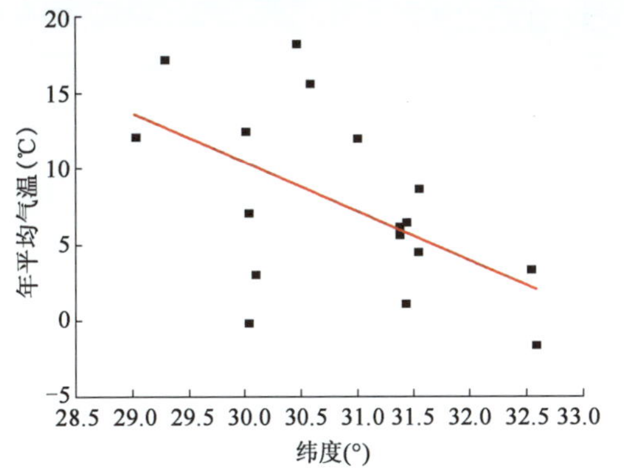

图 3.5　年平均温度与纬度的线性关系

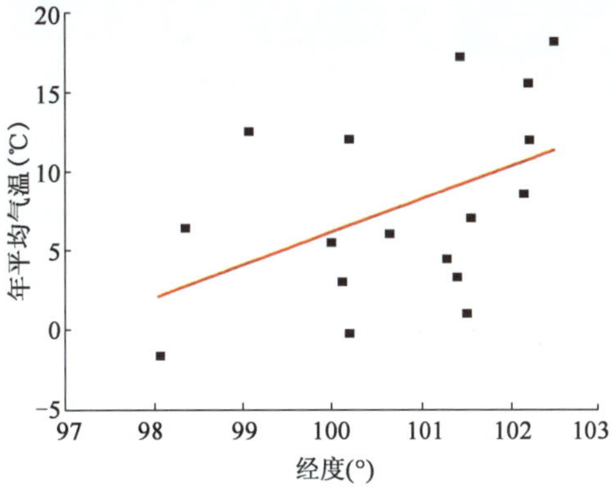

图 3.6　年平均温度与经度的线性关系

3.2.2　最低温度分布特征

在冬季由于大气温度低，在热传导作用下，边坡温度不断降低，当降至岩体中非结合水冰点时，边坡开始冻结，由于孔隙水中的结冰及分凝冻胀作用使得边坡表层发生冻胀开裂[28-30]。年最低气温与平均温度小于0℃的天数侧方面反映了各地区边坡冻融或冻结的程度，与边坡冻融循环时间、冻结年变化深度、季节冻结深度有着较好的相关关系。根据表 3.2，对研究区年最低温度与经度(E)、纬度(N)、海拔(H)进行相关分析，得到下表 3.4 关系式。

年最低温度与其影响因素相关系数比较　　表 3.4

因　素	回归方程	相关性系数
经度	$T = -251.83005 + 2.30834N$	-0.15846
纬度	$T = 90.8057 - 3.56772E$	0.24073
海拔	$T = 2.90307 - 0.00781H$	0.90691
综合	$T = 123.156127 - 0.844651N - 0.91231E - 0.0071H$	0.93125

图 3.7 ~ 图 3.9 为年最低温度与纬度、经度及海拔的线性关系图。

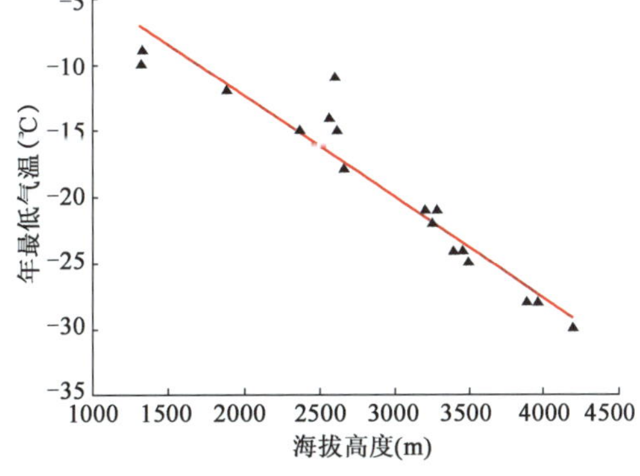

图 3.7　年最低温度与海拔的线性关系

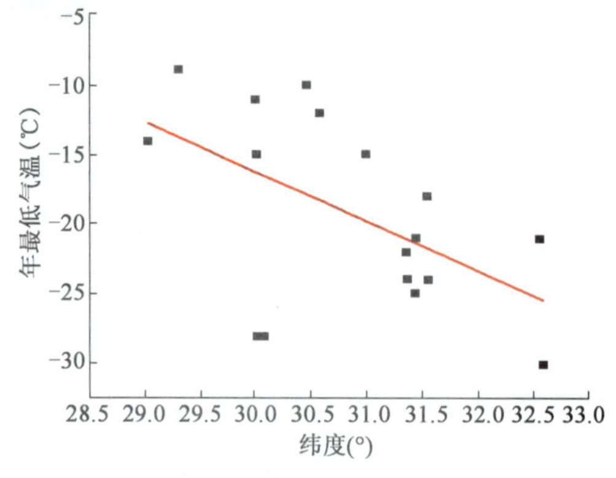

图3.8 年最低温度与纬度的线性关系图

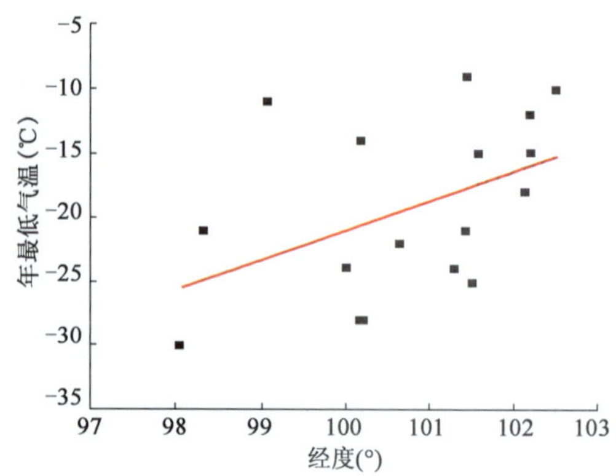

图3.9 年最低温度与经度的线性关系

从表3.4可以看出，在研究区内最低温度与经度、纬度、海拔高度的线性关系与年平均温度与其影响因素的线性关系类似，其中受海拔影响最大，相关性系数达到0.90691，其次是纬度，最后是经度。年最低温度主要受海拔与纬度控制，经度影响可以忽略。同时，也佐证了影响川西地区温度的主控因素为海拔高度。

3.2.3 浅表岩体温度场

(1)现场温度监测

对边坡岩体浅层温度进行实时动态监测，其目的是了解岩体在极端气候下，由岩体表面至岩体内部温度随深度的变化规律，探讨高海拔地区岩体表层开裂的动态过程。本次浅层岩体温度场监测的主要内容如下：

①监测工作区域微环境的大气温度变化，这是研究岩体表面与大气流体热交换系数的主要依据之一。

②对岩壁表面温度的变化进行监测，是研究岩壁面与大气流体热交换以及岩体表面热传导的界面效应的需要。

③针对研究区域岩性与海拔特征分别在泸定大桥(海拔1980m、花岗岩)、鹧鸪山(海拔3376m、变质砂岩)布置监测点，监测环境与岩体表层、浅层温度。泸定大桥处监测点埋深分别为20cm、50cm、100cm、200cm、300cm，鹧鸪山处监测点埋深分别为100cm、200cm、300cm、500cm。

设定监测数据的采集频率为30min一次。对监测数据进行归类分析，观测数据如表3.5、表3.6所示。

泸定大桥观测点代表性观测日数据　　表3.5

测点位置	2014-01-21			2014-04-24			2015-08-02		
	最高温	最低温	温差	最高温	最低温	温差	最高温	最低温	温差
地表	8.59	-2.32	10.91	22.27	15.3	6.97	25.29	19.57	5.72
-0.2m	5.83	5.59	0.24	15.54	15.46	0.08	18.23	17.99	0.24
-0.5m	7.09	7.01	0.08	14.68	14.6	0.08	17.52	17.28	0.24

续上表

测点位置	2014-01-21			2014-04-24			2015-08-02		
	最高温	最低温	温差	最高温	最低温	温差	最高温	最低温	温差
-1.0m	8.75	8.67	0.08	13.59	13.59	0	16.88	16.65	0.23
-2.0m	11.03	10.95	0.08	12.42	12.35	0.07	16.17	15.93	0.24
-3.0m	12.5	12.42	0.08	12.11	12.11	0	15.38	15.15	0.23
-5.0m	14.06	14.06	0	12.81	12.81	0	14.37	14.21	0.16
-12.5m	14.52	14.45	0.07	14.29	14.29	0	14.29	14.21	0.08
-20.0m	15.15	14.99	0.16	14.99	14.99	0	15.38	15.07	0.31
-30.0m	15.7	15.62	0.08	15.62	15.62	0	16.25	16.01	0.24
-40.0m	16.25	16.17	0.08	16.17	16.17	0	16.49	16.33	0.16
-50.0m	17.12	17.04	0.08	17.04	17.04	0	17.99	17.59	0.4

鹧鸪山观测点代表性观测日数据 表3.6

测点位置	2014-11-20			2014-12-18			2015-01-19		
	最高温	最低温	温差	最高温	最低温	温差	最高温	最低温	温差
地表	11.12	-2.24	13.36	13.51	-8.2	21.71	12.79	-12.14	24.93
-1.0m	4.1	3.78	0.32	1.41	1.34	0.07	-0.69	-1.08	0.39
-2.0m	8.12	7.72	0.4	5.91	5.52	0.39	4.02	4.02	0
-3.0m	9.22	8.67	0.55	7.8	7.25	0.55	6.23	6.15	0.08
-5.0m	10.25	9.38	0.87	9.85	8.99	0.86	8.83	8.75	0.08
-10.0m	11.04	10.65	0.39	11.2	10.88	0.32	10.96	10.96	0
-20.0m	11.44	10.65	0.79	11.52	10.65	0.87	10.41	10.33	0.08

将获取数据处理分析,得到图3.10与图3.11。

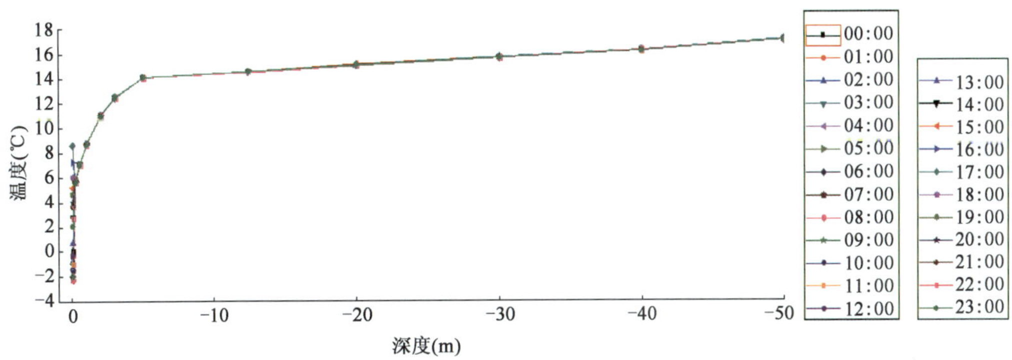

图3.10 泸定大桥观测点代表性观测日数据

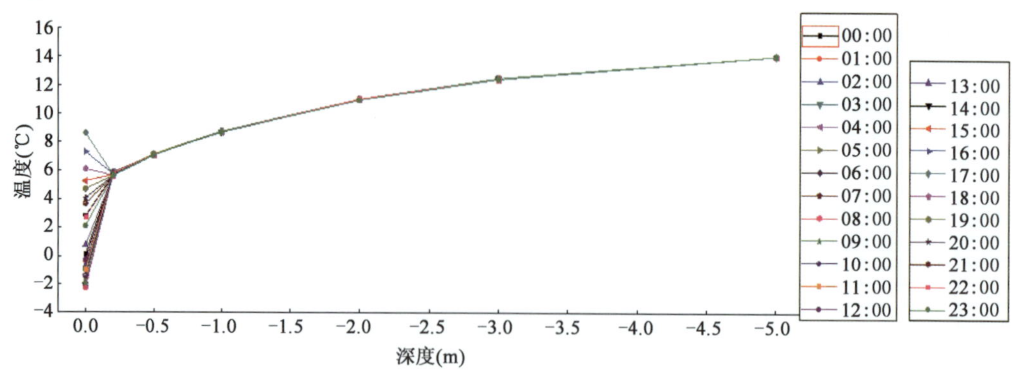

图 3.11　鸸鸪山观测点代表性观测日数据

(2)温度对比分析

岩体表面温度与监测点周围环境温度密切关联。选取泸定大桥 2015 年 12 月 7—15 日期间与鸸鸪山隧道 2014 年 12 月 7—15 日期间的温度监测数据,对二者的变化规律进行对比分析(图 3.12、图 3.13)。

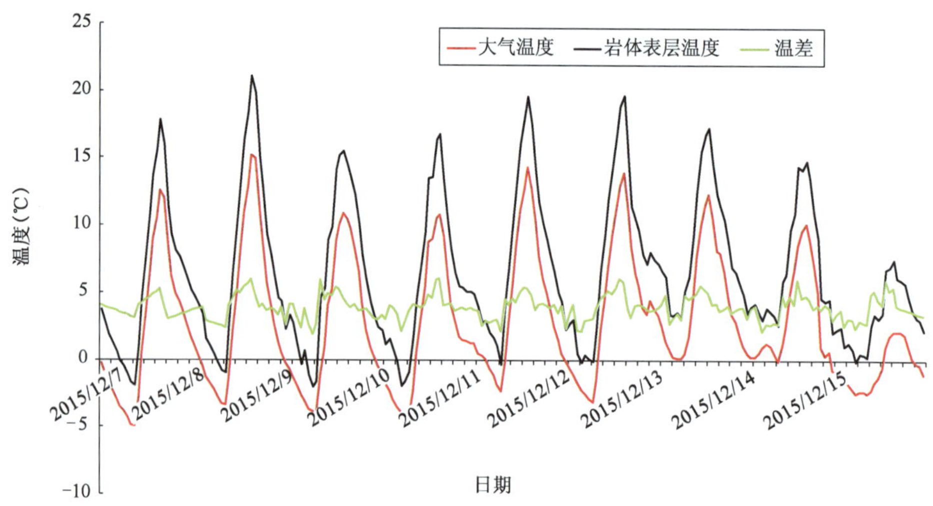

图 3.12　泸定大桥处 2015 年 12 月 7—15 日大气温度与岩体表面温度动态变化

分析环境大气温度和岩体表面温度的动态变化规律,可以得出如下结论:

①由上图可知,两个监测点处大气温度和岩体表面温度动态过程基本趋于一致,岩体和大气的温度峰值基本同步,岩体峰值稍有滞后特征,二者的波峰滞后最长可达 2h,波谷滞后最长可达 4h。

②大气温度与岩体温度均出现周期性变化。温度变化周期为 24h,在一个周期内,大气温度变幅最大可达 24.1℃,岩石表面温度变幅最大可达 21.2°C。如图所示,四川藏区的大气日夜温差波动较大,使边坡表层岩体处于变化剧烈的温度场中。

③在该监测期间测得泸定大桥处最高大气温度为 14.3℃,最低温度为 -5.1℃,边坡岩体最高温度为 20.4℃,最低温度为 -2.1℃,冻融冻胀作用不明显。鸸鸪山隧道出口处最高大气温度为 8.7℃,最低温度达 -11.7℃。其中岩石表面在 12 月 7—15 日处均有处于 0℃以下,在

7 天内经历了 7 次冻融与冻胀作用,该处岩体受温度作用明显。

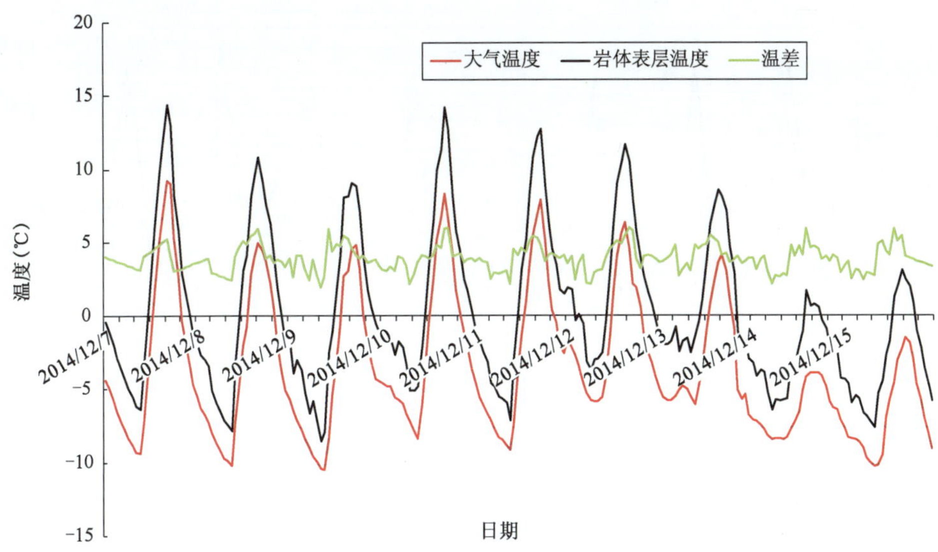

图 3.13 鹧鸪山处 2014 年 12 月 7—15 日大气温度与岩体表面温度动态变化

④在该时段内,两个监测点处岩体表面温度整体高于大气温度。7:00—14:30 阶段,大气温度和岩体表面温度一般均表现为上升趋势。在 12:30—14:30 阶段,岩体温度明显高于大气温度。由于太阳西晒,岩体表面温度上升特别迅速,温差在 14:00 左右出现峰值。14:00 后开始缓慢下降。监测结果还表明,边坡温度升高的部分来源于大气与岩体之间的热传导,高于大气温度部分主要因素是太阳西晒的热辐射。

⑤监测期间,大桥处大气平均温度为 2.1℃,表层岩体平均温度为 6.2℃,鹧鸪山处大气平均温度为 -3.9℃,表层岩体平均温度为 0.3℃。由此可以看出,海拔对岩体表层温度仍起控制性作用。

(3)温度随深度变化

从本环境温度与边坡冻结深度研究得出,泸定大桥处预计最大冻深达到 0.3m、鹧鸪山处预计最大冻深达到 0.7m。据此,泸定大桥处边坡温度随钻孔深度的变化规律研究范围为 0 ~ 80cm,鹧鸪山处为 0 ~ 1.5m,对研究区不同海拔、不同岩性边坡浅层温度进行分析。选取 2015 年 2 月 1—9 日的温度监测数据,分别对两个监测点处钻孔内温度和深度的变化规律进行分析(图 3.14 和图 3.15)。

①从图上看出泸定大桥处在 0 ~ 5cm 范围内岩体温度规律性较好,5 ~ 30cm 范围内岩体温度规律性差,波动较大,30 ~ 80cm 范围内岩体温度规律性较好;鹧鸪山出口处 0 ~ 10cm 范围内岩体温度规律性较好,10 ~ 50cm 范围内波动性较大,50cm ~ 150m 范围内规律性较好。

②通过图 3.14 与图 3.15 可知,钻孔不同位置温度波动整体趋于一致。两处大气温度均于 14:00—16:00 到达波峰;岩体表面温度一般晚于大气在 15:00 左右达到波峰。而钻孔内部温度滞后于岩石表面,随钻孔深度的增加,滞后越多。监测数据表明,浅层岩体受外界传递热量影响较大,晚间山体内部的散热对表层影响不大。泸定大桥 5 ~ 30cm 与鹧鸪山出口 10 ~ 50cm 处恰好处于热流缓冲区。白天,外部经过该区域向钻孔内部传递热量;夜间,山体内部向外部散热。

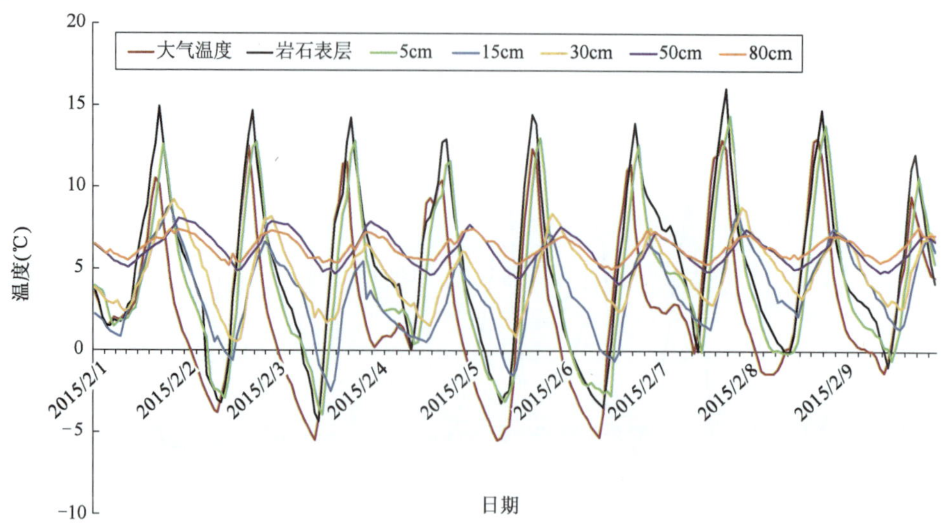

图 3.14 泸定大桥处 2015 年 2 月 1—9 日大气及钻孔各深度温度动态变化

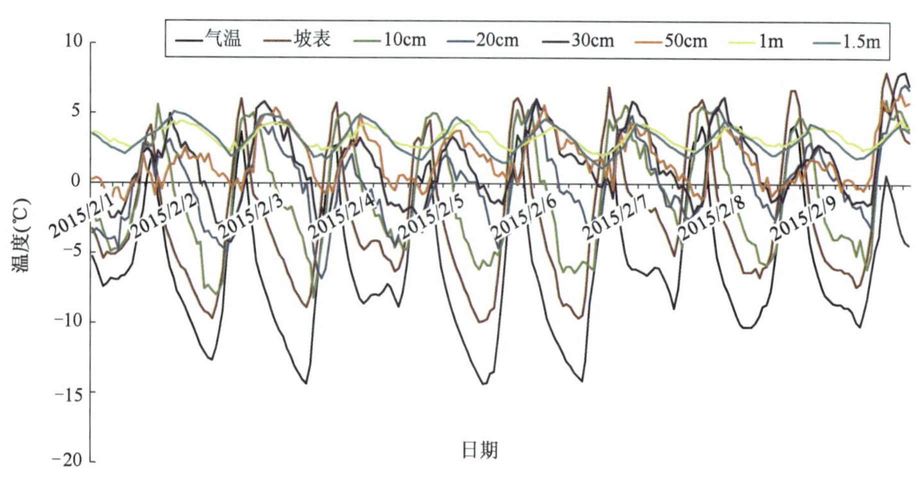

图 3.15 鹧鸪山 2015 年 2 月 1—9 日大气及钻孔各深度温度动态变化

③钻孔内各深度温度仍然呈现周期性变化，温度变化的周期为 24h。在一个周期内，泸定大桥段最大温差可达 19.5℃，鹧鸪山段为 21.5℃，而随钻孔深度的增加温差逐渐降低，泸定大桥 80cm 处与鹧鸪山 1.5m 处温差都小于 2℃。从上述结果可知，温度应力随钻孔深度的增加而逐渐减小，泸定大桥处温度应力主要表现在 0 ~ 30cm 处，其中 0 ~ 15cm 处温度应力最强；鹧鸪山温度应力主要表现在 0 ~ 50cm 处，其中 0 ~ 30cm 处温度应力明显。

④由图 3.14 可知，泸定大桥处岩体表面与 5cm 处在该监测期间出现 3 次处于 0℃以下的情况，说明 0 ~ 5cm 范围内岩体会遭受冻融循环作用，而大于 15cm 处的岩体不受冻融循环作用影响；而鹧鸪山处岩石表面、10cm、20cm、30cm 处岩体在监测期内经历 9 次冻融循环，50cm 处岩体经历 6 次冻融循环，由图 3.15 可以看出鹧鸪山隧道出口处边坡岩体遭受强烈的冻融循环影响，50cm 岩体也经历冻融循环，而砂岩具有较强的透水性，在含水环境下出现冻融循环，

对岩体的破坏作用异常明显。通过对比分析两处岩体浅层温度,可以发现随钻孔深度的增加,海拔对岩体内部温度的影响降低。泸定大桥处岩体内部温度于50cm处基本趋于稳定,鹧鸪山岩体内部温度于1m处基本趋于稳定。

⑤经过对比分析不同海拔处边坡温度场可以发现,边坡冻深随大气温度的降低而增加,泸定桥处(海拔1800m)最大冻融范围在15cm处,且冻融循环作用不强烈;鹧鸪山隧道出口处(海拔3300m)最大冻融深度在50cm处,且冻融循环作用强烈,对浅层岩体影响异常明显。

(4)研究区年最大冻结深度

季节冻结深度是指在裸露、含水量较低、清除积雪的边坡上,观测到冻结深度的最大值。季节冻结深度是海拔高度、地理经纬度、地形、植被状况、岩土特征、积雪厚度以及含水量等因素综合作用的结果,具有垂直分带性和纬度地带性规律[31]。结合具体工点,进行冻深与海拔高度之间的线性相关分析,见表3.7。

季节冻深与海拔高度的关系(G317线俄尔雅塘至岗托段冻害调查) 表3.7

桩　　号	地　　点	海拔高度(m)	最大冻深(m)
K66+260	色达县翁达镇	3294	约为0.5
K84+710	老折山	4046	0.9~1.3
K93+650	炉霍上罗科马	3746	约1
K26+789.32	炉霍新都镇乃依村	3190	约0.5
K126+789	炉霍新都镇	3200	0.4
K164+764	炉霍旦都乡	3305	0.7~0.9
K191+460	甘孜县洛锅梁子	3814	0.9~1.2
K203+100	甘孜县洛锅乡	3784	约0.9
K234+390	甘孜县康卡村	3570	0.7
K208+670	甘孜县生康乡	3354	0.7
K258+420	甘孜县十五道班	3678	0.7
K258+735	德格县错阿乡	3665	0.9
K294+730	德格县错阿乡西北	3705	0.9
K304+500	雀儿山三道班	3800	0.9~1
K349+200	K349+200边坡	3118	0.5
K402+335	德格县城	3212	0.7
K424	德格县色曲河	3034	0.7

其回归方程为:

$$h = -1.65098 + 6.8788 \times 10^{-4} H, \qquad R^2 = 0.9099$$

式中:h——冻结深度;

H——冻结深度所对应的海拔高度。

从回归方程可以看出,在青藏高原东缘川西高山地区冻深与海拔高度有着较好的线性相关关系。随着海拔的升高,年平均气温不断下降,相应的年平均地温也下降,从而导致冻结深度的增加。但是由于影响冻深的因素很多,包括土质、水分、温度、表层积雪厚度、阴阳坡等,这些因素都会减弱海拔对冻结深度的影响。

3.3 岩石冻融劣化损伤特征

3.3.1 岩石冻融损伤变形特征

1)应变过程分析

(1)饱水岩石应变过程

对以上所有不同岩性的饱水岩石冻融应变曲线进行分析,选取的典型岩样应变都基本经历了以下八个阶段(图3.16):①冷缩阶段(A);②冻胀阶段(B);③冻缩阶段(C);④升温迟滞阶段(D);⑤热胀阶段(E);⑥融缩阶段(F);⑦融缩回弹阶段;(G);⑧融缩趋稳阶段(H)。

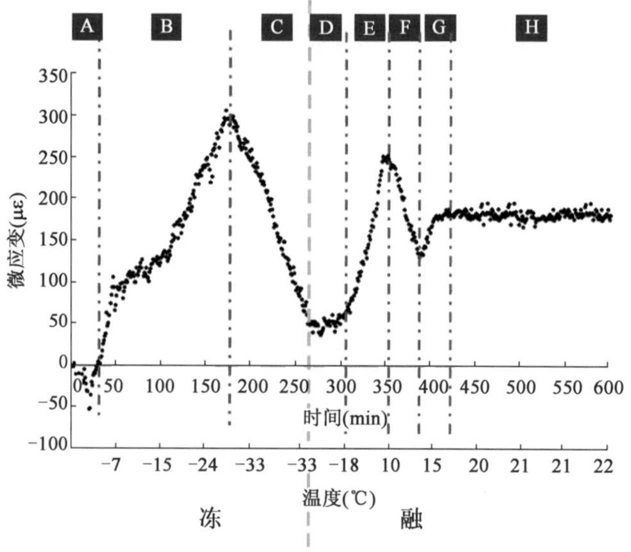

图3.16　一个冻融周期饱水岩石冻融应变曲线

(2)干燥岩石应变过程

对以上所有不同岩性的干燥岩石冻融应变曲线进行分析,不难发现这四种岩样应变都基本经历了以下五个阶段(图3.17):①冷缩阶段(A);②冷缩趋稳阶段(B);③升温迟滞阶段(C);④热胀阶段(D);⑤热胀趋稳阶段(E)。

2)应变量分析

选取在冻融应变试验中便于测量的微应变量值来反映岩石在饱水冻融过程中的冻缩规律,岩石饱水冻融引起的胀缩率κ可定义为:

$$\kappa = \frac{\eta_{ave}}{|\eta_{min}|}$$

式中:η_{ave}——融缩趋稳阶段的微应变值的均值(με);

$|\eta_{min}|$——冷缩阶段的最小微应变绝对值(με)。

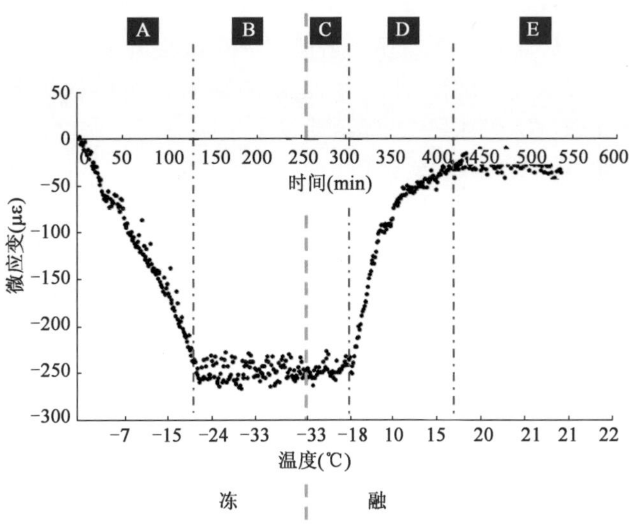

图3.17　一个冻融周期干燥岩石冻融应变曲线

为了更加直观地反映岩体在不同冻融循环次数下裂隙岩体胀缩率 κ 的变化规律,将其变化曲线绘于图3.18。

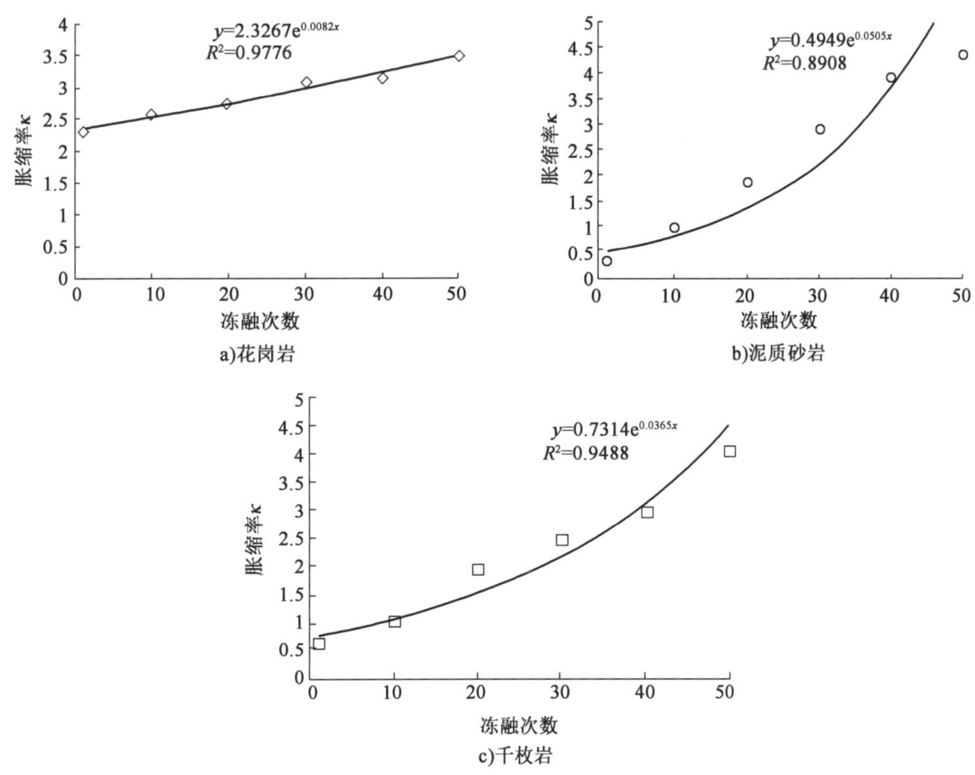

图3.18　不同冻融次数下岩体胀缩率 κ 值拟合曲线

3)裂隙特征分析

不同特征裂隙岩石的冻融应变测试结果表明岩体在试验过程中的变形受含水量的影响比较显著,在低温环境下,裂隙充水试样,水分在低温下冻结,发生体积膨胀(体积膨胀约9%),由于岩石骨架的束缚而产生冻胀冰压,试样由此发生了明显的冻胀变形;升温阶段,裂隙中的冰受热融化为水体积变小,试样变形表现为收缩。随着温度的进一步升高,岩石骨架产生膨胀变形,试样微应变出现回弹。故可将充水裂隙岩石的变形分为两部分:①岩石骨架颗粒本身产生的热胀冷缩变形;②岩石中所含水分产生的冻胀热缩变形。一个冻融循环周期内,裂隙充水试样的变形大致经历了冷缩→冻胀→冻缩→热胀→融缩→回弹→趋稳7个变形阶段。并最终产生了正的残余微应变,表明含水裂隙岩石在一个冻融周期后产生了拉张变形。

不同裂隙参数及不同含水状态的岩石冻融应变测试结果表明:未充水裂隙岩石在一个冻融循环周期中没有冻胀现象,其微应变—时间曲线与裂隙充水试样的有明显区别。一个冻融周期结束后未充水裂隙的残余应变为负值或为接近于零的正值。而裂隙充水岩石在经过冻融循环试验后产生了残余微应变。不同高度充水预制裂隙在试验过程中微应变变化趋势基本相同。由于裂隙内充水量不同,在冻胀过程中产生的冻胀力不同导致裂隙产生的微应变存在差异。当温度变化在 -20 ~ +20℃时,裂隙岩样经过冻融循环后会产生明显的残余微应变且试验发现经过多次冷冻—回温重复后,残余微应变有增大趋势。

3.3.2 岩石冻融损伤劣化模式

总的看来,三种岩石由于矿物成分、胶结程度、含水率等方面因素存在差异,循环冻融对其造成的损伤劣化模式差异巨大。对于千枚岩等软岩经过循环冻融之后,冻胀力使其岩体内部胶结程度较弱的矿物颗粒剥落析出,千枚岩试样在冻融循环之间矿物颗粒剥落析出现象最为强烈,之后由于冻胀力导致的微裂隙增大,水分逐渐迁移使其质量有所增加。对于花岗岩、砂岩等较硬岩石经过冻融循环之后,由于水的冻胀(体积增长率)和融解造成岩石内部微孔隙不断扩展,水分向内迁移导致岩石内部微裂隙扩展。

通过上述冻融循环试验发现,不同岩性裂隙岩样的冻融损伤劣化模式不尽相同,大致可以归纳为以下几种模式:

(1)层状脱落模式:以千枚岩等具有层状结构的岩石为主,主要是由于天然层状裂隙的存在,水分通过裂隙不断渗透冻结,形成冻胀力反作用于层状表面,使层状裂隙不断扩张,最终贯通,与岩体脱落,如此反复,一层一层脱落出现冻融损伤。

(2)块体剥落模式:以存在较大裂缝的硬岩为主,主要是由于岩体存在较大的裂缝,并且大裂缝上又有细小裂纹,在冻胀力的作用下,细小裂纹逐渐扩展,并且与下方裂缝在冻胀力下"下顶上压",使其与母体剥落。

(3)片落模式:以泥质砂岩等软岩为代表,主要是由于岩体微孔隙不断扩展,致使岩石表面出现微裂纹,随着冻融的进一步进行,出现宏观裂缝且出现软化层,表面被剥蚀片落,新出现的表面又被剥蚀,致使冻融损伤不断加深。

(4)裂纹模式:以孔隙率及含水量低,强度较高岩体为主,主要是由于岩体存在原生裂缝,水分通过裂缝向内渗透,形成冰透镜体,出现冻胀力,导致裂纹不断扩展贯通。

3.3.3　岩石冻融损伤力学特性

(1)强度特征

通过三种岩石在经历数次冻融循环试验之后,其单轴抗压强度均基本趋于稳定,其单轴抗压强度衰减曲线可归纳为以下公式:

$$R_f = R_S - a\ln(n+1)$$

式中:n——冻融循环次数,当 $n=0$ 时,$R_f = R_S$;

a——冻融抗压强度影响系数。

花岗岩、砂岩和千枚岩的冻融抗压强度影响系数总结见表3.8。

三种岩石的冻融抗压强度影响系数　　表3.8

岩　　性	冻融抗压强度影响系数 a	岩　　性	冻融抗压强度影响系数 a
花岗岩	3.55	千枚岩	2.01
砂岩	4.06		

(2)声发射特征

千枚岩未经过冻融循环试验的岩样在破坏前声发射次数最少,且声发射信号较弱,随着冻融循环次数的增加,在单轴压缩时岩样在破坏前的声发射次数逐渐增多。在冻融循环次数为50次时,未破坏前岩样产生的声发射次数较未冻融岩样的声发射振铃计数有了明显的提高。岩样破坏后,试样强度降低,声发射信号减弱(图3.19)。饱和千枚岩在试样变形破坏的各阶段声发射振铃计数多于干燥状态下。压密阶段未冻融与经历10次冻融循环作用试样的声发射振铃数明显高于相同条件下干燥试验的声发射振铃数(图3.20)。说明前期冻融循环试验中在相同冻融次数下饱和试样的裂隙较干燥试样发育。30次冻融循环后的试样在试验过程中振铃计数最少,约为600个。在试样破坏前,饱水千枚岩的声发射平静期较干燥千枚岩的平静期短。

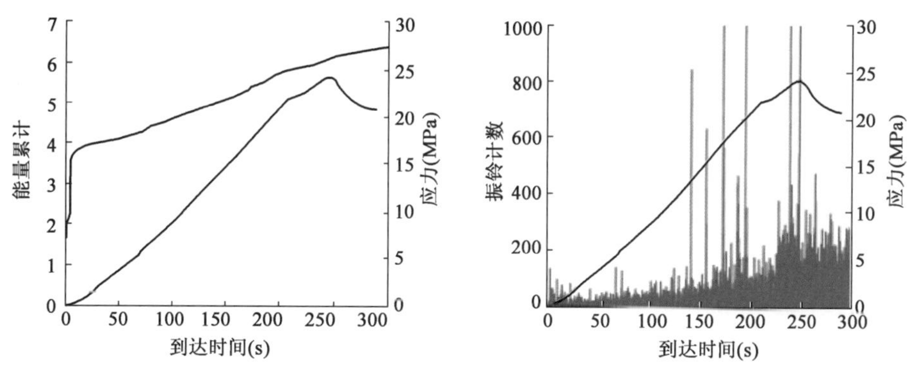

图3.19　冻融循环50次后干燥千枚岩声发射曲线

砂岩试样声发射振铃计数在压密阶段,有少量声发射试件产生,且声发射信号较弱;在弹性变形阶段,声发射基本进入平静期。振铃计数维持在较低的水平范围内。而在试样破坏阶段,试样破坏后迅速产生较大的应力降,强度基本丧失,声发射事件活跃(图3.21)。随着冻融循环次数的增加，声发射最大振铃计数到达时间呈减少趋势；而在破坏后阶段，试样的裂隙已基本完全贯通，应力急剧下降，声发射振铃计数亦急剧降低，破坏后的试样的强度几乎完全丧失，声发射振铃计数急剧下降（图3.22）。此外为冻融试样在破坏前信号较为密集，而经过一定冻融循环次数后试样在破坏前都有一段平静期。

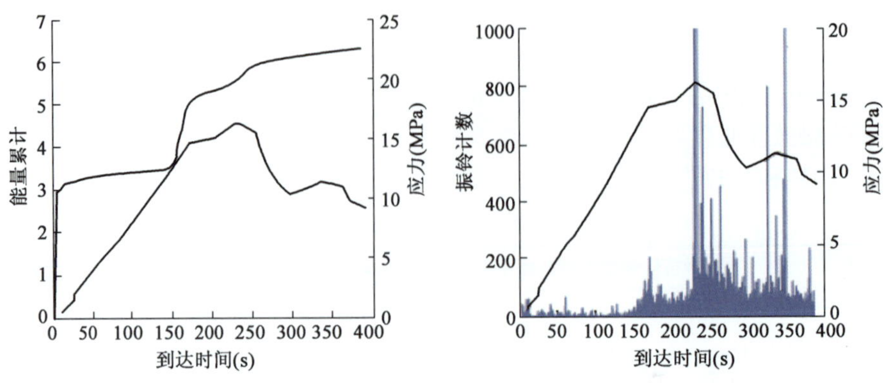

图3.20　冻融循环50次后饱水千枚岩声发射曲线

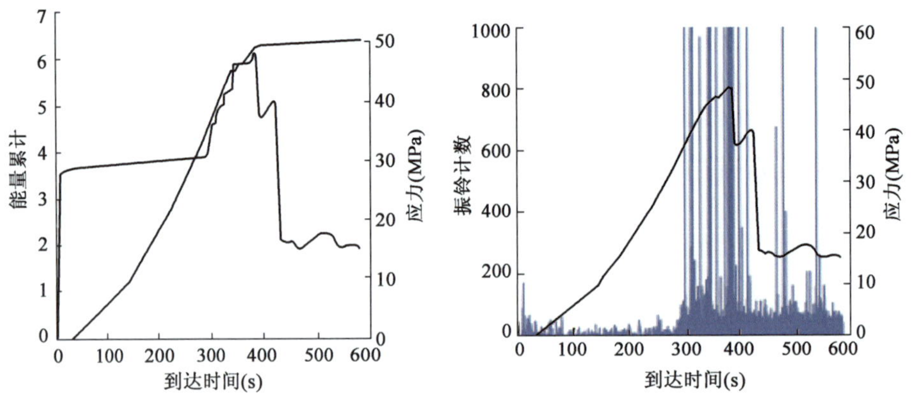

图3.21　冻融循环50次后干燥砂岩声发射曲线

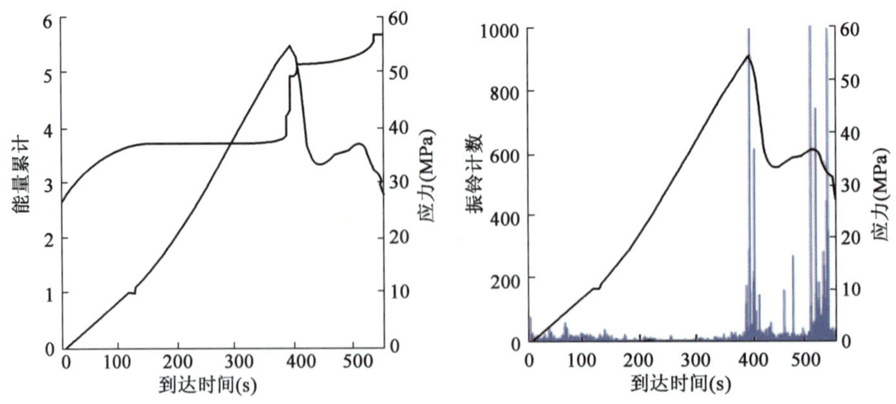

图3.22　冻融循环50次后饱水砂岩声发射曲线

通过对深切峡谷山区公路边坡岩石的冻融损伤试验，可以得到：

①不同含水状态的试样在经过相同次数的冻融循环后波速、质量的变化规律呈现不同的特征，具体表现为：干燥千枚岩，砂岩的波速整体随冻融次数的增多而减小，而饱和千枚岩、砂岩的波速却略有上升。但无论剥蚀上升还是下降的幅度都不明显。本次试验中冻融作用引起的千枚岩、砂岩的质量变化都很微小。

②由于试样的坚硬程度不同，单轴压缩条件下试样的破坏形态不同，千枚岩主要表现为沿千枚理的劈裂破坏，而砂岩则主要为剪切破坏。

③经历不同冻融循环周期后试样的单轴抗压强度随着冻融循环次数的增多而减少。经历相同次数的冻融循环作用后，饱和岩样的衰减强度明显大于干燥试样的衰减强度。这一现象证明了水分在冻融循环过程中对试样的力学性能衰减有重要的影响。

④通过监测单轴压缩试验过程中的声发射信号，可知岩石试样在初始压密阶段和弹性变形阶段声发射振铃计数少，能量低；在试样破坏阶段声发射振铃计数骤增、能量大；破坏后阶段振铃计数骤减、能量小。经历不同冻融循环次数试样的声发射特征存在差异：未经过冻融循环试验的岩样在破坏前声发射次数最少，且声发射信号较弱，随着冻融循环次数的增加，在单轴压缩时岩样在破坏前的声发射次数逐渐增多。

3.4　边坡地震动力响应特征

3.4.1　理县隧道出口边坡动力响应特征

边坡区属构造剥蚀高山峡谷地貌，坡脚为河流侵蚀地形，沿河流方向展布。边坡后缘顶部高程为2160m，坡脚高程约为1940m，高差约200m。边坡地形起伏较大，总体边坡上缓下陡，属于折线形坡(图3.23)。边坡上部坡度较缓，总体坡度在20°～30°之间，上部边坡植被茂盛以荒草、低矮灌木为主。边坡下部较陡，平均坡度在40°左右，局部位置接近80°，基岩裸露。

图3.23　边坡全貌照片

为了模拟岩质边坡动力响应的影响，将其设置为水平层状，离散元模型见图3.24。模型边坡顶宽20m，底宽200m，高100m，单台阶高20m，坡角为45°，研究内摩擦角、黏聚力、地震波峰值加速度和弹性模量参数的变化下边坡的响应规律。

图 3.24　离散元模型

根据室内试验得出上述四种变量的取值如表 3.9、表 3.10 所示。

岩石力学参数　　表 3.9

岩性	黏聚力(MPa)	弹性模量(GPa)	内摩擦角(°)
千枚岩	0.4,0.8,1.2,1.6,2	25,30,35,40,45	15,20,25,30,35

地震波峰值加速度　　表 3.10

汶川地区地震加速度	地震波峰值加速度($g\cdot m/s^2$)
水平峰值加速度	0.4,0.6,0.8,1.0,1.2
垂直峰值加速度	0.2,0.3,0.4,0.5,0.6

图 3.25 ~ 图 3.29 为不同工况下各影响因素与放大系数的关系曲线。由图 3.27 可以看出,边坡在地震作用下发生了明显的放大效应,当坡高为 1960 ~ 2010m 时加速度放大系数变化比较缓慢,当坡高大于 40m 时,加速度放大系数开始呈直线增长,在坡顶达到最大值 2.0。如图 3.28所示,当输入的地震波波峰加速度逐渐增大时,计算得到的加速度放大系数呈直线递增,当大于 0.8g 时,曲线增长明显加快。如图 3.29 所示,当黏聚力增大时,水平放大系数逐渐增大,当黏聚力大于 1.6MPa 时,增长变缓。如图 3.30 ~ 图 3.31 所示,随着内摩擦角和弹性模量的增长,边坡均表现出明显的响应特征。

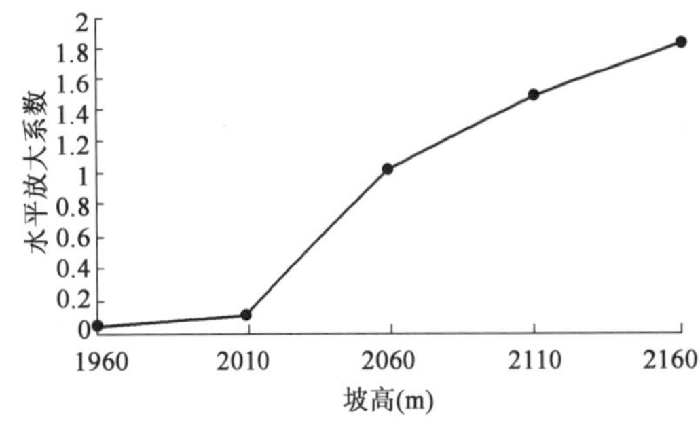

图 3.25　坡高与放大系数关系曲线

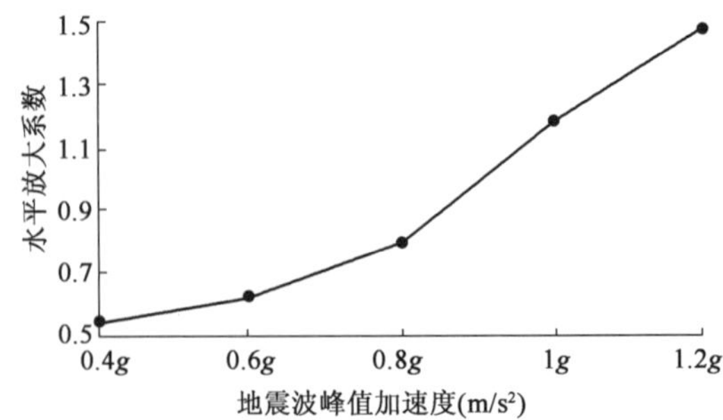

图 3.26　地震波峰值加速度与放大系数关系曲线

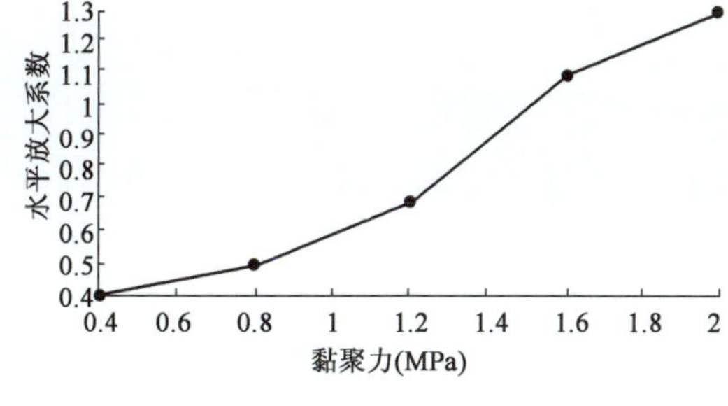

图 3.27　黏聚力与放大系数关系曲线

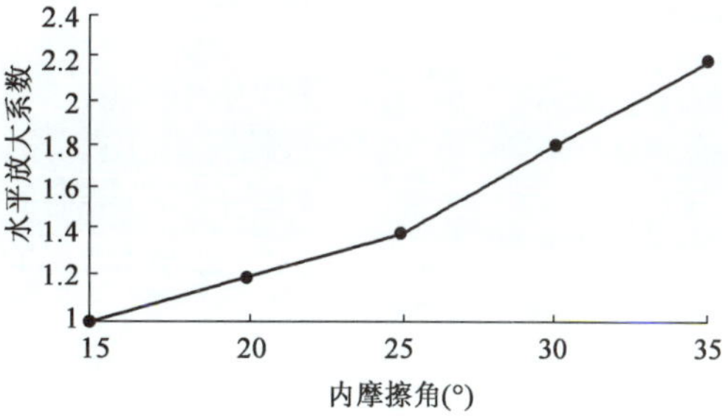

水平放大系数
内摩擦角(°)
15 20 25 30 35
1 1.2 1.4 1.6 1.8 2 2.2 2.4

图 3.28　内摩擦角与放大系数关系曲线

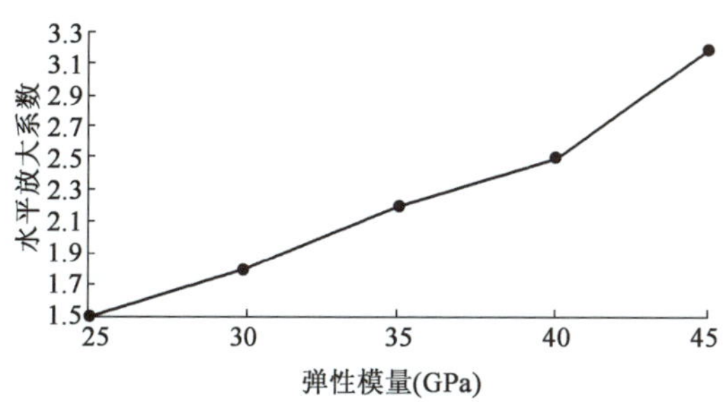

图 3.29　弹性模量与放大系数关系曲线

3.4.2　裕丰岩边坡动力响应特征

裕丰岩边坡所在区域位于拟建 K69 + 590、ZK69 + 663 裕丰岩左、右线大桥汶川岸，紧接桃坪隧道的出口，地处阿坝州理县桃坪乡桃坪村裕丰岩组，拟建桥梁两跨杂谷脑河，顺杂谷脑河左岸展布，河流走向为 N60°W。斜坡为基岩陡坡，平均坡度在 70°以上，局部地段边坡近乎直立，且坡面多基岩裸露，形成断崖（图 3.30）。岩性以绢云母石英千枚岩为主，夹少量石英岩。岩体受地质构造作用、风化卸荷的影响严重，坡表位置的岩体较为破碎，分布有孤石。在陡崖上部分布有两处危岩体，由于降雨以及隧道爆破震动的影响，易使危岩体重心外移而失稳。

图 3.30　边坡全貌照片

为了模拟岩质边坡动力响应的影响，将其设置为水平层状，离散元模型见图 3.31。模型边坡顶宽 20m，底宽 150m，高 200m，单台阶高 20m，坡角为 50°。本节主要研究内摩擦角、黏聚力、地震波峰值加速度和弹性模量参数的变化下边坡的响应规律。

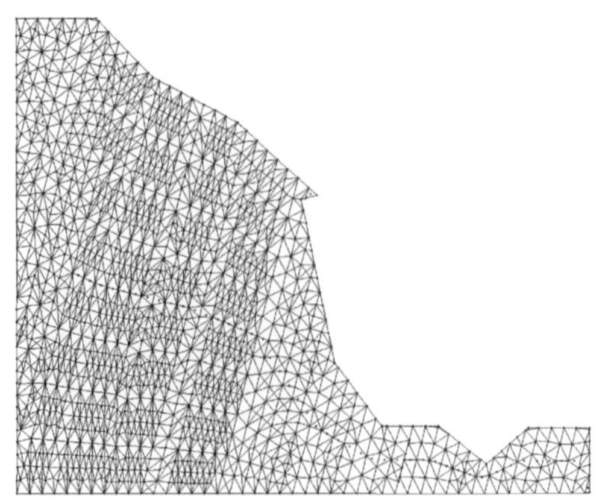

图3.31 离散元模型

根据室内试验得出上述四种变量的取值如表3.11、表3.12所示。

岩石力学参数 表3.11

岩性	黏聚力(MPa)	弹性模量(GPa)	内摩擦角(°)
千枚岩	0.4,0.8,1.2,1.6,2	25,30,35,40,45	15,20,25,30,35

地震波峰值加速度 表3.12

汶川地区地震加速度	地震波峰值加速度(m/s^2)
水平峰值加速度	0.4g,0.6g,0.8g,1.0g,1.2g
垂直峰值加速度	0.2g,0.3g,0.4g,0.5g,0.6g

图3.32～图3.36为不同工况下各影响因素与放大系数的关系曲线。由图3.32可以看出,在高程为1500～1600m时水平放大系数一直呈现降低趋势,当坡高大于1630m时,水平放大系数开始呈直线增长,从整体来看,坡高增加地震还是有放大的效应。如图3.33所示,当输入的地震波波峰加速度逐渐增大时,计算得到的加速度放大系数呈直线递增,当大于0.8g时,曲线增长明显加快。如图3.34所示,当黏聚力增大时,水平放大系数逐渐增大,当黏聚力大于1.6MPa时,增长变缓。如图3.35所示,当内摩擦角为15°～25°时,增长比较缓慢,当大于25°时开始加速增长,当大于30°时,逐渐减小,边坡表现出放大现象。如图3.36所示,随着弹性模量增大,水平放大系数增大。

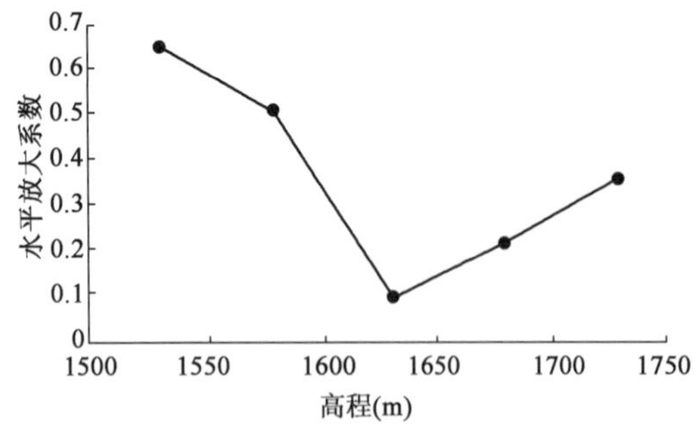

图3.32 坡高与放大系数关系曲线

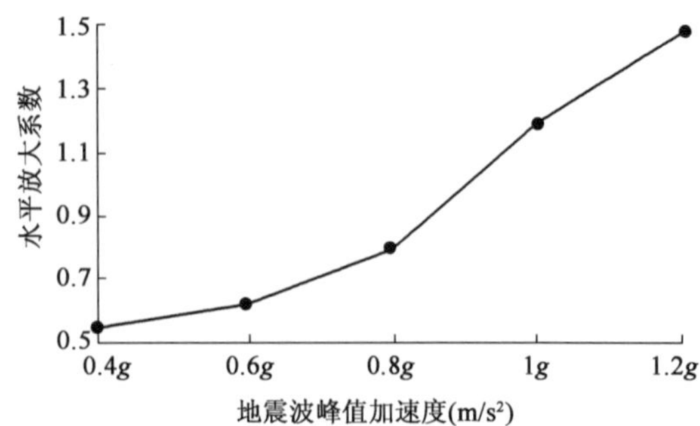

图3.33 地震波峰值加速度与放大系数关系曲线

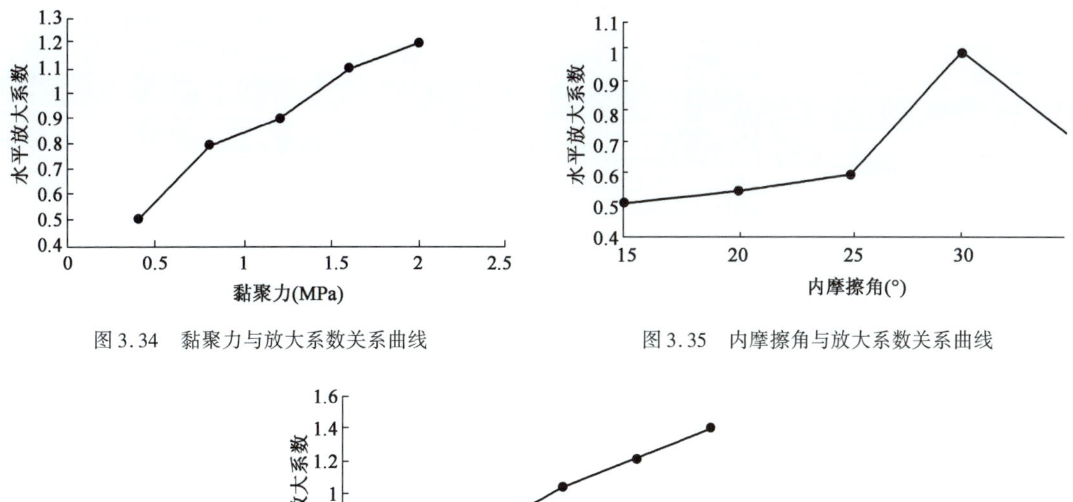

图 3.34 黏聚力与放大系数关系曲线

图 3.35 内摩擦角与放大系数关系曲线

图 3.36 弹性模量与放大系数关系曲线

3.4.3 赶羊沟隧道进口边坡动力响应特征

汶川至马尔康高速公路(C22 标段)ZK211 +472 ~ 573 段右边坡陡峻,局部形成陡崖,岩体节理裂隙发育存在危岩(图 3.37)。赶羊沟隧道位于马尔康县梭磨乡和卓克基镇境内,为一傍山隧道,进口位于梭磨乡毛木初村境内,出口位于卓克基镇西索村境内。隧道为分离式双线隧道,左线起止里程桩号为 ZK211 + 537 ~ ZK216 + 935,长 5398m。右线起止里程桩号为 YK211 +472 ~ YK216 +955,长 5483m。

图 3.37 边坡全貌照片

为了模拟岩质边坡动力响应的影响,将其设置为水平层状,离散元模型见图 3.38,模型边坡顶宽 20m,底宽 155m,高 200m,单台阶高 20m,坡角为 70°,本节主要研究内摩擦角、黏聚力、地震波峰值加速度和弹性模量参数变化下边坡的响应规律。

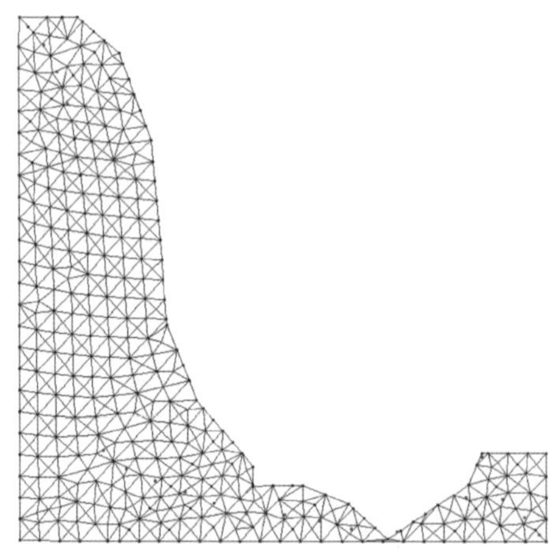

图 3.38　离散元模型

根据室内试验得出上述四种变量的取值如表 3.13、表 3.14 所示。

岩石力学参数　　表 3.13

岩性	黏聚力(MPa)	弹性模量(GPa)	内摩擦角(°)
砂岩	4,6,8,10,12	8,10,12,14,16	32,34,36,38,40

地震波峰值加速度　　表 3.14

汶川地区地震加速度	地震波峰值加速度(m/s^2)
水平峰值加速度	0.4g,0.6g,0.8g,1.0g,1.2g
垂直峰值加速度	0.2g,0.3g,0.4g,0.5g,0.6g

图 3.39 ~ 3.43 为不同工况下各影响因素与放大系数的关系曲线。由图 3.39 可以看出，边坡在地震作用下发生了明显的放大效应，当高程为 2800 ~ 2840m 时加速度放大系数呈直线增长，当高程大于 2840m 时，加速度放大系数会出现下降趋势，随后会再次增长，在坡顶达到最大值 2.5。如图 3.40 所示，当输入的地震波波峰加速度逐渐增大时，计算得到的水平放大系数呈直线递增，在坡顶达到最大值 3.2。如图 3.41 所示，当黏聚力增大时，水平放大系数会减小，当黏聚力大于 6MPa 时开始逐渐增大，当黏聚力大于 10MPa 时，增长开始加快。由图 3.42 ~ 图 3.43 可知，随着内摩擦角和弹性模量的增长，边坡均表现出明显的响应特征。

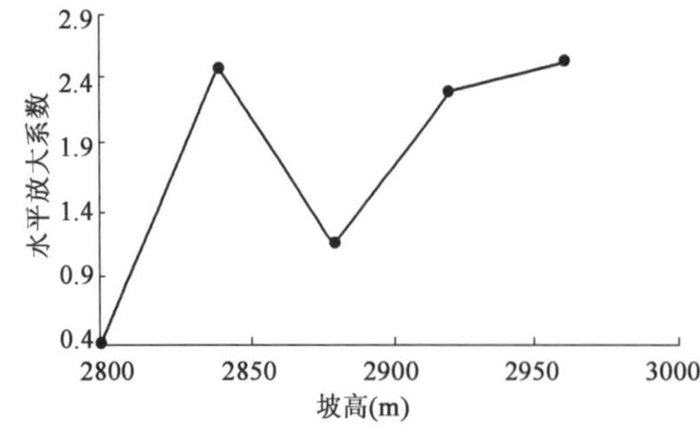

图 3.39　坡高与放大系数关系曲线

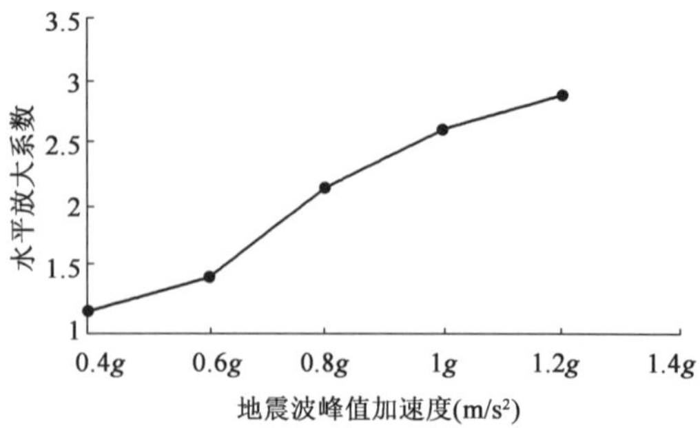

图 3.40　地震波峰值加速度与放大系数关系曲线

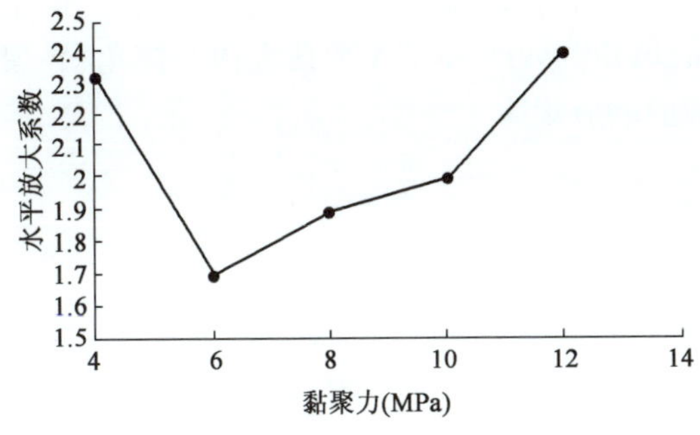

图 3.41　黏聚力与放大系数关系曲线

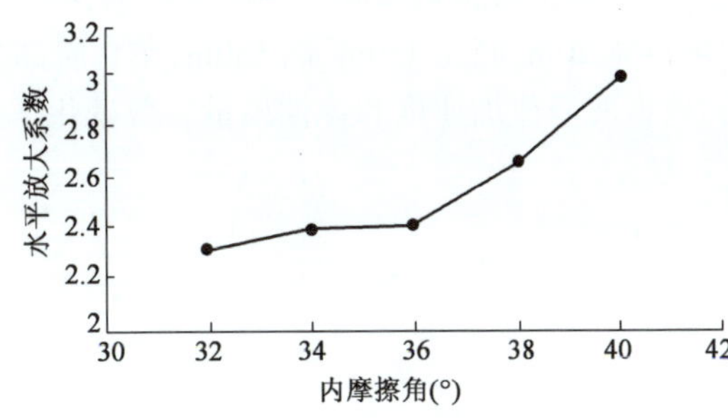

图 3.42　内摩擦角与放大系数关系曲线

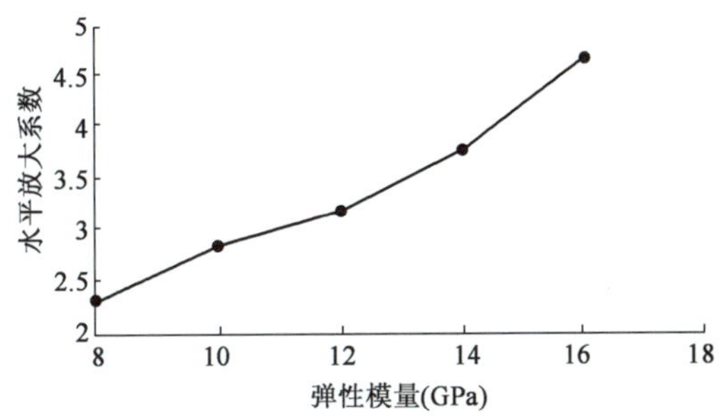

图 3.43　弹性模量与放大系数关系曲线

3.4.4　汶川 2 号隧道进口边坡动力响应特征

汶川 2 号隧道进口边坡(桩号 ZK49 +089 ~103)位于阿坝州汶川县境内,边坡位于岷江左岸,岷江从坡脚流过(图 3.44)。边坡高程为 1356m,坡向 345°。汶川 2 号隧道进口位于高速路口互通匝道位置,采用双线公路隧道与映汶高速公路相连接。汶川 2 号隧道设计高程为 1334.13m。汶川 2 号隧道全长 6109m,隧道延伸方向为 95°。

图 3.44　汶川 2 号隧道进口边坡全貌图

为了模拟岩质边坡动力响应的影响，将其设置为水平层状，离散元模型见图3.45。模型边坡顶宽20m，底宽150m，高180m，单台阶高20m，坡角为40°，本节主要研究内摩擦角、黏聚力、地震波峰值加速度和弹性模量参数变化下边坡的响应规律。

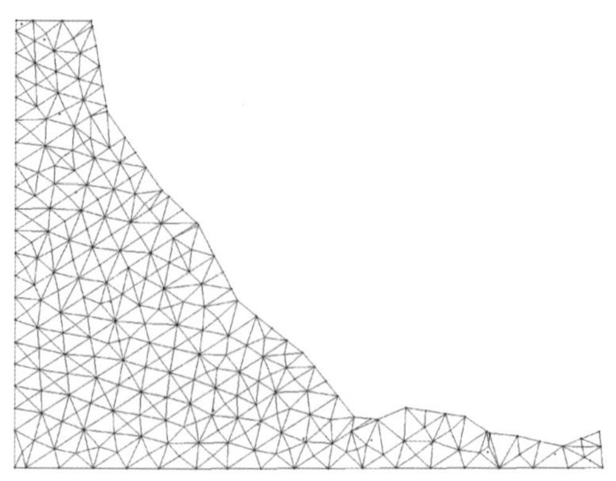

图3.45 离散元模型

根据室内试验得出上述四种变量的取值如表3.15、表3.16所示。

岩石力学参数 表3.15

岩性	黏聚力(MPa)	弹性模量(GPa)	内摩擦角(°)
灰岩	1,2,3,4,5	24,25,26,27,28	40,42,44,46,48

地震波峰值加速度 表3.16

汶川地区地震加速度	地震波峰值加速度(m/s^2)
水平峰值加速度	0.4g,0.6g,0.8g,1.0g,1.2g
垂直峰值加速度	0.2g,0.3g,0.4g,0.5g,0.6g

图3.46～图3.50为不同工况下各影响因素与放大系数的关系曲线。由图3.46可以看出，在高程为1360～1400m时水平放大系数呈现直线上升，然后处于基本不变的趋势，当坡高大于1480m时，水平放大系数开始呈直线增长，从整体来看，坡高增加地震还是有放大的效应。如图3.47所示，当输入的地震波波峰加速度逐渐增大时，计算得到的加速度放大系数呈直线递增，当大于0.8g时，曲线增长明显加快。如图3.48所示，当黏聚力增大时，水平放大系数逐渐增大，当黏聚力大于2MPa时，开始加速增长。如图3.49所示，当内摩擦角为40°～44°时，水平放大系数会呈直线增大；如图3.50所示，随着弹性模量增大，水平放大系数会先减小后增大，响应非常明显。

3.4.5 康定服务区路基左侧边坡动力响应特征

雅安至康定高速公路康定服务区及互通匝道(ZK129段)位于康定县城菜园子村附近，该位置地处高海拔、高寒地区。路基左侧边坡地形高陡，局部形成陡崖，岩体节理裂隙发育并分布危岩体，滚石常有发生(图3.51)。边坡距离康定县城约5km。边坡位于瓦斯河右岸，紧靠康定服务区匝道路基，高速公路沿该边坡走向展布。

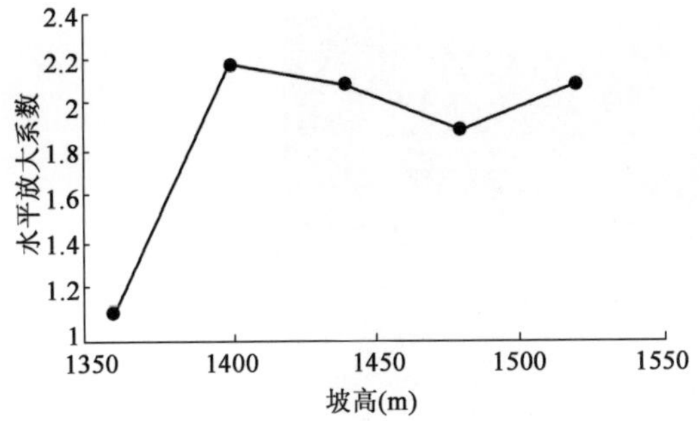

图 3.46 坡高与放大系数关系曲线

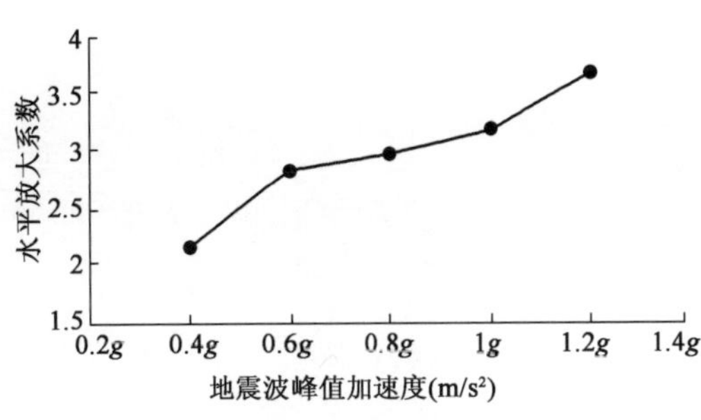

图 3.47 地震波峰值加速度与放大系数关系曲线

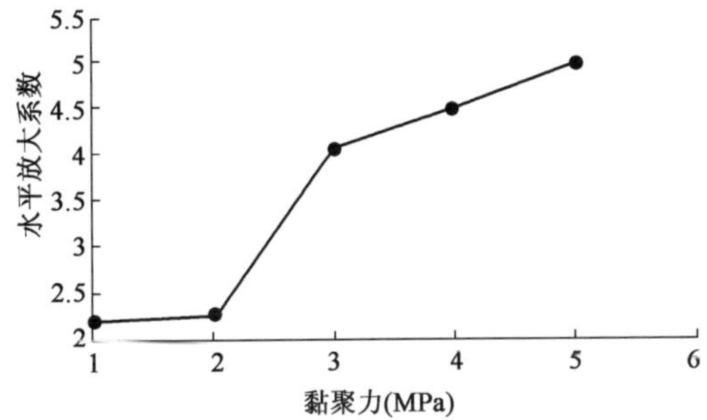

图 3.48 黏聚力与放大系数关系曲线

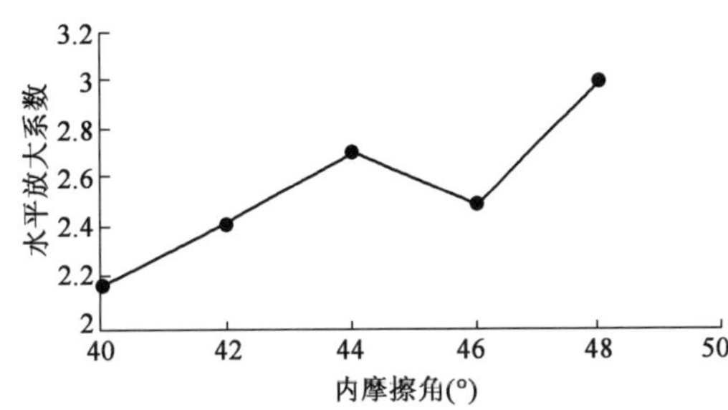

图 3.49 内摩擦角与放大系数关系曲线

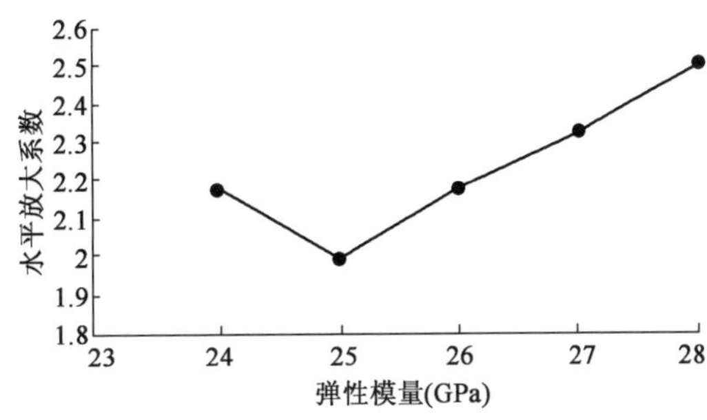

图 3.50 弹性模量与放大系数关系曲线

为了模拟岩质边坡动力响应的影响，将其设置为水平层状，离散元模型见图 3.52。模型边坡顶宽 20m，底宽 100m，高 300m，单台阶高 20m，坡角为 45°，本节主要研究内摩擦角、黏聚力、地震波峰值加速度和弹性模量参数变化下边坡的响应规律。

根据室内试验得出上述四种变量的取值如表 3.17、表 3.18 所示。

岩石力学参数 表 3.17

岩性	黏聚力(MPa)	弹性模量(GPa)	内摩擦角(°)
花岗岩	5,6,7,8,9	3,4,5,6,7	46,48,50,52,54

图 3.51　康定服务区路基左侧边坡全貌图

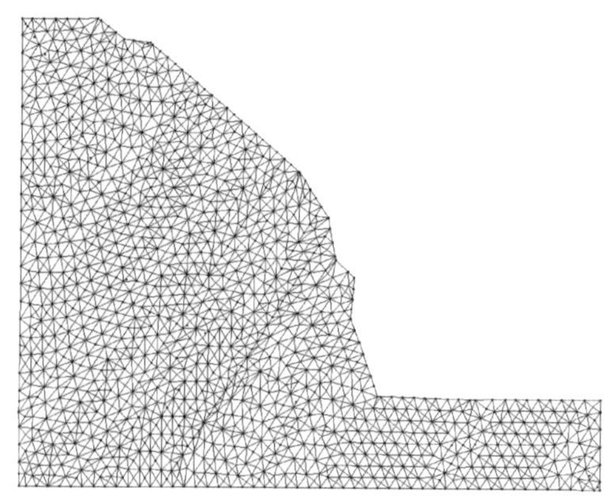

图 3.52　离散元模型

地震波峰值加速度　　表 3.18

汶川地区地震加速度	地震波峰值加速度(m/s^2)
水平峰值加速度	$0.4g,0.6g,0.8g,1.0g,1.2g$
垂直峰值加速度	$0.2g,0.3g,0.4g,0.5g,0.6g$

图 3.53 ~ 图 3.57 为不同工况下各影响因素与放大系数的关系曲线。由图 3.53 可以看出,在高程为 2380 ~ 2440m 时水平放大系数先减小,然后开始直线增长,从整体来看,坡高增加地震还是有放大的效应。如图 3.54 所示,当输入的地震波波峰加速度逐渐增大时,计算得到的加速度放大系数呈直线递增。如图 3.55 所示,当黏聚力增大时,水平放大系数逐渐减小,当黏聚力大于 6MPa 时,开始加速增长,当大于 8MPa 时,会出现减小趋势。如图 3.56 所示,当内摩擦角为 46° ~ 50°时,水平放大系数呈直线增大,然后出现减小,当大于 52°时又开始直线增长。如图 3.57 所示,随着弹性模量增大,水平放大系数会先减小后增大,响应非常明显。

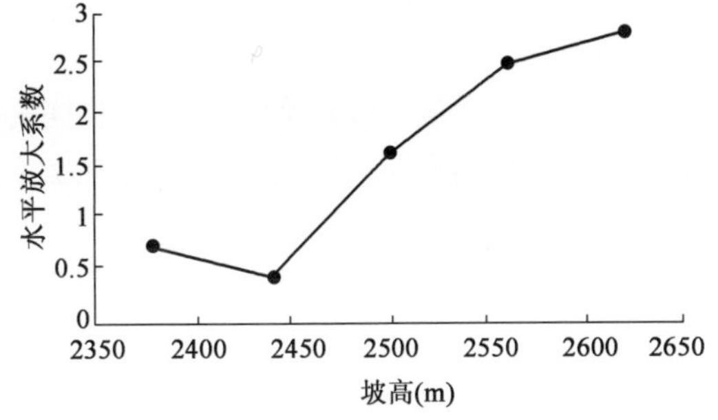

图 3.53　坡高与放大系数关系曲线

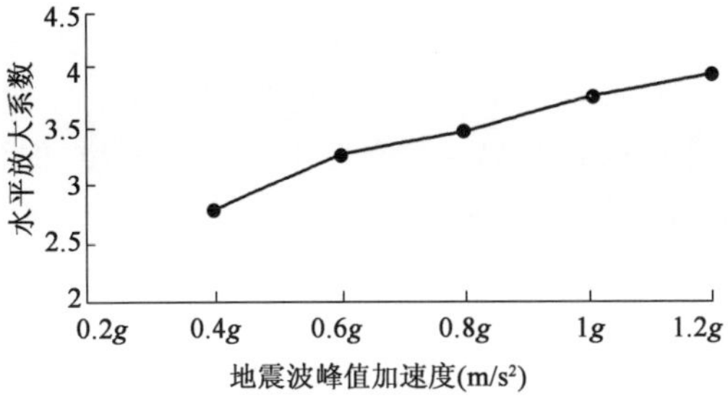

图 3.54　地震波峰值加速度与放大系数关系曲线

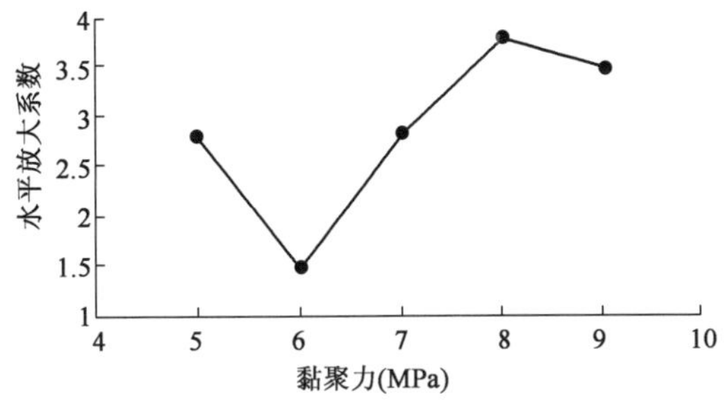

图 3.55　黏聚力与放大系数关系曲线

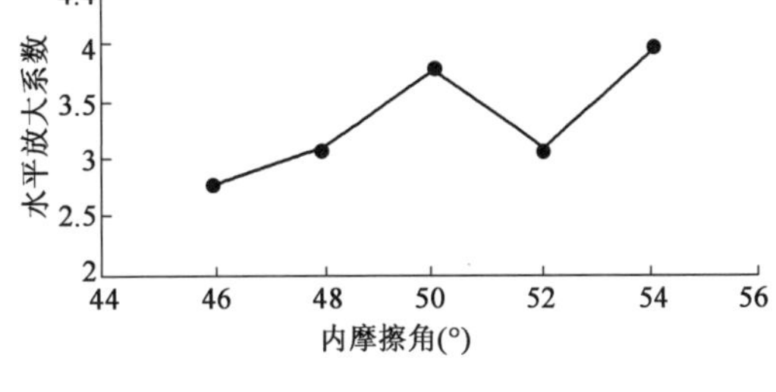

图 3.56　内摩擦角与放大系数关系曲线

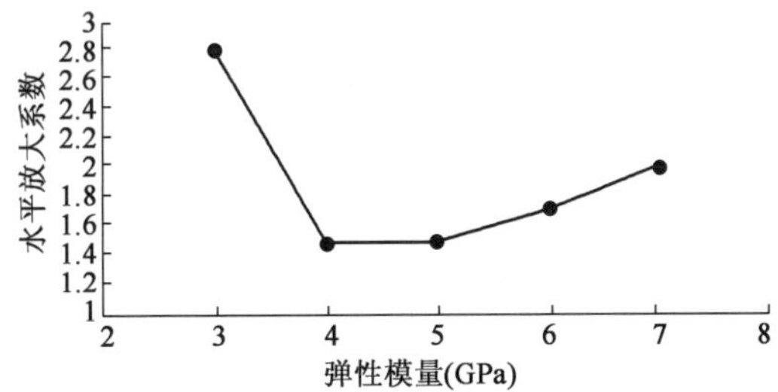

图 3.57　弹性模量与放大系数关系曲线

从边坡完整的演化角度出发,深切峡谷区公路边坡在地震作用下的灾变演化过程主要为四个阶段:①原始结构面的形成阶段,此阶段要经历一个较长的历史时期,边坡岩体由于受到各种内因和外因的影响,使得在岩体中产生了一些或多或少的结构面,此时的结构面大多都是闭合的,尚未形成一个连续的贯通面,不稳定的块体尚未形成,但有一个形成的潜在条件。②潜在变形体的形成阶段,原始结构面在重力、风化和降雨等外界因素的影响下进一步发展形成连续的结构面,在这个面上力学强度明显降低,此时变形体已经基本形成。③岩体震动损伤阶段,这些已经成形的变形体,在强震作用下,加剧了其变形破坏,连续结构面上的强度参数进一步降低,此外,地震的作用使岩体中出现新的结构面(震裂缝),在这些新、老结构面的组合下震裂岩体形成。④失稳破坏阶段,此阶段是在外界因素作用下,促使震裂岩体失稳发生崩塌,震裂岩体的破坏失稳是其稳定状态发生质变的过程,其全过程经历的时间往往很短,有时甚至在瞬间就完成。

边坡在地震动力作用下的灾变演化过程可概括为图3.58,其经历如下演化阶段:

(1)震前边坡高陡,岩体中节理裂隙发育[图3.58a)]。

(2)地震时边坡呈现两种状况,一种是岩体中产生了震裂缝,但尚未发生崩塌[图3.58b)],另一种是发生了变形失稳,但失稳区内或失稳区外围仍发育震裂缝,存在欠稳定的岩体[图3.58c)]。

(3)边坡岩体中产生震裂缝,但地震时尚未发生失稳的边坡在余震或强降雨的作用下失稳[图3.58d)]。

(4)边坡在地震作用下变形失稳后,震裂岩体消失,边坡重新趋于稳定[图3.58e)]。

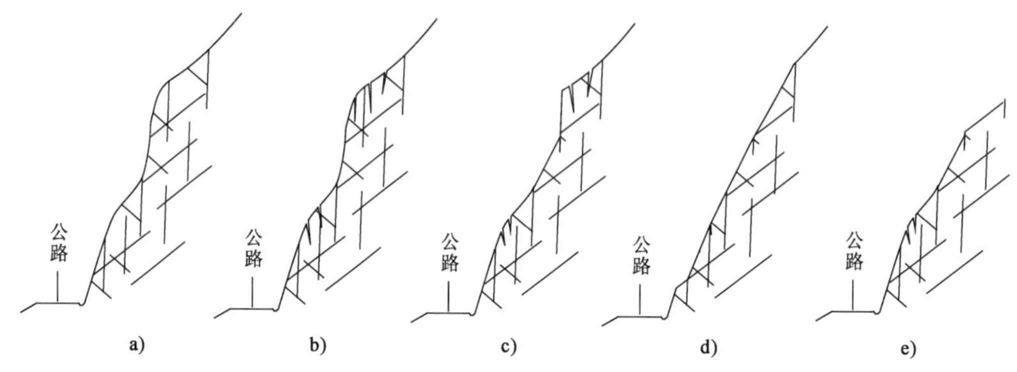

图3.58 公路边坡地震损伤演化过程示意图

3.5 本章小结

(1)在纬度与经度相同的情况下,年平均气温随海拔高度的增加而降低;在经度与海拔相同的情况下,年平均温度随纬度的升高而降低;年最低温度与海拔有着较好的线性关系,与纬度,特别是经度的线性相关关系较差。通过监测数据建立海拔高度 H 与冻深 h 的相关关系,其回归方程为:$h = -1.498 + 6.4716 \times 10^{-4} H$;同时阳坡的冻土冻结深度低于阴坡的冻土冻结深度,阳坡处冻深的分布下界高度高于阴坡处冻土的分布下界高度。岩体表面温度与环境温度成正相关,具有一定的周期性。

(2)饱水岩样的冻融应变过程分为八阶段:冷缩阶段、冻胀阶段、冻缩阶段、升温迟滞阶段、热胀阶段、融缩阶段、融缩回弹阶段、融缩趋稳阶段。干燥岩样的冻融应变过程分为五阶段:冷缩阶段、冷缩趋稳阶段、升温迟滞阶段、热胀阶段及热胀趋稳阶段。裂隙岩石的冻胀阶段微应变最大值都随循环次数的增加而增大,不同岩性的裂隙岩石的最大微应变随恒定温度的减小都呈二项式增大,且增大速率各异。不同高度的充水预制裂隙在试验过程中微应变变化趋势随裂隙组数、宽度、高度的增加而增大。不同岩性裂隙岩样的冻融损伤劣化模式分为:层状脱落模式、块体剥落模式、片落模式、裂纹模式。对冻融循环过后的不同岩石单轴抗压强度测试拟合得出统一的岩石抗压强度衰减曲线:$\overline{R}_{f} = \overline{R}_{s} - a\ln(n+1)$。

(3)对于高寒山区岩质边坡来说,岩石的弹性模量及输入的地震峰值加速度与地震动力放大系数的相关性是最高的,随着地震峰值加速度的增大、边坡弹性模量的增大得到的地震放大系数变化是非常明显的。黏聚力和内摩擦角与放大系数有一定的关系,对于理县这类直线边坡,地震对其扰动是非常明显的,而对于其他折线坡受到地震动的扰动则降低,这也是影响黏聚力及内摩擦角相关性的一个重要的因素。千枚岩和砂岩类边坡的弹性模量相关性是非常好的,但是花岗岩边坡和灰岩边坡的相关性比较差,说明千枚岩和砂岩类边坡的线性关系要强于花岗岩和灰岩类边坡。

第4章 深切峡谷山区边坡地质灾害机理

通过对深切峡谷山区公路边坡典型岩性的岩石进行劣化损伤研究,并结合冻融损伤时效性和地震动作用,分析了岩石在冻融循环作用下的物理力学性质演变规律,量化了深切峡谷山区冻融循环以及地震作用对边坡岩体的力学强度的影响,为研究深切峡谷山区公路边坡在循环冻融和地震作用条件下岩体时效稳定性的动态演变规律提供了技术支持。

4.1 边坡冻融作用仿真模型建立

以汶马高速公路赶羊沟隧道进口右侧为例,通过对边坡的调查和分析研究,结合数值模拟软件,考虑运用极限平衡理论以及强度折减法对冻融和地震作用下边坡安全评价进行初步探讨。模型长(X方向,$X+$为东,$X-$为西)239m,宽(Z方向,$Z+$为北,$Z-$为南)250m,最高点高程(Y方向,$Y+$为垂直向上,$Y-$为垂直向下)3070m,底边界高程2659m。根据实测边坡岩层与结构面的组合特征,选取两组有代表性的控制性节理进行建模。模型设置层面产状为:202°∠29°,两组节理产状分别为:140°∠67°、115°∠87°。由于冻融风化作用主要影响边坡坡表岩体,根据对边坡的温度监测所显示,在坡表以下50cm后,外界温度对坡内岩体温度影响不大,所以在建模时对坡表下50cm处分层。结合结构面产状,建立节理化后的计算模型(图4.1)。

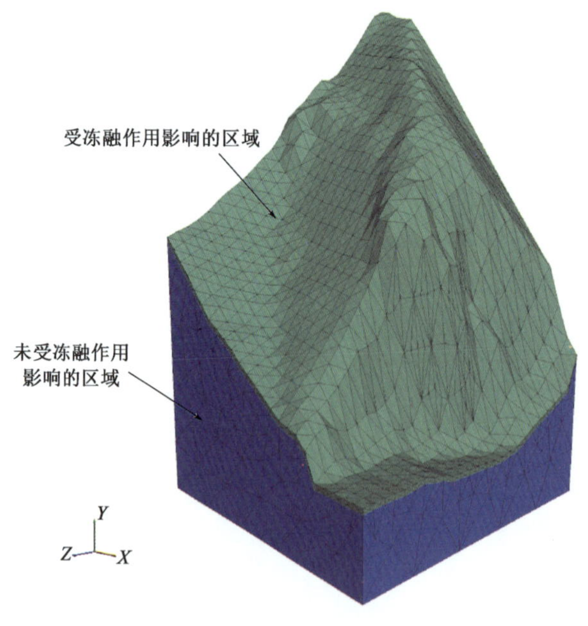

图4.1 3DEC计算模型

在离散元程序的计算过程中，天然静力状态分析采用的固定边界或弹性边界，在动力分析中将使向外传播的地震波反射回模型内部[32-34]。因而在使用3DEC离散元模拟时，必须采用非反射黏性边界和自由场边界加以约束，模型底部入射地震波部位采用黏滞边界，两侧非地震部位采用自由场边界约束（图4.2）。

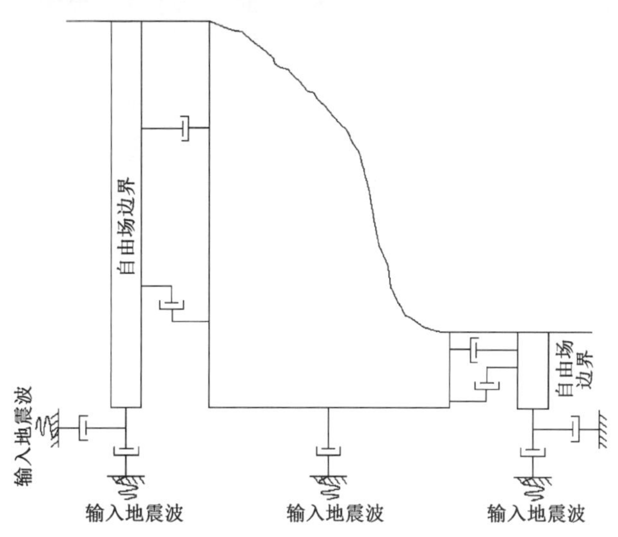

图4.2　对模型施加的位移边界条件

动力分析必须建立在静力分析的基础上，只有在静力分析达到平衡后，才能施加相应的动力分析边界条件进行动力分析。静力分析边界条件采用底部竖直方向约束，两侧水平方向约束。

4.2　边坡冻融作用变形失稳过程

依据建立的离散元数值模型，对边坡岩体在经历冻融循环作用下的变形失稳过程进行模拟。由于赶羊沟边坡地形高陡，岩体结构破碎，在冻融循环的作用下，边坡岩体在一定时间内表现出岩体质量降低的状态。通过3DEC离散元数值模拟进行迭代计算，模拟冻融作用对边坡岩体稳定性的影响。

首先，进行初始迭代，代入0次冻融循环岩石参数及结构面参数：在自重下边坡达到稳定后，在坡度较大的位置出现位移最大值，但并未与边坡母体分离，结构面也并未张开，最大位移量仅为0.25m（图4.3），说明此时边坡岩体还处于比较稳定的状态。在天然的情况下，由于坡体岩石的强度较高，当达到平衡时，岩体的完整程度好，并未产生破坏变形迹象。岩体在天然状态下，结构面的扩展及岩体的变形破坏均只受重力作用控制，而重力作用对坡体的影响相当缓慢，所以在模拟此过程时，边坡岩体在达到平衡时也处于稳定状态。

随后，将15次冻融循环的岩石强度参数带入模型中受冻融影响区域，在自重下进行模拟计算（图4.4）。当计算边坡达到稳定后，模型在坡度陡峭的岩壁上变形量最大，而模型中变形量最大的区域恰好对应于赶羊沟隧道边坡危岩体分布的区域，也恰好处于赶羊沟隧道入口公路的正上方。

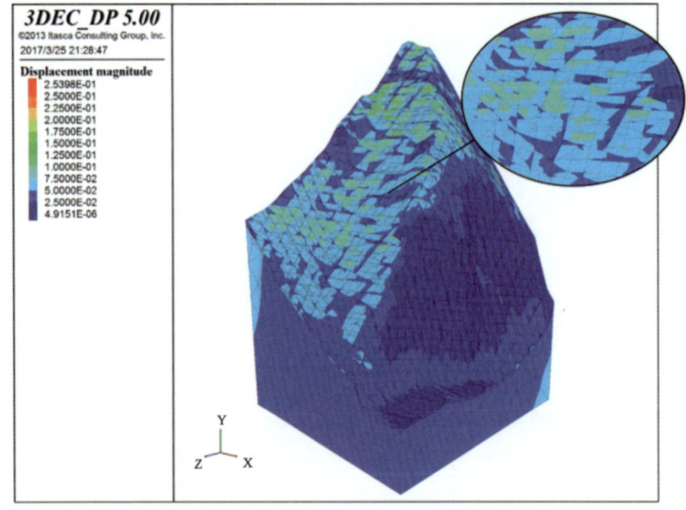

图 4.3　$n=0$ 次时边坡稳定后最大位移云图

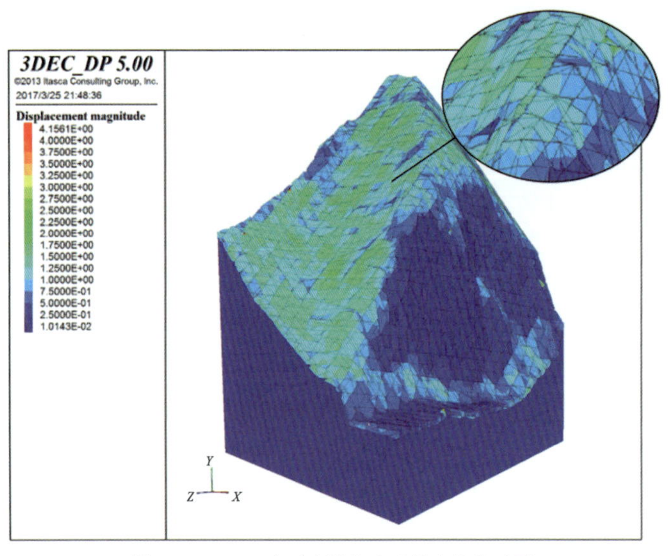

图 4.4　$n=15$ 次时边坡稳定后最大位移云图

在经历了 15 次冻融循环后，岩体的位移较 0 次冻融循环时更加明显，达到了 4m。可以看到原本封闭的结构面在经历了 15 次冻融循环后，有了明显的张开，原本完整的岩体在多组结构面的切割下碎成小块状。正如前述试验所得结论对冻融循环后岩体的分析，在经历冻融循环后，岩体裂隙会随着水冻结成冰体积产生膨胀而有不可恢复的张开，所以完整岩体也会随着结构面的张开而碎裂化。而在结构面交错集中的区域，岩体的碎裂化程度越高。

再将冻融次数为 30 次的岩体强度参数带入模型，进行边坡模拟计算：当达到稳定后，坡体的中上部到坡脚处岩体皆有变形，而在边坡中上部出现了较大变形集中区域，最大的变形量达到了 7m。变形达到最大的岩体已经脱离了母体，向坡下崩落；而大部分区域岩体均未脱离母体，只是产生了较大的位移变形（图 4.5）。在上一次冻融循环的基础上，再经过 15 次冻融循环,岩体结构面有了进一步的张开,可从图上看出岩体的碎裂化程度进一步加深。

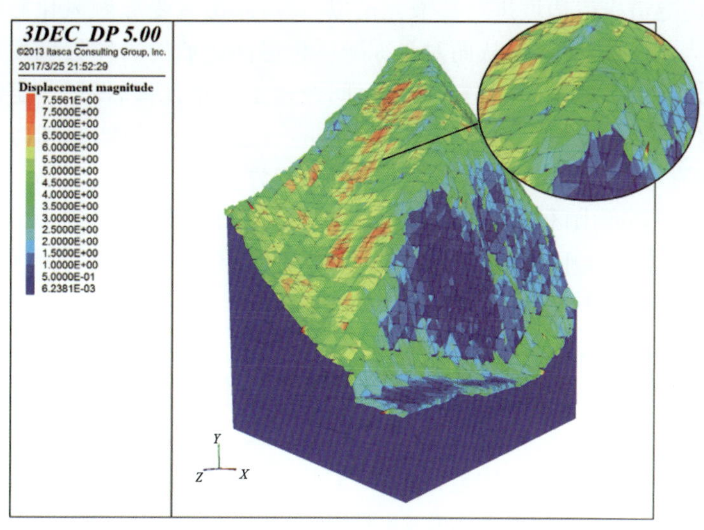

图 4.5　$n = 30$ 次时边坡稳定后最大位移云图

再将冻融循环 50 次的岩体参数带入模型,此时岩体抗剪强度 c 值衰减了 27%,φ 值衰减了 3%。模拟边坡在经历了 50 次冻融循环后岩体受到的影响:边坡在变形量大的区域出现了进一步的变形,结构面不断张开,以至于大部分碎裂化的岩块脱离了母体,向坡下垮塌。在实际边坡的危岩区域模拟计算过程中,也出现了结构面张开、贯通,使坡表岩体形成了危岩,威胁坡下公路安全(图 4.6)。图中可见边坡岩体产生位移量均较大,最大位移达到了 15.5m,坡表岩体在此时已有产生大规模垮塌的可能。

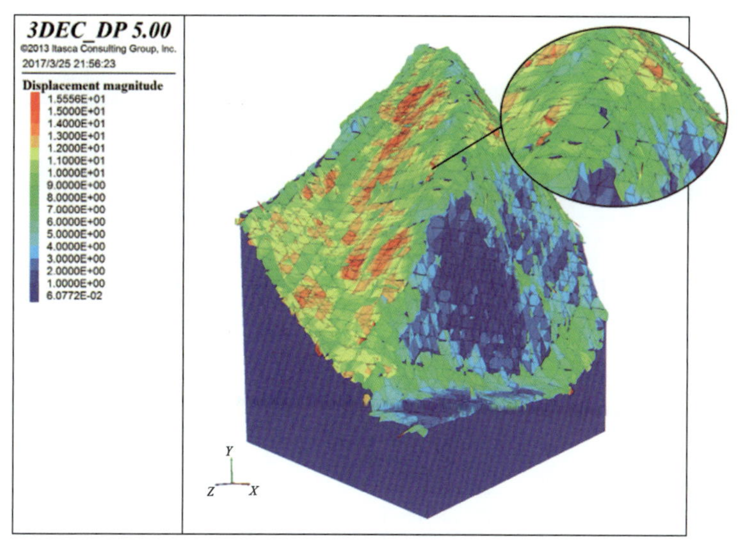

图 4.6　$n = 50$ 次时边坡稳定后最大位移云图

在冻融循环 50 次后,坡表岩体质量损伤严重,岩体随着结构面的继续张开而将会产生大面积失稳剥落。在经过一定时间内,当边坡岩体抗剪强度 c 值衰减了 27%、φ 值衰减了 3% 时出现了大规模失稳的迹象。

通过对赶羊沟隧道入口边坡进行离散元模拟，对高寒山区受冻融风化影响的边坡岩体进行了失稳破坏趋势及过程的预测，从而对受冻融风化侵蚀边坡的岩体失稳发展演化趋势有了更深的理解和认识。由于冻融循环一次即为时间经过了一年，所以经过一定时间的冻融循环后，强度 c 值衰减了 27%，φ 值衰减了 3%，赶羊沟隧道边坡岩体结构面和内部节理逐渐增长增多，最后结构面贯通，使边坡岩体产生向下坠落的趋势。

冻融循环作用对高寒山区边坡的影响具有由表及里的特征，当完成了一次坡表岩体大规模失稳掉落，寒冻风化就会开始侵蚀裸露出的新鲜岩石。这样累进性、持续性侵蚀边坡岩体，严重地威胁了公路和居民的安全。

4.3 边坡地震作用变形失稳过程

由于边坡地处青藏高原东缘，构造活动强烈，查阅《中国地震烈度区划图》发现场地的地震烈度为Ⅷ度，故模拟在地震加速度为 0.2g 时的边坡，以分析其动力响应特征。模型的动力边界为自由场边界，因而将应力曲线地震波加入模型底部和后部[35,36]。同时由于地震波在 70s 后的应力曲线减小，因而选择输入 0～70s 内的地震波进行动力分析，本次模拟输入地震波为 40s。根据实际情况，在自重达到平衡的情况下，分别在底部和后面施加地震波（图 4.7、图 4.8）。

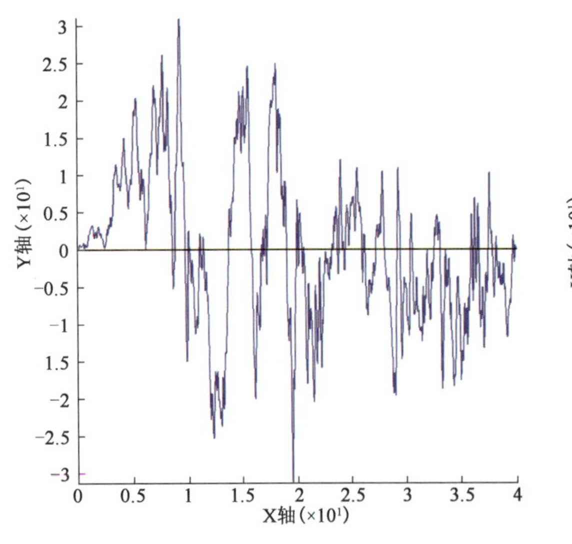

图 4.7　底部地震波形图

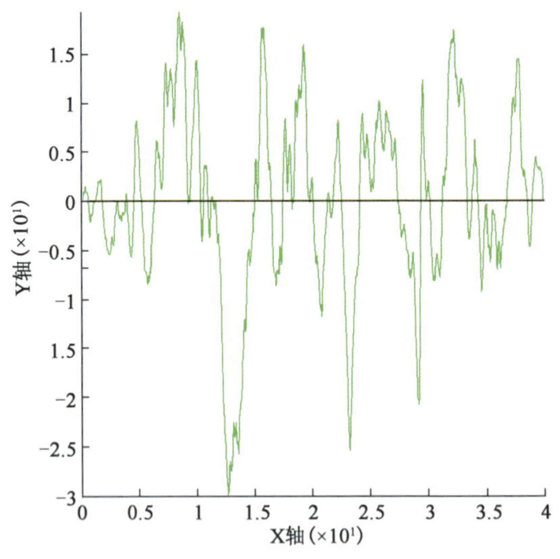

图 4.8　后部地震波形图

在 0 次冻融循环时，当加入了地震后，原本完整的边坡岩体结构面，已经开始出现张开的迹象。在危岩区域，结构面交错，岩体碎裂化程度远大于在自重状态下的边坡岩体，局部最大位移量已经达到了 6.1m，大部分区域岩体的结构面张开，使得岩体位移量也达到了 1.5m，边坡岩体处于欠稳定状态（图 4.9）。

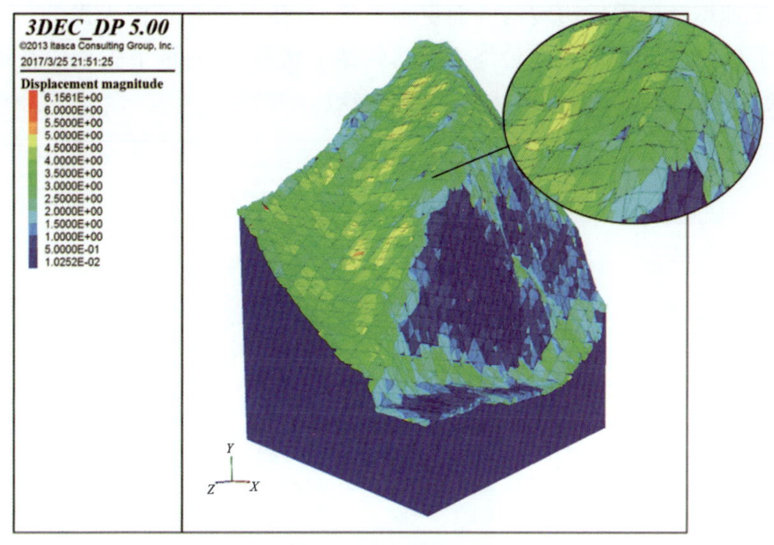

图 4.9 地震动力作用下 $n=0$ 次时边坡稳定后位移云图

将受到地震波作用的边坡继续进行冻融循环，在经过 5 次冻融循环后，抗剪强度 c 值仅比未经过冻融循环时的强度值衰减了 6%，φ 值仅衰减了 0.7%。但结构面已出现完全贯通，将完整岩体分割成碎块状，模型无法达到稳定状态，坡表受冻融作用影响部分出现大规模失稳，向坡下迅速垮塌，边坡处于不稳定状态（图 4.10、图 4.11）。

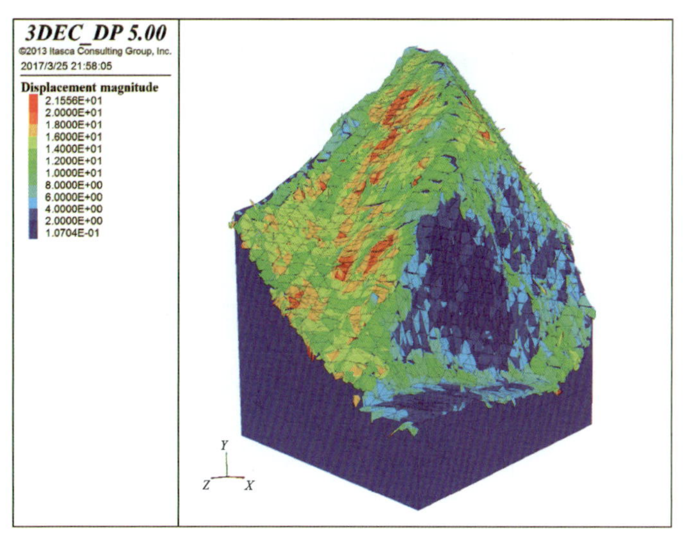

图 4.10 地震动力作用后 $n=5$ 次时边坡稳定后位移云图

边坡岩体出现了大规模剥皮式失稳，岩体加速运动，迅速向坡下垮塌。坡表岩体受冻融作用和地震动力响应叠加影响后产生了大规模的崩塌，严重威胁了汶马高速公路的安全（图 4.12）。

在一定时间内，边坡岩体在地震动力作用下，抗剪强度 c 值仅比未经过冻融循环时的强度值衰减了 6%、φ 值仅衰减了 0.7% 时，即发生了结构面完全贯通，坡表岩体出现了整体的垮塌。因为在经历地震动作用后边坡结构面更加发育,岩体质量受到极大影响。当 c 值衰减了 6%、φ 值衰减了 0.7% 时,边坡岩体最终不能达到稳定状态,而向坡下失稳。在地震波的影响下,岩质边坡冻融时效性相较于自然状态下大大缩短。

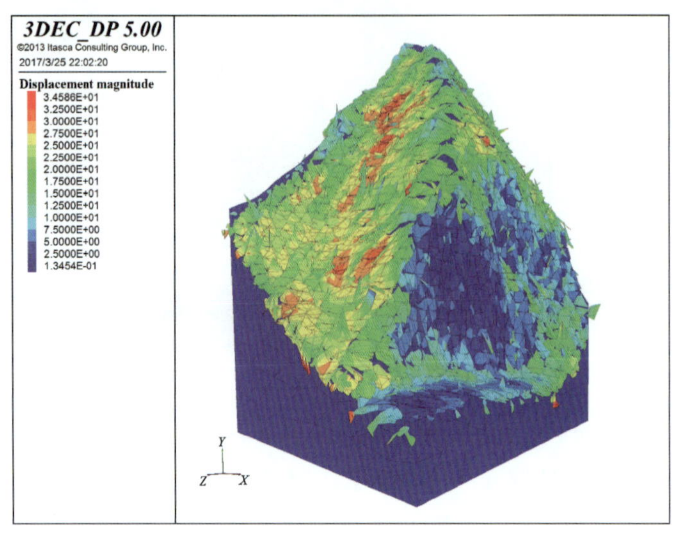

图 4.11　地震动力作用与冻融循环叠加后处于不稳定状态

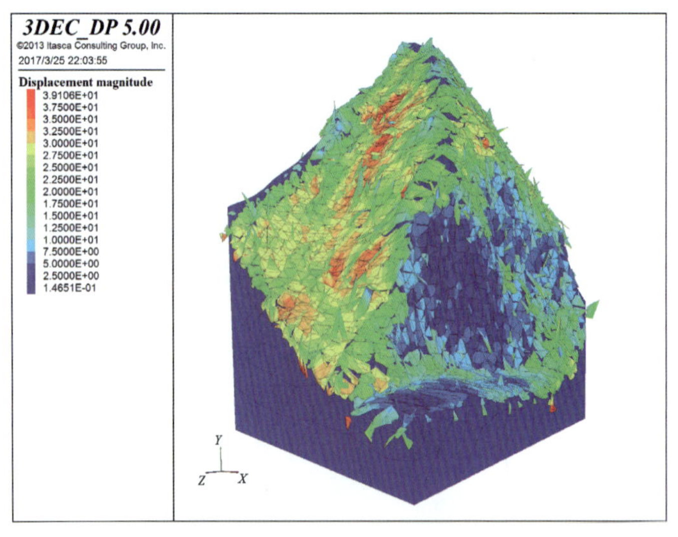

图 4.12　坡表岩体出现剥皮式整体失稳

4.4　边坡变形破坏失稳机理分析

深切峡谷山区边坡地处高寒山区,受冻融风化影响严重,故在经历一定时间内,岩体质量逐渐降低,最后失稳,宏观表现为边坡的剥皮式破坏失稳。灾害的发生都是其所处环境内部和外部因素综合作用的结果,不同环境及其相互作用的形式和程度差异,致使灾害具有不同的规律和发生机制[37]。山地灾害一经发生,极易借助自然生态系统之间相互依存、相互制约的关系,产生连锁效应,由一种山地灾害引发出一系列山地灾害,从一个地域空间扩散到另一个更广阔的地域空间,这种呈链式有序结构的大灾传承效应称为山地灾害链效应[38]。

根据对深切峡谷山区公路边坡地质灾害的调查,通过研究分析可以把深切峡谷山区高陡边坡地质灾害的形成演化过程划分为以下几个阶段(图4.13)。

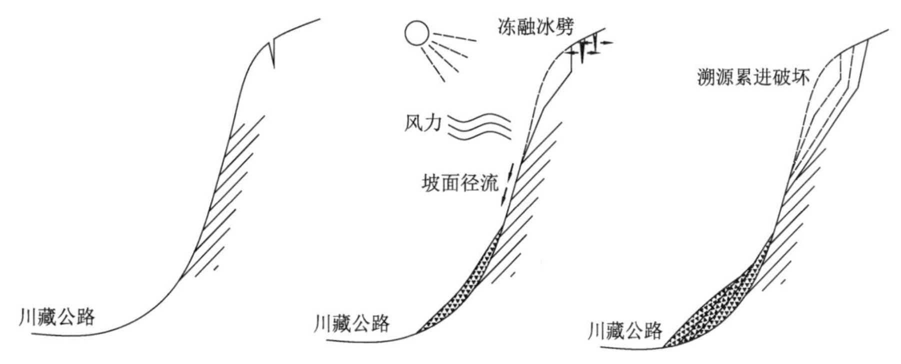

图4.13　边坡渐进破坏形成演化图

4.4.1　地质建造阶段

研究区位于喜马拉雅地震带上,新构造运动强烈,地震活动频繁。受青藏高原在新构造运动中的强烈抬升影响,河流快速下切,形成了原始的高山深切河谷地貌。在河谷形成演化过程中,伴随河流下蚀作用和侧蚀作用,河谷加深加宽。随着长期的强卸荷作用和外营力作用,谷坡浅表层岩体蠕变、松弛、承载能力降低,同时地震的频繁活动,导致深切河谷两岸高陡斜坡岩体结构面发育、岩体破碎,在边坡浅表层形成了局部变形带。在强卸荷和风化作用影响下,坡表浅表层变形体沿不利结构面扩展、变形引起岩体继续松弛,形成复杂边坡体。

4.4.2　后期改造阶段

边坡岩体是在长期的地质历史年代的作用下,由于地质建造而被赋予了地应力。后期经过多次的构造运动和改造运动,使得岩体中应力场变化、复杂化,后期的作用破坏了岩体的完整性和连续性,在岩体中产生了许多裂隙、节理等原生或者次生结构面,使得岩体成为由结构面和岩石组成的复杂地质体。

首先深切峡谷山区边坡地处高海拔高寒地区,受到强烈的变温作用影响,并且岩体地下水发育、节理裂隙发育,裂隙中的水经历了多年季节反复的水—冰相变过程,导致受到冻融作用的岩体极易发生破坏。在冻融循环过程中,岩体中的孔隙水随着温度降低而冻结发生水—冰相变,而产生9%的体积膨胀,产生冻胀力,造成岩体内部微裂隙扩展而导致岩体劣化。

其次在地震力作用下,地震波作用在结构面时,在结构面处由于折射和反射作用,应力不断积累,产生拉裂作用使得结构面处的岩体被震裂开。地震具频率的上下和水平振动,在结构面处对岩体产生正拉、反拉反复作用的应力,使得结构面处岩体在强大地震力作用下受到剪应力反复作用,其抗剪强度迅速降低,岩体沿结构面被剪断,岩体被拉开产生变形。

地质建造阶段强烈地改变了地球表面的形状，形成了大面积的山地，加强了河流冲刷作用和效率，有效地增加了各种风化。岩体在自重力作用和风化作用下，以及在坡表水流的改造作用下，加剧了坡表岩体的变形。

4.4.3 灾变循环阶段

高寒高海拔深切峡谷地区的高陡边坡稳定性受内因及外因的影响，内因是变形体在长期累积过程中会发生累进性破坏，外因是水动力、风载、冻胀效应、地震等作用，不同外动力因素下高陡边坡启动物质粒径及规模均有所不同，进入沟道垮塌的松散物质的粒径和规模也不一样。

对于高陡边坡来说，由于特殊的地形地貌，边坡汇水面积大、水流速度快、冲刷能力强，同时高寒高海拔地区缺少植被生长所必需的养分、水分条件，植物难以生长，造成边坡表面呈现不稳定状态，坡体易滑塌，在后期改造作用影响过程中边坡坡面冲沟溯源侵蚀及下切作用，导致溯源区及两侧岩土体失稳引起坡面流、滑塌等山地灾害。这种地质灾害发生、发展过程缓慢，持续累进逐步形成。当坡表的变形体经过一段时间的剥落、垮塌后在水流、重力作用下沿坡面带走，新暴露的坡表岩体在新的改造作用下重复经历变形失稳过程，山地地质灾害就会进入有规律性的发生，最终坡面流、滑塌等山地灾害发生进入循环阶段。

4.5 边坡灾害发展演化机理分析

灾害的发生都是其所处环境内部和外部因素综合作用的结果，不同环境及其相互作用的形式和程度差异，致使灾害具有不同的规律和发生机制。深切峡谷山区边坡灾害一经发生，极易借助自然生态系统之间相互依存、相互制约的关系，产生连锁效应，由一种山地灾害引发出一系列山地灾害，从一个地域空间扩散到另一个更广阔的地域空间，这种呈链式有序结构的大灾传承效应称为山地灾害链效应。

在高寒山区，冻融风化作用侵蚀着边坡岩体，边坡岩体在一定时间内不断失稳掉落，最终产生大面积破坏失稳滚落或掉落至山沟坡脚。再加上区内构造运动强烈，震裂的坡体表层的强风化的岩体不断垮塌。高寒山区在雨季与融雪作用下发生一系列的边坡灾害，其形成条件、演化机理具有一定相似性。通过室内的总结可以把边坡冻融作用形成的剥皮式垮塌体到灾害的形成演化过程划分为以下 4 个阶段(图 4.14)。

4.5.1 孕育阶段

研究区位于喜马拉雅地震带上，新构造运动强烈，形成高山深切峡谷地貌，地震活动频繁，导致山体结构面发育、岩体破碎，裸露碎裂岩体在冻融冰劈、风化、地震动力等外应力作用下岩体内裂隙发展贯通，最后岩块脱离母体，形成坡表大规模剥皮式垮塌，堆积于坡表，在坡脚平缓处形成残坡积垮塌体，在地质环境变化下容易导致失稳。

4.5.2 灾变阶段

高寒高海拔地区由于长期冻融、冰劈作用，极易形成残坡积垮塌体斜坡。边坡稳定性的主要因素为内因及外因，内因为垮塌体在长期累积过程中会发生累进性破坏，慢慢地进入沟谷。外因是水动力、风载、冻胀效应、地震等，不同外动力因素下斜坡启动物质粒径及规模均有所不同，进入沟道垮塌的松散物质的粒径和规模也不一样。

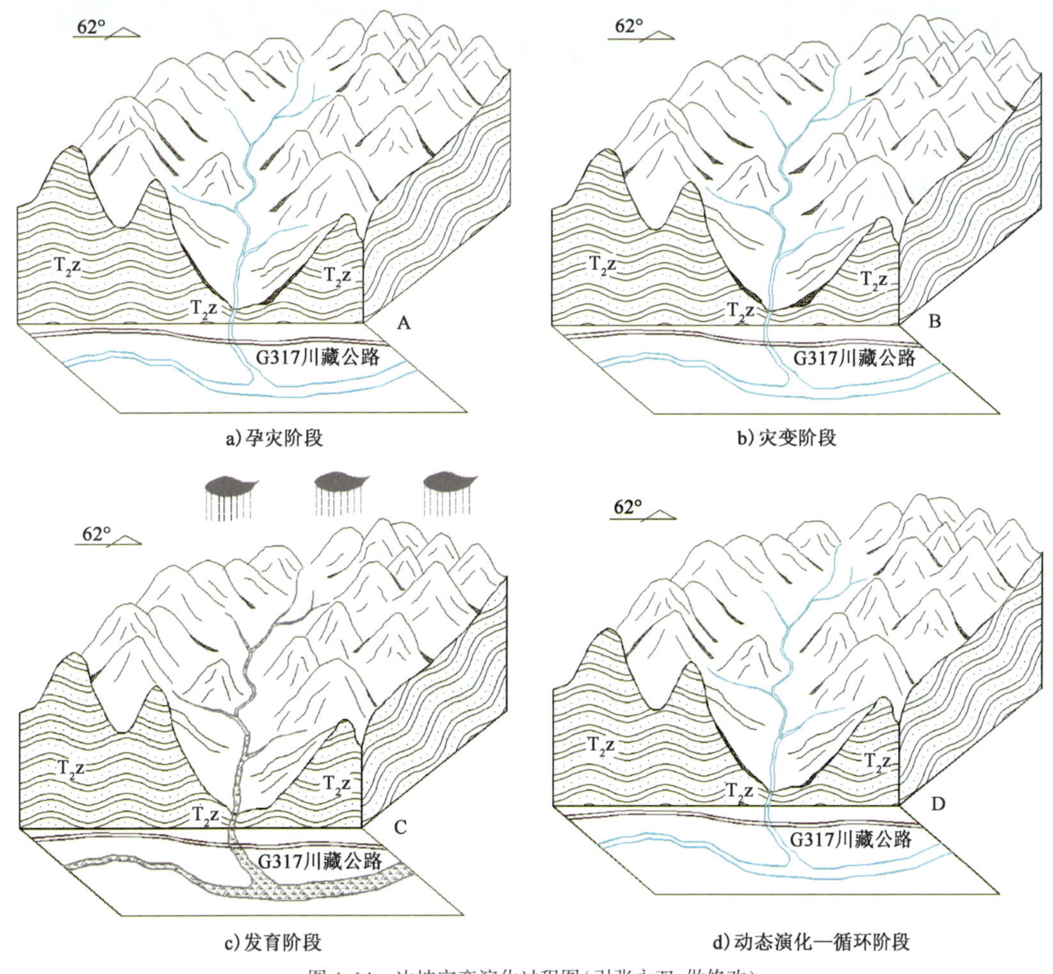

图4.14　边坡灾变演化过程图（引张永双，做修改）

4.5.3　发育阶段

深切峡谷山区地形陡峭坡度较大，一旦进入沟道松散物质增多，在雨水作用下可能发生启动，而启动主要受雨量控制，在此把雨量分为前期降雨量和后期降雨量。前期雨量目的是润湿、软化泥石流沟内的松散物质并使其达到基本饱和状态，后期降雨量是把饱和或基本饱和的土体颗粒在强烈机械冲击及孔隙动水压力、静水压力的作用下发生启动。

4.5.4　动态演化—循环阶段

在后期一次长历时强降雨作用下，在沟道内及沟谷斜坡形成松散物质，会急剧减少，呈震荡式的衰减下降，进入累进性的一个初始状态。但通过一段时间的积累沟谷松散堆积体仍会堆积大量处于临界状态的垮塌体。而在高寒山区边坡受冻融风化影响后，坡表岩体剥落至坡脚或沟道。冻融风化作用结合构造运动,产生碎裂岩体而造成崩塌,遇到夏季暴雨极易形成泥石流,形成了冻融风化→构造活动→碎裂岩体→崩塌→暴雨→泥石流的灾害链形式,严重地威胁了公路和居民的安全。

4.6 本章小结

(1)边坡岩体在受到循环冻融作用影响下,造成边坡冻融影响区内岩体的物理力学性质降低,岩体这种物理力学性质的衰减将引起边坡表层岩体内部出现破坏性的剪应力,随着冻融循环次数的增加,这种破坏性剪应力的集中区域会逐步扩大,并最终贯通形成破坏面,引起边坡失稳,并且在地震动力作用下这种力学损伤更加明显。

(2)从典型边坡经过循环冻融后的稳定性及最大位移量变化趋势可以得知,由于前期的冻融循环作用对岩体影响显著,岩体的物理力学性质衰减明显,造成边坡岩体的稳定性降低。而在地震作用下,这种冻融损伤会更加明显,边坡岩体失稳得更快。边坡岩体受到结构面组合、临空条件、风化条件等因素的制约,其失稳破坏并非都发生在坡脚应力集中的地方,而是在边坡表层破坏性剪应力集中的区域最先产生破坏,之后由于前缘岩体的破坏从而造成后缘岩体的前缘临空使其发生进一步的失稳破坏,形成累进式的破坏模式。

(3)深切峡谷山区公路边坡致灾机理主要为边坡表层岩体在受到冻融作用的影响下,岩体结构面及内部微裂隙在冻胀力的作用下开始扩展,并导致表层岩体物理力学性质降低,随着循环冻融作用的继续进行,边坡表层岩体物理力学性质进一步衰减劣化,致使边坡稳定性逐渐降低,直至破坏。边坡应力上则表现为边坡岩体受到冻融作用影响后,在坡表形成破坏性剪应力集中,随着冻融循环作用的继续进行,坡表这种破坏性剪应力集中区域逐渐扩展并最终贯通形成破坏面,引起边坡失稳。

第5章　深切峡谷山区公路边坡地质灾害调查评估及防治

对于深切峡谷山区公路边坡地质灾害的评估及防治,是本书研究的关键技术问题。评估与防治技术的研究,主要在掌握深切峡谷山区公路边坡地质灾害数据的基础上,并结合公路边坡灾害调查技术,研究公路边坡地质灾害的评估及防治技术方法。

5.1　公路边坡灾害调查技术

5.1.1　航拍遥感测量技术

在高陡边坡中采用传统调查和测量方法,往往很难达到调查区域,对灾害体缺乏准确的信息,所以对高陡边坡灾害体的调查评估是灾害防治中的难点问题,在这种高陡地形边坡的调查中,航拍遥感及扫描技术就发挥了重要的作用。

无人机低空航拍测量系统是以无人机为飞行平台搭载传感器设备获取地面遥感信息的遥感测量方式。该系统具有能够云下超低空飞行的能力,弥补了卫星遥感和普通航空摄影测量因云层遮挡而无法获取高质量数字影像的不足,是传统的遥感手段的重要补充[39-42]。无人机航拍遥感能够快速获取地质灾害调查区的高分辨率、高精度、高时效遥感影像,特别是在调查人员难以到达的地区,可充分地发挥无人机遥感的机动性强和超低空飞行的能力[43-45]。近年来,无人机航拍遥感技术在地震灾区的地质灾害调查中得到很好的应用。无人机能够进行全方位拍摄,可以获取较为全面的信息并能进行摄影测量,能够发现坡顶地表调查难以通达部位的不良地质问题。在工程地质调查,尤其是高陡边坡工程地质调查中,无人机航拍遥感测量技术可作为重要的手段。

无人机航拍遥感测量系统主要由3部分组成:空中部分、地面部分和数据处理部分。空中部分包括无人机平台、无人机控制系统及遥感传感器系统;地面部分包括航线规划系统、无人机地面控制系统及数据显示系统;数据处理部分包括数据预处理及相应成果产品制作,其中最主要的部分为:地面部分(图5.1)和空中部分(图5.2)。

无人机的飞行控制由两部分组成:地面遥控和空中自主控制。飞机的起飞过程和回收过程是通过地面控制系统的远程控制,经地面航拍人员操控无人机(图5.3)至预设高度后可通过无人机内置的自主控制系统(图5.4)进行空中自主飞行及航拍数据的获取。

航拍无人机的航线规划,主要根据其机体结构、续航时间、任务形式不同,大概可以分为如下几种:

图 5.1　无人机地面部分

图 5.2　无人机空中部分

图 5.3　地面遥控操作

图 5.4　自主控制系统

(1)栅格型航线

对于正射影像航拍航线规划最为常用的便是栅格型,即航线与航线之间是平行的,整个航线规划为规则的栅格形状(图 5.5)。在地形起伏不大的情况下,一般情况下栅格航线的高度是不变的,这样对于节省飞行能耗是十分有好处的。而在地形起伏大,为了保证地面有足够的像片分辨率,也会将栅格航线根据与地面高度进行变高度设计(图 5.6),这样设置的航线规划最大的好处是基本保证无人机与地面的垂直高度大体相当,从而使得数码相机所获得的地面照片有着基本一致的分辨率。

(2)围绕兴趣点的环形航线

现代的航拍数码摄影测量目的,其不仅仅是为了获得正射影像数据,还需要获取地面的三维空间点云数据,但是由于陡崖、陡坎等地形变化,仅仅是正射航拍无法满足三维地形获取的需要,因为正射角度的限制,陡崖立面的三维形态无法准确表达。因此,在三维空间以获取为目的的航拍任务中,经常需要设置倾斜测量,即相机与水准平面保持一个固定的角度,倾斜对着陡崖、陡坎等部位进行拍摄的方法。为了全方位地获取陡立面数码照片信息,在设置航线的时候就需要进行特定的设置。对于这类倾斜测量任务旋翼机是首选,在航线规划时可以根据地面任务围绕某个兴趣点进行环绕拍摄(图 5.7)。另外对于一些特殊情况,环绕拍摄还可以设置成不同高度、多层环绕的航线,甚至可以将航线设置成圆锥、圆球等行迹(图5.8)。

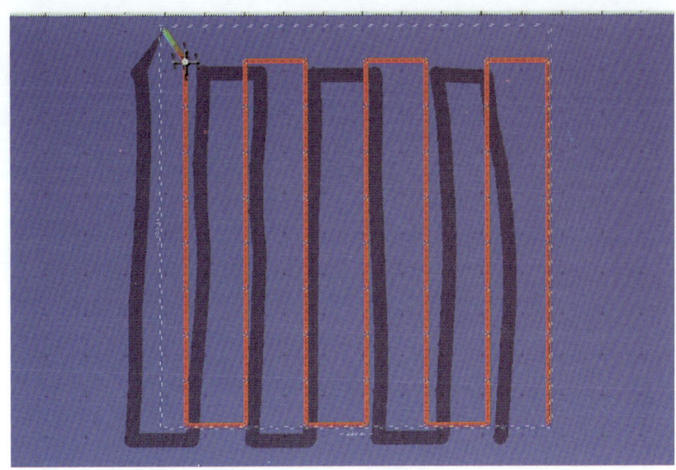

图5.5　栅格型航线

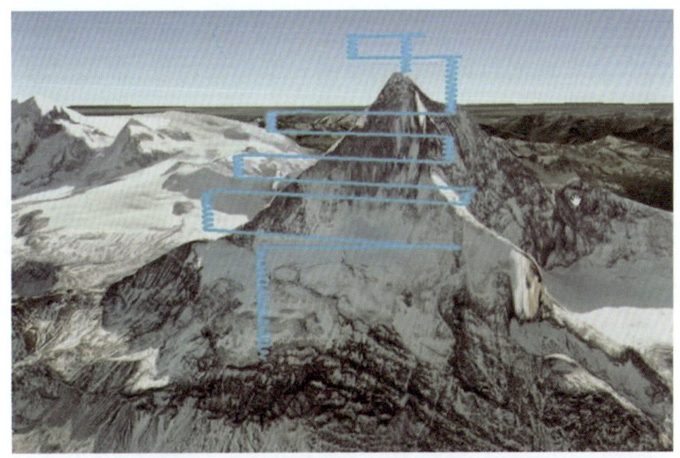

图5.6　根据地形变高度的栅格型航线

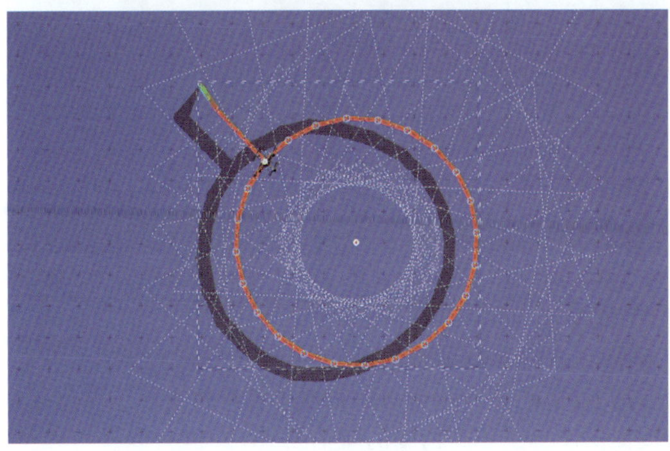

图5.7　围绕地面兴趣点环绕拍摄航线

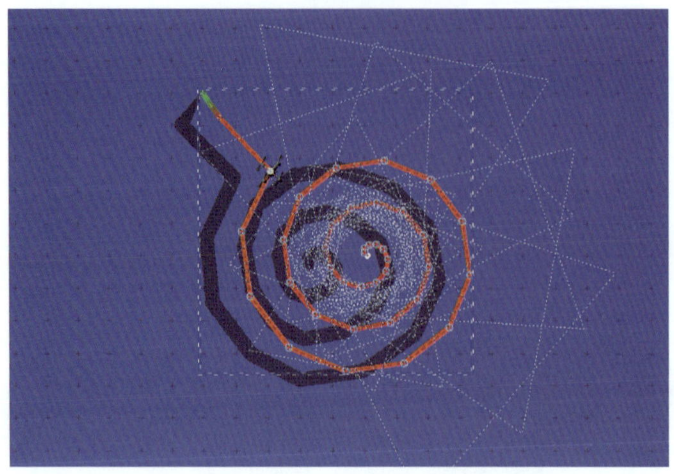

图5.8　围绕地面兴趣点圆锥形环绕拍摄航线

(3)组合型的航线

为了更好地全方位获取地面目标物体的空间三维影像特征,很多时候可以采用组合形式的航拍路线。比如先进行栅格型的正射航拍,然后以地面目标中心点开展环绕倾斜测量(图5.9),将两个航线获取的数码像片融合起来,便可获取全方位细致的像片影像数据,从而形成完整的三维点云空间数据。另外也可以采用上个方向互相垂直的栅格航线的组合拍摄(图5.10),这种组合形式更适合地形起伏不大、房屋较多的情况使用。

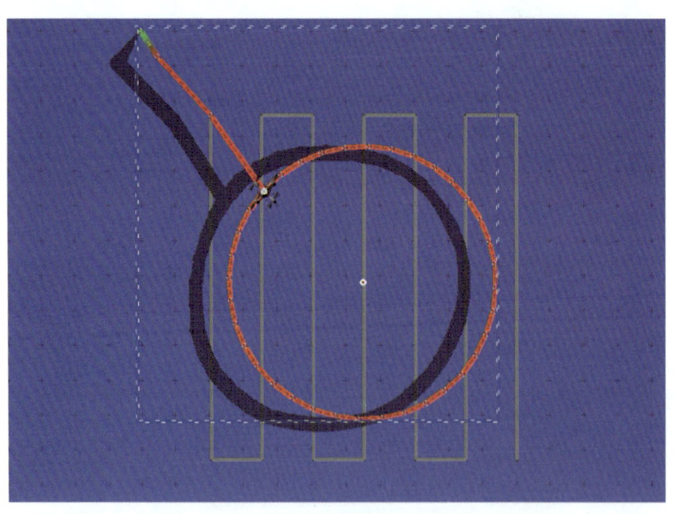

图5.9　正射栅格与环绕倾斜航线的组合形式

根据现场地面条件,结合飞机性能特点,可以有更多的组合形式,其唯一的目的就是减少摄影死角,全方位获取三维空间影像数据。航拍遥感测量技术通过采用正射和倾斜摄影,可为峡谷地区的公路边坡提供遥感图和高精度的航拍图(图5.11),以及可以及时掌握变形体的发育情况,为边坡地质灾害的及时防治提供准确信息。

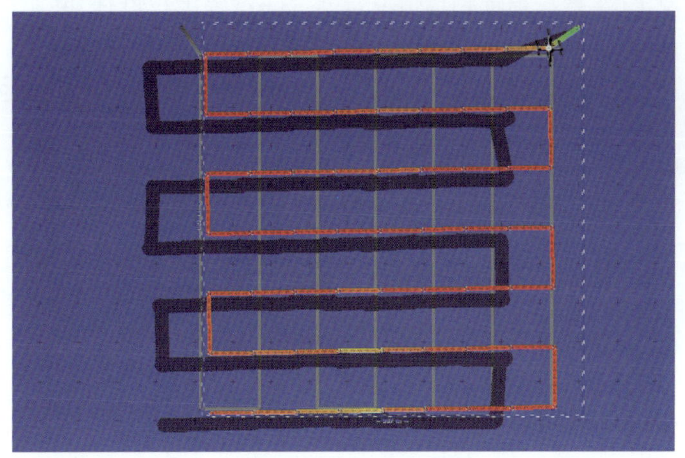

图5.10 相互垂直的栅格航线的组合形式

图5.11 边坡航拍遥感图(裕丰岩边坡)

5.1.2 三维激光扫描技术

由于深切峡谷区复杂的地质条件和高陡的地形,落石随时都会发生,给地质调查工作带来巨大困难。同时高陡的地形条件也使得地质调查人员难以到达。因此在对边坡传统的地质调查基础上,采用三维激光扫描技术进行快速的测量,最大特点是精度高、速度快、能完整地复原原型、操作方便[46]。通过激光扫描技术,快速判定边坡的破坏迹象。在高陡边坡调查中,通过对整个坡面的三维激光扫描,根据扫描获得点云数据,对地质结构进行调查统计,可以利用上述方法进行边坡变形区域的量测。在对现场进行三维激光扫描前,必须先在扫描场地进行详细的勘察,对区域地形、交通状况、破坏程度等有所了解,重点应对关注的地灾隐患点的分布、规模、范围有个概况了解,然后根据扫描情况对站点的布置进行设计,既要考虑采集数据的全面性,同时兼顾机点位置的安全。

三维激光扫描设备现场点云数据获取的工作流程,总结起来可由图5.12概括。

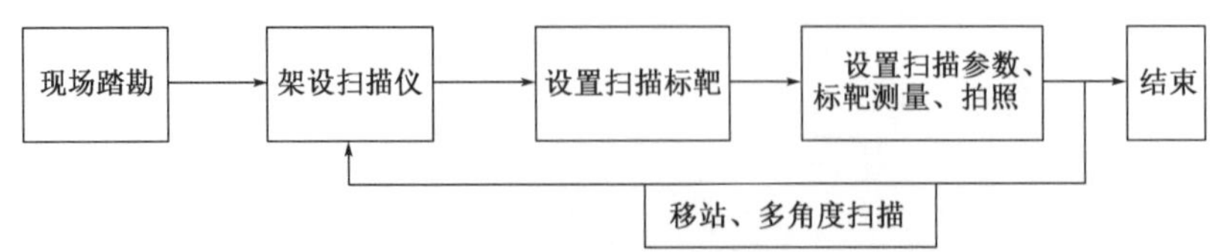

图5.12　三维激光扫描数据现场采集工作流程图

三维数据获取现场工作流程,首先需要对现场进行踏勘。通过踏勘确定扫描工作范围,了解场地情况,特别是周围环境如树木、建筑物、地形等特征,规划扫描机位点的布置,通过现场踏勘结合扫描工作研究内容,确定工作实施计划。

根据扫描区空间位置及范围,综合考虑树木、建筑物等对目标区的遮挡关系,选定扫描机位点;确定扫描机位点后,根据机位设置坐标控制标靶,同时还可以设置拼接特征点标靶;对于一个确定的扫描机位点,接下来的工作就是设置扫描参数,主要包括内置相机参数、扫描范围、扫描平均距离、采样点间距、标靶识别等内容;对于需要进行大地坐标控制测量标靶测量的项目,还需全站仪或高精度GPS设备进行坐标测量工作;移站扫描重复上面步骤,直至整个扫描工作完成,如需进行外置相机彩色信息耦合,还需对扫描目标进行数码像片拍照。为满足彩色信息等细节特征提取,利用彩色信息作为几何特征的补充,将数码像片中的彩色像素叠加在点云数据中,从而得到三维彩色点云数据。根据实际应用中的操作模式,可以概括成图5.13所示。

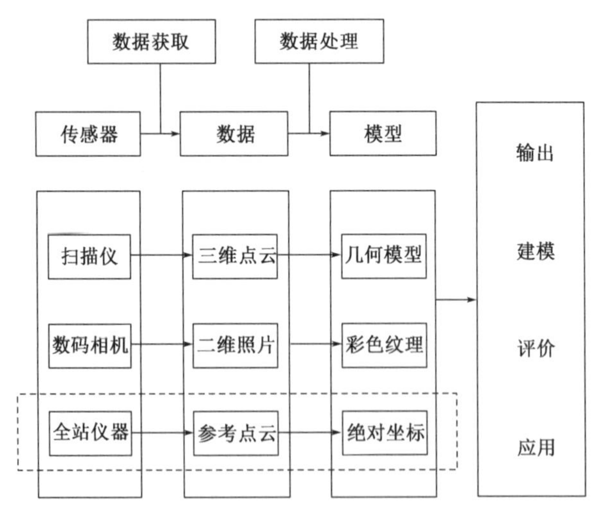

图5.13　获取三维空间数据多传感器耦合应用图

进行耦合的传感器特性可以概括如表5.1所示。

获取三维空间数据传感器特性表　　表 5.1

特　　性	三维激光扫描仪	数 码 相 机	全　站　仪
空间分辨率	高	高	无
空间覆盖度	好	较好	较好
强度 / 色彩	有限	好	无
照明设备	主动	被动	无
三维点密度	高	依靠纹理	随机
景深	高	高	无
数据获取过程	动态	间歇	离散
三维重建效率	中等	较高	低
纹理重建效率	有限	高	无
价格	高	低	中等

多传感器集成的三维激光扫描设备在点云数据采集过程中,物体的三维点云坐标数据由激光扫描仪获取采集,而通过内置或者外置的数码相机拍摄对应点云的彩色影像,经软件的匹配叠加技术生成三维彩色点云数据或者网格模型。利用全站仪等定位系统测量的绝对空间坐标控制点,利用控制点坐标不仅可以将扫描仪采集的相对坐标点云数据转换为大地坐标系,同时控制点也可以作为精度校核的参照点。

岩土体边坡稳定性分析、评价工作是地质工程中的一项重要工作内容,有限元、离散元等相关的数值计算是常用的技术手段。数值计算中计算模型的建立是进行计算的前期重要工作,模型的表部地形数据往往是依据地形图件中高程等值线进行提取的。这一过程烦琐、耗时,需要做大量预处理和准备工作。另外,对于一些突发性的地质灾害而言,高精度的地形图件是不具备的,甚至是没有地形数据的情况也经常遇到,此种情况下快速开展相关的三维数值模拟计算是十分困难的。

由于三维空间影像技术可以轻松获取物体表面的三维数据,通过对点云数据进行坐标系校准后,其点云数据中每个点的三维坐标值都与现场真实空间位置相对应。但所获得的点云数据量巨大,在数值模型计算时还需进一步处理才能使用。基于三维空间影像技术获取数值模型计算的地形数据,首要应解决点云数据的空间分布要遵循一定的规律,并注意要控制点云数据边界。

点云地形数据处理过程可以归纳如下:

(1)三维点云数据的预处理。对地形的三维空间点云数据进行预处理,主要包括点云数据拼接、坐标系统转换、植被噪声点剔除等,见图 5.14。

(2)三维点云数据抽稀。对点云数据中的海量点坐标进行数据稀释,以减小数据量(图 5.15)。抽稀的标准按地形图成图点间距要求或者计算模型的单元尺寸要求。将删减处理完成的点云数据以 AscⅡ Point Cloud 或其他文本格式输出。

(3)可利用如 Surfer 等数据插值软件将抽稀获得的地形文本数据导入,在数据网格化设定参数对话框中,设置网格文件输出格式为 *.dat,选择网格点计算的模型算法。接下来设定模型插值计算的边界范围、插值网格点间距(一般为整数,与数值计算的单元尺寸相对应),设定完成后,软件进行网格插值计算并输出保存计算结果,重新构网生成的插值点效果如图 5.16 所示。拟合插值计算得到的地形数据便可作为三维数值分析计算软件的表层地形数据文件,其模型化之后的效果如图 5.17 所示。

图 5.14 边坡三维点云数据

图 5.15 点云数据的稀释

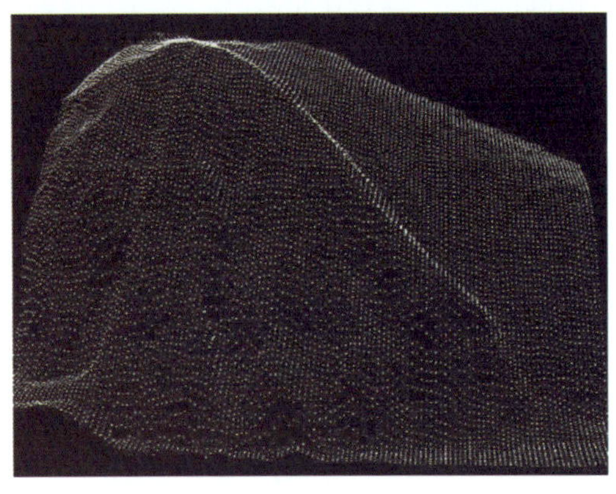

图 5.16 处理后的地形数据

图 5.17 模型化的地形数据

1)扫描物体的边界识别方法

对于特征明显的扫描物体在点云数据中对其边界进行识别相对比较简单,但某些情况下,扫描物体的边界识别存在一定的困难。一般的判定过程可按以下方法进行:对明确的边界特征先进行确定,存在疑虑的部分可以综合微观地貌、地物特征进行识别,还有就是利用彩色点云数据中的色彩信息结合地貌特征进行边界的识别(图 5.18)。同时参考数码照片,必要时还可现场再次调查验证。

2)斜坡三维地形图

利用扫描获取边坡三维数据,再通过专门的地形生成软件进行处理,生成常用的地质等高线图件。对现场获取的三维数据还要进行大量的后期处理工作,如三维点云数据的拼接匹配、校正定位、数据对接等,然后将重新采样后的点云数据以文本形式导出,并利用相应的软件生成等高线,同时将前面提取的地质信息叠加在获取的等高线图层上(图 5.19)。

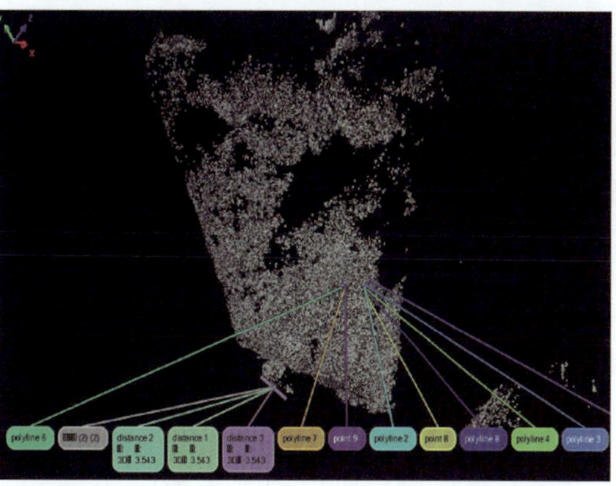

图 5.18　雅康高速公路康定服务区边坡三维点云图

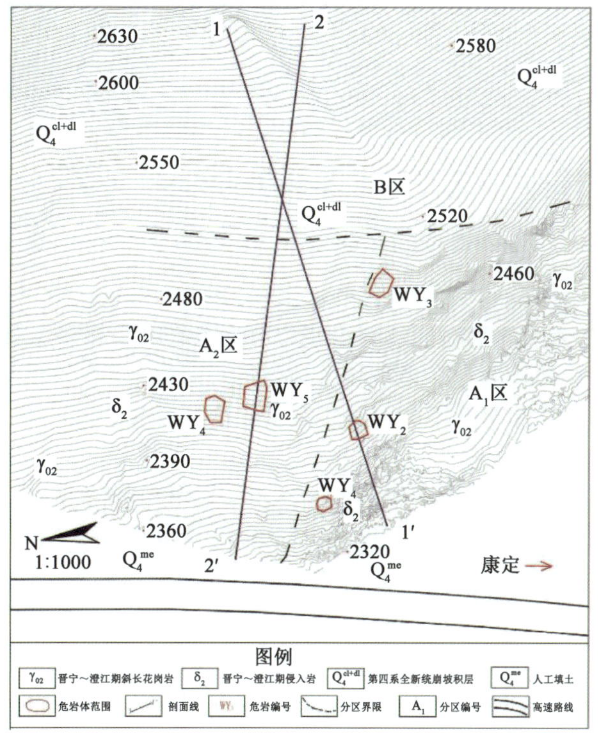

图 5.19　三维激光扫描生成康定服务区边坡地形图

3）岩体结构面测量

对于高陡边坡结构面的准确调查是个难题，引用三维激光扫描技术是个很好的技术手段。首先将要量测的结构面点云数据选中，利用软件模拟合成一个工作平面（即模拟的结构面），沿所量测结构面选取点云数据。利用三维点云数据中结构面出露面上的所有点（或者大部分点）来拟合一平面，识别结构面的出露面。根据出露面上的尽可能多的点云数据，由选取的点云数据生成一拟合平面，并显示平面方程参数，如图 5.20、图 5.21 所示，此类方法能够在宏观上得出综合的结构面产状参数。

图5.20 结构面照片

图5.21 结构面点云图

扫描获取的三维影像是由密集的坐标点所构成的,对于坡表出露的基岩结构面可以利用三维点云数据中结构面出露面上的所有点(或者大部分点)来拟合一平面,通过该平面求得结构面产状。这种方法克服了地质罗盘单点测产状而存在的不足,另外对于高陡、调查人员难以抵近测量的结构面更显优势。

5.1.3 地面调查技术

为了工程地质技术人员能够在现场对公路边坡灾害点以及灾害点特征做出快速的概略判断,主要从边坡岩体结构和边坡地形地貌特征,基于地面地质调查的经验判识,从边坡岩体结构及岩体损伤、边坡地形地貌等几个方面来进行判识评价。

1)边坡岩体结构判别

主要根据边坡岩体结构以及边坡岩体的损伤破坏情况,进行判别。

(1)风化卸荷带——基岩二元结构边坡

主要指斜坡上部为风化带及卸荷带,岩体风化卸荷作用强烈,表面植被剥蚀失稳,裸露坡面在风化、雨水侵蚀作用下,不断剥蚀失稳。

(2)发育陡倾结构面边坡

岩体中发育陡倾结构面,受岩性及岩体结构影响,往往形成较多地貌突出部位,陡倾结构面切割岩体在陡坡顶部、边坡点附近,在后期降雨充水作用下,极易产生崩塌灾害。

(3)发育外倾结构面边坡

边坡岩体中发育外倾结构面,地震中往往引起岩体顺外倾结构面滑移失稳,同时在后缘往往残留地震损伤岩体,后期极易产生崩塌失稳灾害。

2)边坡地形地貌判别

在地形地貌上,主要从地形坡度、斜坡几何形态等几个方面去判别:

①地形坡度;

②坡面起伏状态;

③坡面冲沟发育情况。

5.2　公路边坡地质灾害评估方法

5.2.1　公路走廊带评估

1)危险性评估因子

(1)坡度

坡度信息见表5.2,坡度栅格数分布如图5.22所示。

坡度信息量值　表5.2

评价指标	分类	S_i(km²)	S_i/S(%)	N_i(个)	N_i/N(%)	信息量值
坡度	<30°	762.2892	42.2135	0	0.0000	—
	30°~40°	681.1047	37.7177	5	3.5211	-2.3713
	40°~50°	297.6174	16.4812	27	19.0141	0.1430
	50°~60°	56.8467	3.1480	46	32.3944	2.3312
	60°~70°	7.2531	0.4017	52	36.6197	4.5127
	70°~80°	0.6759	0.0374	10	7.0423	5.2372
	>80°	0.0099	0.0005	2	1.4085	7.8513

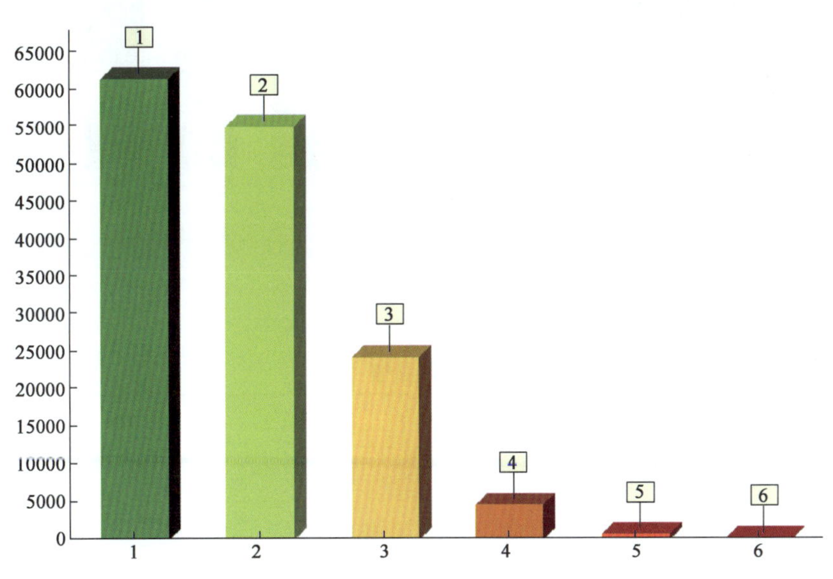

图5.22　坡度栅格数分布

(2)坡向

坡向信息见表5.3,坡向栅格数分布如图5.23所示。

坡向信息量值 表 5.3

评价指标	分类	S_i(km^2)	S_i/S(%)	N_i(个)	N_i/N(%)	信息量值
坡向	N	218.7945	12.3392	15	10.5634	-0.1554
	EN	233.9343	13.1930	22	15.4930	0.1607
	E	207.2583	11.6886	33	23.2394	0.6872
	ES	209.6298	11.8223	13	9.1549	-0.2557
	S	209.6298	11.8223	16	11.2676	-0.0481
	WS	253.6308	14.3038	14	9.8592	-0.3721
	W	220.1661	12.4165	15	10.5634	-0.1616
	WN	220.1274	12.4143	14	9.8592	-0.2305

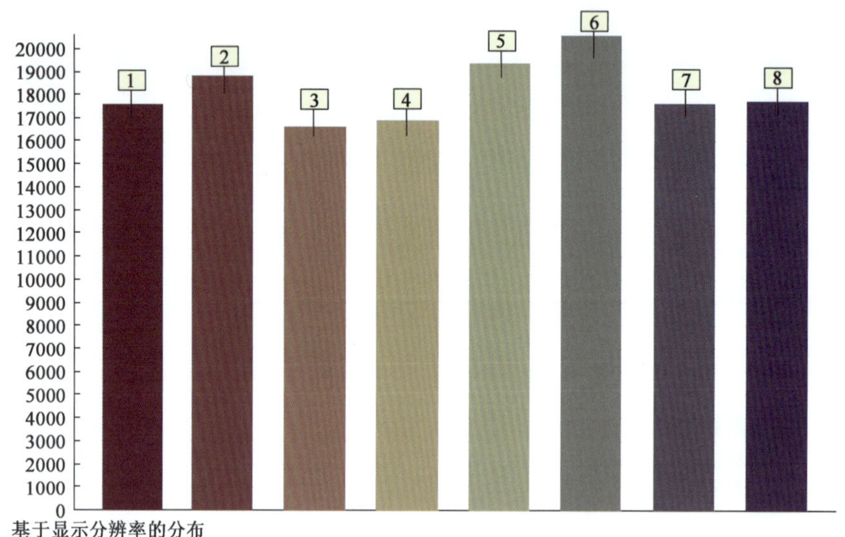

图 5.23 坡向栅格数分布

(3)地震烈度

地震烈度信息见表 5.4,地震烈度栅格数分布如图 5.24 所示。

地震烈度信息量值 表 5.4

评价指标	分类	S_i(km^2)	S_i/S(%)	N_i(个)	N_i/N(%)	信息量值
地震烈度	Ⅵ	315.5238	17.4731	8	5.6338	-1.1319
	Ⅶ	440.2089	24.3779	27	19.0141	-0.2485
	Ⅷ	609.75	33.7668	72	50.7042	-0.1546
	Ⅸ	282.0114	15.6172	19	13.3803	0.4065
	Ⅹ	158.2758	8.7650	16	11.2676	0.2512

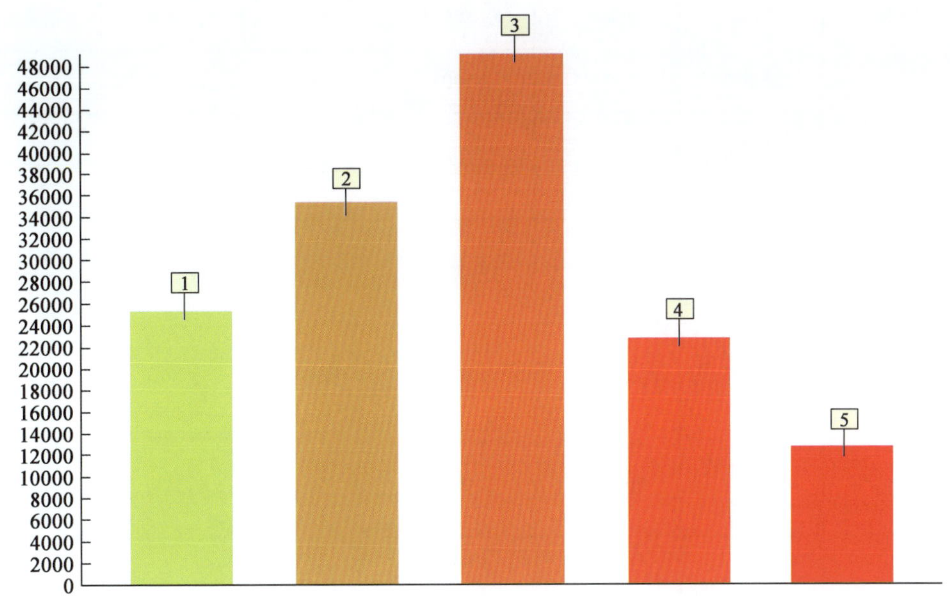

图5.24 地震烈度栅格数分布

(4)距发震断裂带距离

距发震断裂带距离信息见表5.5。

据发震断裂带距离信息量值 表5.5

评价指标	分类	S_i(km²)	S_i/S(%)	N_i(个)	N_i/N(%)	信息量值
据断裂带距离	<10km	201.3786	11.1520	21	14.7887	0.2823
	10~20km	226.7289	12.5558	14	9.8592	-0.2418
	20~30km	351.6885	19.4758	32	22.5352	0.1459
	30~40km	287.7219	15.9335	40	28.1690	0.5698
	40~50km	198.819	11.0102	17	11.9718	0.0837
	50~60km	196.974	10.9080	10	7.0423	-0.4376
	60~70km	182.6208	10.1132	1	0.7042	-2.6645
	>70km	159.8382	8.8515	7	4.9296	-0.5853

(5)地层岩性

岩性信息见表5.6,岩性栅格数分布如图5.25所示。

岩性信息量值　　表 5.6

评价指标	分类	S_i(km^2)	S_i/S(%)	N_i(个)	N_i/N(%)	信息量值
地层岩性	二叠系灰岩	46.7793	2.5905	0	0.0000	—
	志留系千枚岩、变质砂岩	64.8774	3.5928	14	9.8592	1.0095
	泥盆系千枚岩、灰岩	347.3577	19.2360	21	14.7887	-0.2629
	二叠系千枚岩、砂岩、灰岩	317.5452	17.5850	46	32.3944	0.6109
	三叠系千枚岩、灰岩	70.4943	3.9038	9	6.3380	0.4846
	三叠系石英砂岩、粉砂质板岩	200.6811	11.1133	44	30.9859	1.0254
	三叠系石英砂岩	758.0349	41.9785	8	5.6338	-2.0084

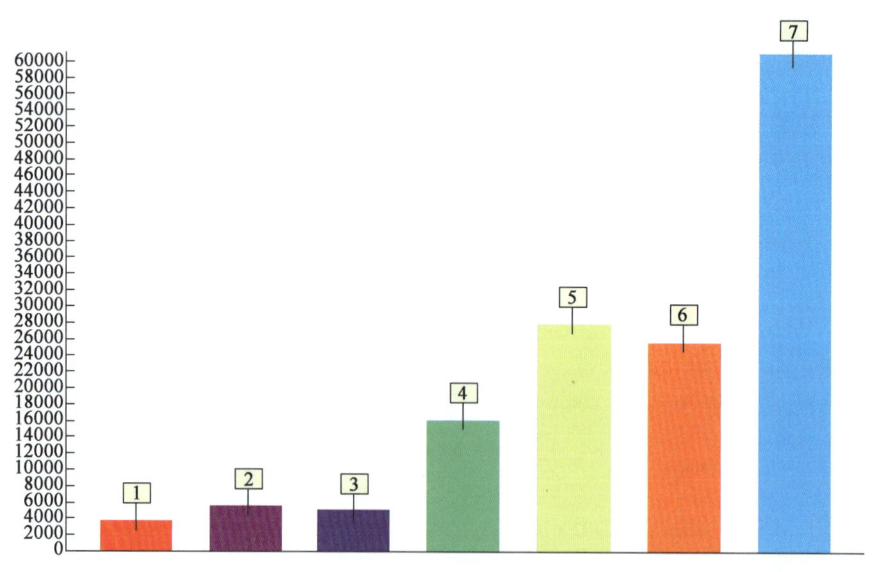

图 5.25　岩性栅格数分布

(6)灾害点密度

灾害点密度信息见表 5.7。

点密度信息量值　　表5.7

评价指标	分类	S_i(km²)	S_i/S(%)	N_i(个)	N_i/N(%)	信息量值
点密度	<0.15	1641.4155	90.8984	0	0.0000	—
	0.15~0.5	67.4352	3.7344	4	2.8169	-0.2820
	0.50~0.93	43.1028	2.3869	19	13.3803	1.7238
	0.93~1.46	30.4956	1.6888	35	24.6479	2.6807
	1.46~2.17	17.2152	0.9533	41	28.8732	3.4107
	2.17~3.44	6.1056	0.3381	43	30.2817	4.4949

(7)植被覆盖率

植被覆盖率信息见表5.8。

植被覆盖率信息量值　　表5.8

评价指标	分类	S_i(km²)	S_i/S(%)	N_i(个)	N_i/N(%)	信息量值
植被归一化指数	-1~0	218.2758	12.0877	62	43.6620	2.3
	0~0.15	340.2089	18.8401	37	26.0563	0.87
	0.15~0.3	315.5238	17.4731	23	16.1972	0.17
	0.3~0.4	382.0114	21.1550	15	10.5634	-0.21
	0.4~1.0	509.75	28.2290	3	2.1127	-1.23

2)危险性评估标准

因子权重值见表5.9。

因子权重值　　表5.9

准则层	准则层权重值	指标层	指标层权重值	指标层总权重值
主要因素 B_1	0.667	灾害点密度 C_1	0.490	0.327
		坡度 C_2	0.312	0.208
		距断裂带距离 C_3	0.198	0.132
次要因素 B_2	0.333	地震烈度 C_4	0.417	0.139
		坡向 C_5	0.222	0.074
		岩性 C_6	0.111	0.037
		坡表植被覆盖 C_7	0.250	0.083

根据层次分析法所推算出的指标权重，使得每个因子都分配到了应得的权重值，将所有因子与权重整合，提出汶马高速公路沿线地质灾害危险性评价（变形体易发性区域性评价）模型（P_7 为7因素区域评价法）：

$$P_7 = 0.327C_1 + 0.208C_2 + 0.132C_3 + 0.139C_4 + 0.074C_5 + 0.037C_6 + 0.083C_7$$

5.2.2　公路走廊带易损性评估

1)易损性概率

(1)估算一辆或多辆车穿过威胁区被落石击中的概率。这一事件为两个并列事件的函数,即落石和车辆在时间和空间上的一致(事件能够发生,则车辆和落石在同一时刻必须出现在同一地点)。由此必须计算出时间和空间一致的概率。

(2)估算空间一致的概率。如果假设落石在沿开挖体长度方向分布均匀,落石和一辆行进中的车空间上一致的概率取决于车辆的长度和灾害威胁区长度之间的关系(黄家坝大桥180m)。长4.5m的车空间一致的概率为$4.5/180 = 2.5 \times 10^{-2}$。通过运用二项式定理和已知的每年到达公路的岩块数量,就可算出一年中一辆或多辆在某个位置被落石击中的概率。

(3)估算时间一致的概率[47,48]。危岩体威胁范围的长度(L_p)是180m(0.18km)车速为100km/h,故年概率是$(0.18/100)/8760 = 2.05 \times 10^{-7}$。

(4)估算单辆车被落石击中的年概率。此概率是时间和空间一致年概率的乘积,即黄家坝大桥路段单程全年被击中概率$2.5 \times 10^{-2} \times 2.05 \times 10^{-7} = 5.125 \times 10^{-9}$。

$$P_{\text{单车单程被击中}} = \frac{\text{威胁范围长度}/\text{车速}}{\text{全年小时数}} \times \left[1 - \left(1 - \frac{\text{车体长度}}{\text{崩塌威胁范围}}\right)\right]^{\text{年崩塌次数}}$$

(5)估算行进中的车辆被落石击中的年概率(P_3)。此概率为一辆车的年概率与该公路每年通过的车辆数的乘积。若G317汶川县城区西调查点2009年平均日车流量为3454,则$P_3 = 5.125 \times 10^{-9} \times 3454 \times 365 = 6.46 \times 10^{-3}$。

$$P_{\text{行进中被击中}} = P_{\text{单车单程被击中}} \times \text{日均车流量} \times 365\text{ 天}$$

(6)估算落石没有击中车辆但击中路面的年概率(P'_3),此概率是P_3值的补数。

(7)估算事故一旦发生后(行进中的车辆被落石击中)有死亡事故的年概率。

(8)估算落石对路面造成毁坏的年概率。首先根据现场及工程拟建位置推测出落石冲击公路的桥面还是桥墩,如果两者都有可能被击中则遵循易损性取大原则[49]。并且为了保证工程的绝对安全选取威胁性最大的进行计算,当易损性$V \geq 1$时,$P_5 = 1$,当$V < 1$时,$P'_5 = V$。

(9)估算岩石停留在公路上的年概率。

(10)估算车辆撞上路中落石而造成事故的年概率。

(11)估算车辆撞上落石后造成人员死亡事故的年概率。

(12)估算由于路面严重损毁而造成事故的年概率。

(13)估算路面轻微损坏引起事故的年概率。

2)易损性分区

采用等分法划分为5个区域,即按易损性分为极低易损、低易损、中等易损、高易损和极高易损。

5.2.3 公路走廊带风险性评价

(1)风险性评价方法

风险性评价关系可由以下方程式来表述[50-52]:

$$H \times (E \times V) = C$$

式中:H——特殊的灾害事件;

E——所有威胁项目值的综合,如危险当中的元素,包括人类、建筑、基础设施、经济活动及其他元素;

V——易损性,或者因灾害导致的 E 值降低的比例;

C——灾害事件的不利后果。

风险性评价模型,即:

$$\text{Hazard(危险)} \times \text{Vulnerability(易损)} = \text{Risk(风险)}$$

(2)风险性评价准则

风险性评价准则见表5.10和图5.26。

风险性评价准则　　表5.10

风险等级	风险得分	风险性评价
极高风险	>3.3	灾害极易发生,滚石能到达公路,造成公路及车辆的严重损毁并导致人员的特大伤亡
高风险	1.65~3.3	灾害较易发生,滚石能到达公路,造成公路及车辆的损毁并导致人员的重大伤亡
中等风险	0.5~1.65	灾害易发生,滚石能到达公路,造成公路轻微损毁,对车辆的威胁性较大,可能导致人员伤亡
低风险	0.011~0.5	灾害发生可能性较小,滚石未能或少量到达公路,对公路与车辆的损毁较小,并可能会造成人员受伤
极低风险	<0.011	灾害几乎不发生,滚石难以到达公路,对车辆造不成明显伤害,人员受伤概率极小

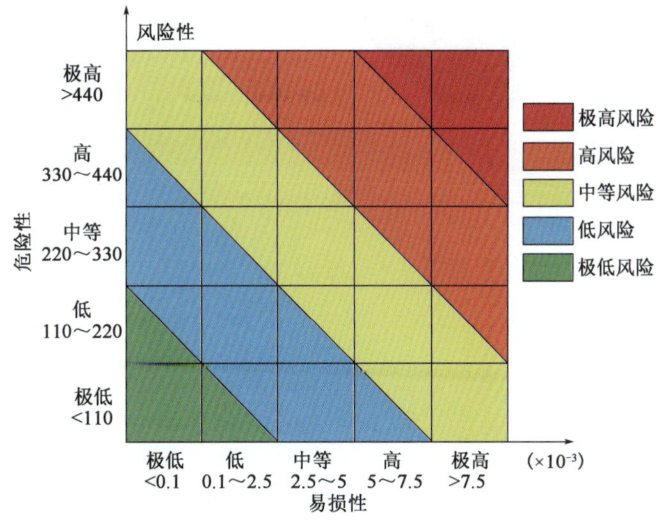

图5.26　风险性判断示意图

根据分类特性,每个点确定危险性与易损性的同时,已经决定了其风险性在图中的所在位置,对地质灾害风险性进行分区,如图5.27、图5.28所示。

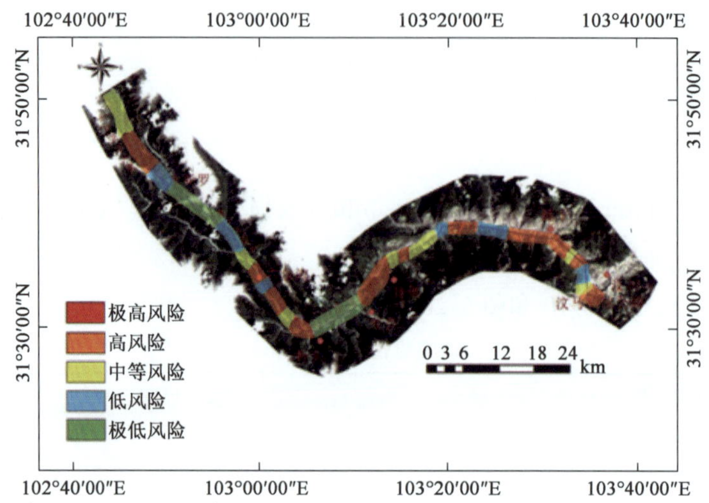

图 5.27　汶马高速公路风险性分区图

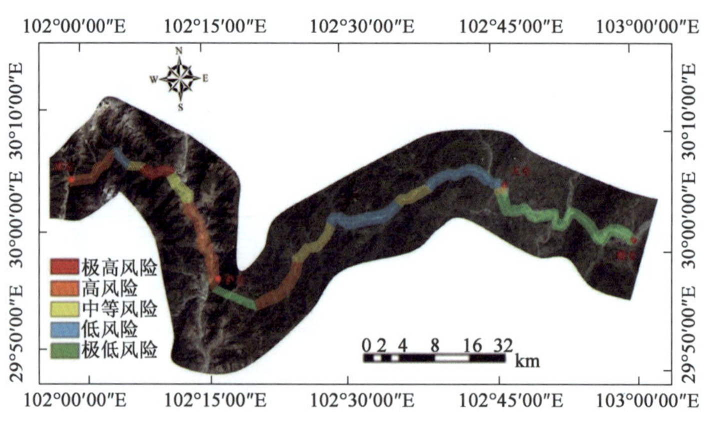

图 5.28　雅康高速公路风险性分区图

5.2.4　公路灾害点风险性评价

1)风险性评价因子

(1)坡高

由于整个研究区域总体上属于高山峡谷地貌,杂谷脑河下切作用强烈,河谷逐步下蚀,以至于该区陡崖(陡坡)地貌十分发育,高陡的斜坡地形处处可见,坡高分为四个等级,即 7.5m、15m、22.5m、>30m,分别赋值 3 分、9 分、27 分、81 分。

(2)沟渠作用

本因子包含了四个方面:①很好的捕获灾害体;②部分捕获灾害体;③少量捕获灾害体;④不能捕获灾害体。沟渠作用得分见表 5.11。

沟渠作用得分表　　表5.11

坡高(m)	边坡坡度	1:1	1:0.5	1:0.25	直立
	沟渠作用得分	沟渠宽度(m)			
<10	3	>4.9	>4.3	>3.0	>3.7
	9	3.7~4.9	3.7~4.3	2.4~3.0	3.0~3.7
	27	2.7~3.4	2.7~3.4	1.5~2.1	2.4~2.7
	81	<2.7	<2.7	<1.5	<2.4
10~15	3	>7.9	>6.1	>3.7	>4.3
	9	5.8~7.6	4.6~6.1	2.7~3.7	3.7~4.0
	27	4.3~5	3.4~4.3	1.8~2.4	3.0~3.4
	81	<4.3	<3.4	<1.8	<3.0
15~20	3	>8.5	>7.6	>8.5	>4.9
	9	6.1~8.2	5.5~7.6	5.8~8.2	4.0~4.6
	27	4.9~5.8	4.3~5.2	4.0~5.5	3.4~3.7
	81	<4.9	<4.3	<4.0	<3.4
>20	3	>11.6	>8.2	>11.0	>5.5
	9	8.5~11.6	5.8~7.9	7.6~11.0	4.6~5.2
	27	5.8~8.2	4.3~5.5	5.5~7.3	3.7~4.3
	81	<5.8	<4.3	<5.5	<3.7

(3)平均交通风险

平均交通风险：

$$AVR = \frac{ADT \times SL}{PSP} \times 100\%$$

这里 ADT 为此段公路日平均车流量，SL 为所评价边坡的长度，PSP 为公路限速。得到 AVR 的值如下，根据公式算出最终得分，或直接通过查表法取得。

$$AVR = 3^{\frac{AVR(\%)}{25}}$$

(4)刹车反应距离

刹车反应距离 DSD 为可视距离与反应距离之比。高速公路因要比普通山区公路速度更快，刹车反应距离更长。

$$DSD = \frac{\text{可视距离}}{\text{刹车反应距离}} \times 100\%$$

(5)道路宽度

同样分四个区段评价，道路宽度越宽分值越小，虽然道路宽度越宽更能捕获弹跳中的滚石，不过如果滚石方量有限，对于车辆规避停留在坡面上的崩塌体更有宜。

(6)地质特征

地质特征因子 RHRS 方法阐述了两种情况，状况 1 主要描述节理裂隙方面特征，分为地质构造 + 结构面状态；状况 2 主要从风化角度分段，分为地质构造 + 差异风化。

(7)岩块尺寸

对于剥落的岩块来讲,分析其被切割后的尺寸对于评价其致灾能力也是非常重要的。

(8)灾害体积

除了单体滚石以外,危岩带或者群发性危岩预测方面,用体积评价崩塌体才能体现指标的精确。

(9)气候和边坡中水的赋存

高海拔山区水的因素不容忽视,降雨作用加快了岩体的破裂,软化了软弱夹层,在气温变化较大地区,冻融冰劈对变形体的发育产生了相当大的影响。

(10)灾害历史

灾害历史指调查区路段过去5年曾发生的灾害事件发生次数,可分为4级:①很少岩崩,近5年发生1次崩塌及以下;②偶尔岩崩,近5年发生2次崩塌;③较多岩崩,近5年发生3次崩塌;④经常岩崩,近5年发生3次以上崩塌。

增加区域灾害危险性加权乘子,更确切地表达了一个坡体的危险程度。无危险与轻度危险取值为1,中度危险取值为1.1,高度危险与极高危险取值分别为1.2、1.3。在替换掉交通车辆的基础上保证了评价的完整性与分数区分区间。风险性评价因子如图5.29所示。

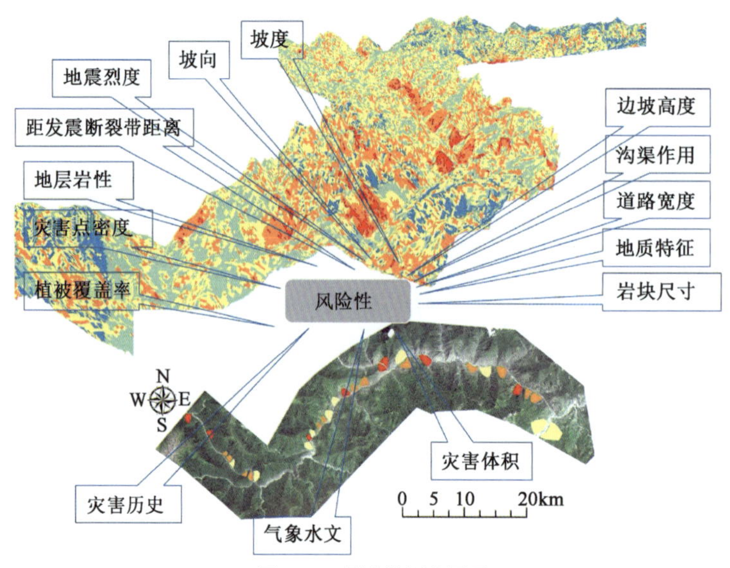

图5.29 风险性评价因子

2)风险性分级指标

风险性分级指标见表5.12。

风险性分级指标 表5.12

类别	分级标准和打分(分)			
	3	9	27	81
边坡高度(cm)	762	1524	2286	3048
沟渠作用	很好捕获灾害体	部分捕获灾害体	少量捕获灾害体	不能捕获灾害体
平均交通风险	25%时间	50%时间	75%时间	100%时间

续上表

<table>
<tr><td colspan="3" rowspan="2">类　别</td><td colspan="4">分级标准和打分(分)</td></tr>
<tr><td>3</td><td>9</td><td>27</td><td>81</td></tr>
<tr><td colspan="3">刹车反应距离</td><td>充足距离,最短设计值(100%)</td><td>中等距离,最短设计值(89%)</td><td>有限距离,最短设计值(60%)</td><td>非常有限距离,最短设计值(40%)</td></tr>
<tr><td colspan="3">道路宽度(含铺砌的路肩)(cm)</td><td>1341.12</td><td>1097.28</td><td>853.44</td><td>609.6</td></tr>
<tr><td rowspan="4">地质特征</td><td rowspan="2">状况 1</td><td>地质构造</td><td>不连续结构面,倾向有利边坡稳定</td><td>不连续结构面,随机倾向</td><td>不连续结构面,倾向不利边坡稳定</td><td>连续结构面,倾向不利边坡稳定</td></tr>
<tr><td>结构面状态</td><td>粗糙不规则</td><td>波状起伏</td><td>平坦</td><td>黏土充填或见擦痕</td></tr>
<tr><td rowspan="2">状况 2</td><td>地质构造</td><td>微弱差异侵蚀特征</td><td>偶见差异侵蚀特征</td><td>多处差异侵蚀特征</td><td>大量差异侵蚀特征</td></tr>
<tr><td>结构面状态</td><td>差异性小</td><td>中等差异性</td><td>差异性大</td><td>极端差异</td></tr>
<tr><td colspan="3">岩块尺寸(cm)</td><td>30.48</td><td>60.96</td><td>91.44</td><td>121.92</td></tr>
<tr><td colspan="3">灾害体积(m^3)</td><td>0.76</td><td>4.59</td><td>6.88</td><td>9.17</td></tr>
<tr><td colspan="3">气候和边坡中水的赋存</td><td>低于中等强度降雨或无冰冻期边坡干燥</td><td>中等强度降雨或冰冻期短或边坡间断有水</td><td>高强度降雨或长冰冻期或边坡一直有水</td><td>高强度降雨和长冰冻期或边坡一直有水和长的冰冻期</td></tr>
<tr><td colspan="3">灾害历史</td><td>很少岩崩</td><td>偶尔岩崩</td><td>极多岩崩</td><td>经常岩崩</td></tr>
<tr><td colspan="3">区域灾害危险性加权乘子</td><td>1</td><td>1.1</td><td>1.2</td><td>1.3</td></tr>
</table>

3)风险性分级标准

评估准则以110分为分区区间,将分为5个级别,为基本无风险区、轻度风险区、中度风险区、高度风险区、极高度风险区(表5.13)。

风险等级划分 表5.13

风 险 等 级	评估得分(分)	风险性评价
基本无风险区	<110	灾害发生概率十分小,微乎其微
轻度风险区	110~220	灾害发生概率较小,如果发生灾害可能够到达公路
中度风险区	220~330	灾害发生概率中等,且灾害可能够到达公路
高度风险区	330~440	灾害发生概率较高,且灾害能够到达公路
极高度风险区	>440	灾害发生概率极高,且灾害能够到达公路

5.3 深切峡谷山区公路边坡地质灾害防治

5.3.1 地质灾害主要特点

(1)高位灾害体能量高、危害性大

对于深切峡谷区的边坡,其地形高陡,灾害体往往分布在较高的位置,一旦灾害体失稳将会有较高的启动能量,运动速度快(图 5.30)。同时由于深切峡谷区内交通路线的选择主要是靠山依河修建,并且桥梁、洞口分布的位置多位于高陡边坡坡脚。高位灾害体失稳后沿坡面弹跳、翻滚等,运动到坡脚位置后具有极高的能量,引发的崩塌滚石对桥梁或隧道造成冲击破坏,造成极大的危害。

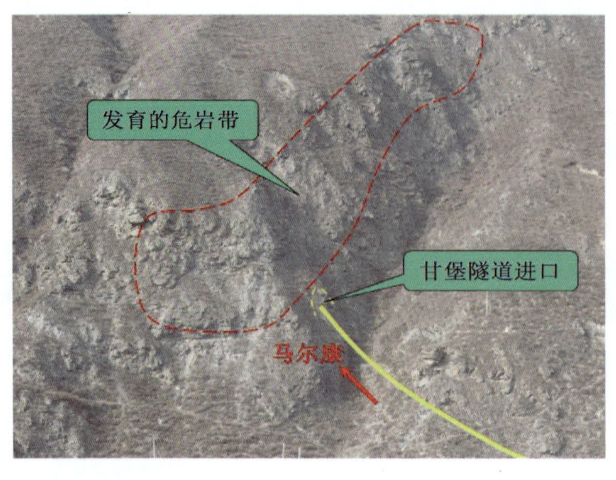

图 5.30　高位灾害体

(2)隐蔽灾害体识别难、隐蔽性强

由于深切峡谷区复杂的地质条件和边坡高陡的地形,崩塌落石随时都会发生,给地质调查工作带来巨大困难,同时高陡的地形条件也使得地质调查人员难以到达,造成分布的灾害体特征采用传统的调查方法难以获取,独特的地形条件使得其隐蔽性强(图 5.31)。在高陡边坡中采用传统调查和测量方法,往往很难达到调查区域,对灾害体缺乏准确的信息,很难对灾害体进行准确的识别,从而对灾害体研究造成影响。

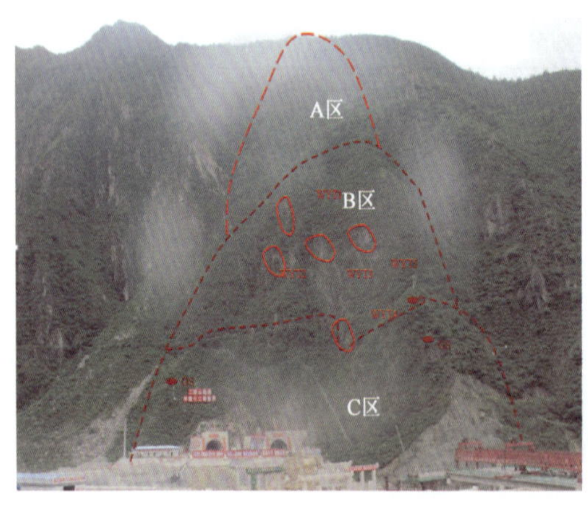

图 5.31　隐蔽灾害体

(3)远程灾害体预测难、突发性强

深切峡谷区分布的灾害体由于地形地貌的影响,以突发性地质灾害为主,并且运动路径较长，难以预测其运动轨迹和距离（图5.32）。由于深切峡谷区的灾害体多分布在常规调查手段难以企及的地方，其隐蔽性强，造成对引发地震灾害的早期识别较弱，以至于难以预测其发生时间和发育规模，以及形成条件、运动规律和危害影响区范围的划分。由于难以在早期对地质灾害进行识别，并且分布的高位灾害体具有较高的启动能量，其引发的地质灾害往往在很短的时间内发生，突发性强。由于深切峡谷区独有的地形地貌特征，引发的远程灾害体突发性强，并且难以预测。

图5.32　远程灾害体

（4）群发灾害体规模大、防治困难

深切峡谷区内独特的地域和复杂的地质条件，以及岩体结构的影响，引发的地质灾害具有显著的群发性（图5.33）。群发性地质灾害发育数量多、分布广、规模大，具有连片分布、范围广泛的特点。同时破坏严重，而且由于地形地貌的影响以及识别预警难度大，对其防治尤其困难。同时群发的地质灾害还具有链生性，高陡边坡的滑坡、崩塌物质常称为坡面流、泥石流的固体物源，加重了群发地质灾害的危害性。对于深切峡谷区的地质灾害具有独特的群发性、链生性特点，不仅发育规模大，而且防治极其困难。

图5.33　群发灾害体

5.3.2 地质灾害防治原则

深切峡谷区公路沿线边坡地质灾害体防治措施的选择是基于地质灾害体本身特点与公路本身特点综合考虑的结果。通过调查，深切峡谷区域的公路沿线边坡崩塌灾害的特点是沿线分布广，尤其是小规模崩塌落石随处可见；边坡高位危岩体显著发育、山高坡陡；同时公路沿线的构筑物（桥梁、隧道进出口）基本都紧邻边坡变形体，且公路两侧没有足够的灾害防治空间，以至于大、中型的工程防治措施无法使用。综上，深切峡谷区边坡崩塌地质灾害防治主要存在以下问题：

（1）公路两侧边坡多地处构造活动区域，并且长期受到冻融效应的影响，边坡岩土体整体稳定性较差，崩塌地质灾害长期大量存在，通过公路沿线边坡风险性评价，崩塌灾害防治任务可长达未来几年、甚至几十年。

（2）目前的防治措施主要以柔性防护措施为主，地形的限制使得柔性防护措施绝大多数都是被动防护网。由于边坡山高坡陡，并且危岩体规模较大，被动防护网承担的灾害体载荷很大，防护措施的损坏也是非常普遍。在高寒地区大温差、强冻融影响下，主动防护网经过周期性冻融循环作用后岩锚支护体系承载能力降低，诱发地质灾害，这对于防治措施的防治时间效应及更新、更换、修复也是一项非常巨大的工程。

（3）高位崩塌危岩体的防治是目前深切峡谷区边坡崩塌灾害防治的一个难点问题。其原因主要有；对于高陡边坡采用传统调查和测量方法，往往很难达到调查区域，对灾害体缺乏准确的信息，所以对高陡边坡灾害体的调查评估是灾害防治中的难点问题。同时峡谷区沿河公路防治空间狭小，一般大中型防治措施无法使用；并且高陡的地形造成高位危岩体防治施工难度极大。

同时由于川藏公路沿线区域发育有鲜水河断裂、岷山断裂、龙门山断裂等大型活动断裂构造，历史上强震活动频繁，新构造运动强烈。高烈度区公路滑坡地质灾害防治目前存在的问题主要有地震高速远程滑坡防治以及地震诱发古滑坡的复活防治问题。由于这两类滑坡规模大、破坏性强，对其防治也是极其困难的。

其中高速远程滑坡是地震直接诱发的突发性地质灾害，发生前无明显的变形特征，发生瞬间具有巨大的能量和破坏，破坏性极强。这对于位于构造活动强烈区域的边坡防治尤其应格外重视，并且对其进行提前的应急防治以及后期的综合治理比较困难。

很多古老滑坡是比较稳定的，但是在强地震动力作用下是较容易复活的。如果已建公路路基、桥梁位于古老滑坡影响范围内，对公路造成的威胁是很严重的。

根据公路走廊带边坡地质灾害发育规律，防治技术基于以下原则：

（1）充分评估地质灾害的风险性。

充分收集既有的基础资料，并对沿线的地质灾害进行全面的调查和评估，分析论证灾害的发展趋势，作出定性、定量的分析，作为路线选择的依据。

（2）区域上应避大治小。

在选线时，对于规模大、威胁程度高的地质灾害发育路段，首先是尽量避开，如果无法避让时，可以选择采用桥梁、隧道等方式代替路基，尽可能减小地质灾害对公路安全的影响。当路线通过狭窄峡谷时，在路线的内侧与外侧的地质灾害有差异时，尽可能选择有利于道路安全、经济造价合理的一侧通过。而在路线通过地质灾害规模不大、无法避开时，可以选择适当的工程技术进行治理。

(3)活动断层的影响。

公路路线展布应尽量绕避活动断裂带，否则应以最短的路线穿越断裂带，并且尽可能以路基的形式通过。当路线必须通过活动断层时，宜布设在其破碎带较窄的部位；当路线必须平行于发震断层时，根据发震断层的上下盘效应，下盘的灾害密度小于上盘，因此公路路线应尽量布设在断层的下盘。

(4)高陡地貌的影响。

对难以避开的陡坡悬崖路段，宜多考虑隧道、明洞及棚洞。隧道设在傍山地段时，应适当向坡内内移；隧道洞口不应设在易产生崩塌、滑坡等地质灾害路段。在对高陡边坡的地质灾害采取治理措施时，可以采用工程支护措施或生物工程措施，工程支护措施主要有喷射混凝土、主动网、护面墙、支撑、嵌补、锚杆(索)等方法，生物工程措施主要采用植被护坡的方法。

(5)地质灾害防治与生态环境的恢复相结合。

边坡地质灾害发生后，其地貌环境将发生变化，恢复原来的地貌环境不是短时间能完成的，所以对灾害的治理要充分考虑生态环境恢复稳定的长远性。

5.3.3 地质灾害防治新技术

1)静态爆破新技术

静态爆破对周边环境的影响极小，爆破后岩体整体稳定，适用于爆破点周边具有建筑物的工程爆破或拆除。此外，静态爆破技术的使用范围也更加广泛，0～45℃气温条件下均可使用高效静态爆破剂进行爆破[53]。

静态爆破主要包括7个关键参数[54,55]，一是临空面距离(抵抗线)；二是孔径，孔径直接影响无声破碎效果，钻孔过小不利于发挥最佳效果，孔径过大容易发生冲孔；三是孔间距；四是孔排距，膨胀孔的孔间距受破碎体的自由临空面距离影响，自由临空面距离越小，孔间距越大；五是孔深，孔深需要依据石方与板底高差确定；六是破碎层次，要求依据岩石硬度等级及静态爆破剂膨胀效果确定破碎层高度和宽度，才能达到最佳的静态爆破面；七是用药量，用药量需要几何孔径、孔深、高效静态膨胀剂的密度、水灰比确定单孔药量。

目前，静态爆破技术已经在理县桃坪乡孔地坪以及杂谷脑镇兴隆村的危岩体治理中进行了运用，效果良好。静态爆破的施工流程为：施工准备→孤石底座加固→主动网加固→脚手架搭接→清理孤石上部浮土→钻孔破碎设计→钻孔→将无声破碎剂与水搅拌成浆→灌浆→岩石开裂→清理破碎岩块。

2)张口式帘式新型防护网

张口式帘式网是由落石拦截收集系统(功能与被动防护网相同)和落石引导控制系统(功能与覆盖式帘式网相同)组成(图5.34)。落石拦截收集系统位于整个系统的上部，用钢质立柱支撑起一个张开的口袋，用于拦截和收集更高位置坠落的石块，再由相连的帘式网引导落石沿设定好的路线滑落到固定位置，有效避免了传统主被动拦截系统不便清理、易造成二次危害的诸多弊端(图5.35)。张口式帘式网适用于坡度较陡、落石较多、防护面积较大的边坡地形。

图 5.34　张口式帘式网

图 5.35　张口式帘式网结构示意图

与传统的被动防护网相比，张口式帘式网不仅对张口上方落石具有防护能力，同时对张口以下区域通过网子的覆盖，也能起到很好的防护作用，极大地提高了防护范围[56]。由于采用了引导的防护理念，系统不直接截停落石，相同的材料配置可以获得更好的防护能级。并且为了提高系统的防护能力，可在帘式防护网上部或下部增加环形网，构成双层增强防护网，使它的防护能级得到极大的提升[57-59]。帘式防护网依靠系统自身的柔性阻滞、吸收、衰减落石能量，具有自恢复、免维护的特性，同时通过“张挂”的方式进行防护，对山体几乎不会造成破坏[60]。因此，新型的张口式帘式防护网与传统被动防护网相比更有效地体现“主动防护”这一概念。

目前，该新型防护网已在四川映汶高速路段安装了 6000m^2 的帘式防护网。2013 年 7 月汶川的特大暴雨引发了大量的山体崩塌，落石导致全线防护网大多数被损毁，而帘式防护网通过实际考验完好无损，并拦截了大量落石。该路段的帘式防护网已工作多年，效果良好，而同时期安装的防护网已进行了三次更换，经济性突出。同时在国道 318 线巴塘段安装的张口式帘式防护网，多次成功经受了山体崩塌落石的考验，而此路段同时期安装的传统防护网皆毁坏严重。

3）新型材料注浆加固技术

（1）“SJP”水泥基黏度时变注浆材料

针对注浆浆液及注浆控制方法方面存在的不足，研制出 SJP 型黏度时变浆液。SJP 型黏度时变注浆材料以普通硅酸盐水泥为基础浆液，掺加高分子聚合物以及硬凝剂和调节剂，配制成一种新型的黏度时变注浆材料（表 5.14）。高分子聚合物溶剂可以抑制水泥浆的析水，提高浆液结石率。同时使用硬凝促进剂不仅早期强度高，而且还能有效调节浆液凝结时间。时间调节剂可以调节浆液铝酸三钙的水化进度，控制浆液的稠化时间，使得浆液具有较好流动性能。SJP 黏度时变浆液具有好的初配流动性，在可泵期内黏度随时间逐渐缓慢增长，在 20 ~ 50min 内可调，可泵期后数小时内达到终凝，同时后期结石体强度比同龄期普通水泥浆结石体高 15% ~25%，结石率达到 95%[61-63]。该新型注浆材料适合处理具有裂缝发育、陡倾、延伸度大的岩层及松散架空区和破碎带，能够有效封堵动水条件的裂隙。

SJP 型黏度时变注浆材料 表 5.14

型　　号	物 质 组 成	主要性能指标
SJP-1	改性纤维素 + 促进剂 + 调节剂	①可泵期 30 ~ 90min; ②终凝 5.5 ~ 8h; ③同比高出 10% ~ 20%
SJP-2	改性纤维素 + 碳纤维	①冻融系数降低 20% ~ 30%; ②50 个周期强度高出 50%
SJP-3	改性纤维素 + 硅铝合剂	①线膨胀率降低 40%; ②后期强度提高 80%

SJP 黏度时变材料可解决以下重大问题[64]:①解决普通浆液在加固裂隙发育、张开度大、填充性差、大倾角的裂隙时,常出现漏浆、跑浆、无法灌满、水泥用量无法控制的问题;②解决一般水泥添加剂不能满足结石体强度要求的问题;③黏度时变材料可控注浆技术属于减碳、节能与环保技术,能够在一定程度上降低碳排放、节约能源、保护地下水资源及生态环境。

(2)“双聚”高分子坡面防渗固化材料

双聚高分子固化材料是以水溶性纤维素和高分子固化剂为基础,再掺加无机添加剂,配制成一种新型的高分子坡面防渗固化材料(表 5.15)。该高分子坡面防渗固化材料能与边坡原地土壤形成固化泥浆,再配合草种形成的固化保护层具有稳定的结构体能,能够储存水分,促进植物的生长[65,66]。固化保护层组分均匀、厚度可控,具有极好的抗冲刷性、抗崩解性、强度稳定性,能够防止土壤水土流失,保水、透气,利于植被生长。固化剂原料成本低廉,制备简单、易操作,利于大量生产。采用这种生态加固方法,使得工程边坡开挖弃土能充分发挥作用,避免弃土堆砌浪费或次生灾害。加固层与原始地层衔接性好,适用于黏土、粉土、砂土各类开挖边坡坡表防护、生态恢复,将固化泥浆与草种形成的固化保护层外铺于坡表,形成抗冲刷和抗风蚀性能优良且适合植被生长的坡面保护层。这种化学加固和柔性支护相结合的方式具有更宽泛的适用性,能够有效解决土质边坡长期日晒雨淋,融雪侵蚀出现的水土流失,生态环境恶化,坡体滑塌等问题。

高分子坡面防渗固化材料 表 5.15

型　　号	物 质 特 征	主要性能指标
双聚-1	自然状态下有一定刺激性酸味,不燃烧,无腐蚀性的白色粉末,一经稀释,则是无毒、无味、无公害、无污染、不破坏生态环境的生态友好型有机溶液,无色透明,具有一定强度的沾黏性	黏度 78MP·s,pH 为 6 ~ 8,有吸湿性,易与水分子结合,进而减缓水分下渗速度,有黏着性,易与土颗粒拌和,容易在土颗粒表面形成薄膜,在土颗粒内部建立网络“桥梁”,增大土壤团聚粒径
双聚-2	自然状态下无味、不燃烧的白色颗粒状晶体,一经稀释,则是无毒、无味、无公害污染、不破坏生态环境的高分子材料,具有很强的沾黏性	黏度 32.5MPa·s,pH 为 6 ~ 8,具有较强的吸附作用,使粒子间相互缠绕,从而能够增大土颗粒间胶结强度,改善土壤结构,保证加固层土壤透水性、通气性及蓄水能力
双聚-3	自然状态下无味、不燃烧,无腐蚀性的白色晶体,一经稀释,则是无毒、无味、无公害、无污染、不破坏生态环境的透明液体	增加整个固化剂的黏稠度,利于固化剂与土壤充分结合

5.3.4 碎屑流防治技术

结合现有防治工程,设计了钢花管注浆+框架型防护网装置进行防护治理。该防护装置是在充分利用现有挡墙防护的基础上,采用钢花管注浆形成“悬臂式钢桩”,在两钢花管之间通过铺设框架型防护网以形成拦挡结构,钢花管与框架防护网采用螺栓连接,形成具有可拆卸防护结构装置。

该防护装置主要包括钢花管注浆装置和框架型防护网装置,钢花管注浆装置将通过压力注浆形成达到设计直径大小的结石体,结石体能够将溜砂堆积体有效地黏结起来,可形成类似于弹性地基基础结构,提高堆积体坡脚的稳定性,而注浆钢花管预留在岩土层中,形成悬臂梁式钢柱可有效承担上部推力;框架型防护网装置铺设于两钢花管之间形成具有一定柔性的拦挡结构,用于拦挡坡体溜砂和滚落的碎块石,钢花管与框架型防护网之间采用螺栓联结,形成可拆卸的活动防护装置,为碎屑流定期清理提供方便。此外,为适应不同条件,该防护装置中钢花管注浆结石体范围和钢花管形成的承重梁长度都可根据实际情况进行调整。结石体范围主要受注浆压力、浆液水灰比以及溜砂孔隙率的影响,如在孔隙率一定的条件下,提高注浆压力即可扩大结石体范围。钢花管长度和排距即可根据实际工程条件进行计算和调整。

图5.36为钢花管装置结构图,钢花管采用无缝钢管加工制成,花管锥形底端部1101制作成30°锥形结构,方便成孔打入岩土层;喷浆孔1201沿花管环状均匀布置,每环4个2排,根据

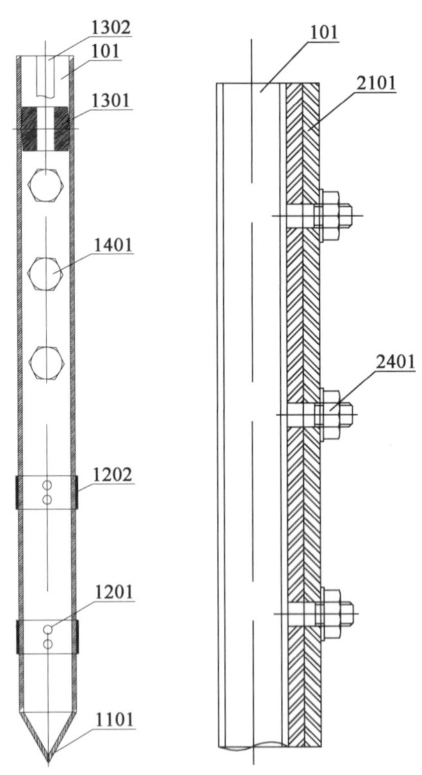

图5.36 钢花管装置结构图

打入岩土层深度而设计不同层数的喷浆孔，喷浆孔孔径为6mm，喷浆孔外缘采用橡皮套套牢，防止喷浆孔在花管打入岩土层时被堵塞；注浆塞1301采用橡胶制成，注浆塞外径与花管内径匹配，注浆塞内部接外接注浆管1302；钢花管与螺栓联结部位1401采用电焊联结。图5.37为所示框架型防护网结构图。其中，外框架2101采用普通钢板制成，钢板厚10mm，宽10cm，钢板端部连接处切割成45°形状并采用电焊焊接；横梁2201采用扁钢与外框架钢板电焊联结，扁钢厚4mm，宽2cm；然后在外框架和横梁上铺设铁丝网2301，规格为15mm×15mm镀铅铁丝网，其位于扁钢和外框架之间；螺栓孔2401位于外框架钢板中间部位，根据外框架高度设置不同排数，螺栓孔与螺栓1401匹配，将外框架与钢花管相连。钢花管装置101与外框架防护网装置201采用螺栓联结，形成可拆卸活动式加固装置。

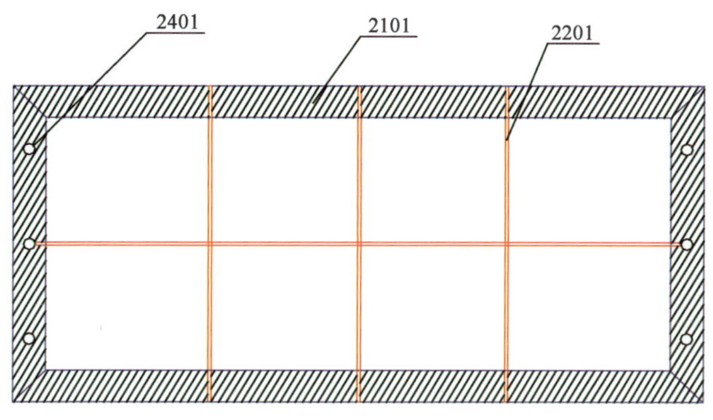

图5.37　框架型防护网装置结构图

因此，通过该加固装置可对坡脚松散碎屑流进行很好的凝结加固，对溜砂和碎块石具有很好的拦挡效果，形成的可拆卸活动式装置能满足定期清理的要求。

5.4　本章小结

(1)采用GIS评价方法建立公路边坡危险性评估方法，同时结合Peila和Guardini事件树概率分析，根据死亡率区分易损性高低，确定易损性，在此基础上建立易损性评价体系。然后基于危险性和易损性的评价方法，以两者相结合建立公路走廊带风险性评价体系。同时采用RHRS公路风险评估方法，将各类“参与”边坡致灾的风险性因子结合成一个整体，从单体角度评价了整个线路边坡的风险性，并对应评估准则进行分类，得出最终的综合风险性分区。

(2)深切峡谷山区公路边坡地质灾害防治以确保公路安全畅通为首要原则，要特别注意峡谷区内沿河公路“线性”脆弱性及防治空间狭小性的特点。在区域上应避大治小，并且要注意活动断层的影响。由于边坡山高坡陡，并且危岩体规模较大，被动防护网承担的灾害体载荷很大，防护措施的损坏也是非常普遍。在高寒地区大温差、强冻融影响下，主动防护网经过周期性冻融循环作用后岩锚支护体系承载能力降低。对于高陡边坡采用传统调查和测量方法，往往很难达到调查区域，对灾害体缺乏准确的信息。同时峡谷区沿河公路防治空间狭小,一般大中型防治措施无法使用,并且高陡的地形造成高位危岩体防治施工难度极大。

(3)边坡地质灾害防治中采用的新型防治技术措施主要有静态爆破技术、张口式帘式防护网、新型材料注浆加固技术和钢花管注浆+框架型防护网装置,这些技术在公路沿线高陡边坡治理中起到了非常重要的作用。

第6章　汶马高速公路裕丰岩大桥边坡地质灾害防治

6.1 地质概况

1)地形地貌

大桥边坡区属构造剥蚀高山峡谷地貌,坡脚为河流侵蚀堆积地形,仅沿杂谷脑河谷底呈带状展布。边坡后缘顶部高程为1680m,坡脚高程约为1490m,高差约190m,其中裕丰岩大桥桥面高程为1496m。边坡位于河流右岸,左岸为Ⅰ级阶地,其高出河床5~8m,多为耕地及居民区。边坡地形起伏较大,总体边坡上缓下陡,属于折线形坡。边坡上部总体坡度在30°~40°之间,上部边坡植被以荒草、低矮灌木为主;边坡下部为陡崖,平均坡度在70°左右,局部位置接近80°,基岩裸露(图6.1)。

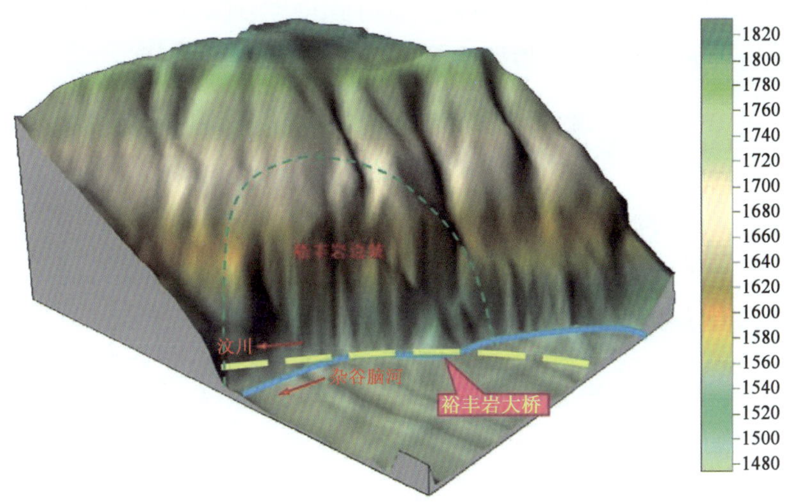

图6.1　边坡地形地貌特征

2)地层岩性

据地面调查及钻探揭露,场地内主要地层依次分述如下:

(1)新生界第四系全新统崩坡积层(Q_4^{c+dl})

主要分布于杂谷脑河两岸,为崩坡积堆积层,坡表杂草丛生或生长低矮灌木。

石质成分以千枚岩为主,灰色一般粒径组成:$\phi>200$mm占10%,60~200mm约占20%,20~60mm约占30%,2~20mm约占15%,其余为岩屑及粉、黏粒,稍密~中密状,稍湿,透水性好。局部具架空现象，厚度几米至数十米，局部段块石富集。场地内杂谷脑河岸边斜坡堆积体厚度为5～10m。

(2)古生界志留系茂县群第四段(Smx^4)

据区域资料及地质调绘，场地岩性以千枚岩为主，夹少量条带～薄层状变质细砂岩。千枚岩为灰色，矿物成分主要以绢云母为主，次为长石，少量黑、白云母及绿泥石，鳞片变晶结构，千枚状构造。

(3)古生界志留系茂县群第三段(Smx^3)

据地质调绘，场地岩性以绢云母石英千枚岩为主，夹少量石英岩及石英细脉。

绢云母石英千枚岩呈灰色～深灰色，局部灰绿色等，矿物成分主要为石英、绢云母，次为长石，少量黑、白云母及绿泥石，鳞片变晶结构，千枚状构造。

3)地质构造

据1975年茂汶幅1:20万区域地质调查报告，研究区位于薛城"S"形构造的北东侧，薛城S形构造位于龙溪、薛城及理县一带，由一系列S形褶皱和压性断裂组成，旋转中心位于理县附近。根据现场地质调查，场地构造位于薛城S形构造内的桃坪倒转背斜的核部。研究区地质条件中等复杂，褶皱、挤压破碎带发育，经过多期的构造变形，形成了复杂的地质构造。

大桥边坡位于桃坪倒转背斜的核部，该背斜核部影响带岩层发生明显的弯曲(图6.2)，分布在志留系茂县群中。桃坪倒转背斜在桥区轴向近东西向，向北微突出呈弧形，距离桥位起点位置约330m。该背斜核部影响带呈黑褐色条带分布，宽约5.3m，背斜核部轴面产状为340°∠74°，与边坡走向呈60°大角度斜交。该影响带内挤压揉皱现象明显(图6.3)，受构造作用影响，边坡岩体节理裂隙发育，影响带内坡表岩体破碎，夹杂少量石英脉。

图6.2　桃坪倒转背斜

4)水文地质

根据现场调查，边坡岩层片理倾角较陡，地形坡度大，大气降水大部分沿坡面迅速排泄到河谷或沟谷中，下渗量小，补给条件差。小部分地下水沿节理裂隙顺层向河谷中径流排泄，现场调查时沿线泉水出露点较少，地下水具有就近补给就近排泄的特点，富水量弱，地下水水量较匮乏。

图6.3　挤压揉皱现象

5）区域地震

研究区属地震活动区，并紧邻地震活动频繁而强烈的松潘、龙门山地震带。区内经历了多次构造运动，河谷下切表现明显，说明场地区有强烈上升，新构造运动主要表现为大面积抬升运动和地震活动。根据对边坡地质构造特征的调查，研究区内位于规模较大的桃坪倒转背斜核部，同时边坡岩体挤压揉皱现象明显，岩体节理裂隙发育，因此边坡受到的构造变形作用明显。裕丰岩边坡紧挨佳山村滑坡，该滑坡属于古地震形成的大滑坡，滑坡方量约 $2700\times10^4 m^3$，因此推测该研究区域在历史上曾经受到过大地震的严重影响。

根据《中国地震动参数区划图》（GB 18306—2015），桥址区地震动峰值加速度为 0.20g，地震动反应谱特征周期为 0.40s，场地对应地震基本烈度为Ⅷ度。

6）边坡结构及结构面特征

根据边坡结构类型划分的标准及现场调研成果分析，裕丰岩边坡稳定的基岩岩层产状为 350°∠75°，陡倾～近直立，边坡走向为 N50°W，倾向为 40°，其走向与该段杂谷脑河河谷基本一致。层面与坡面走向约呈 50°角度相交，按照分类边坡属于斜向坡，可定为陡倾斜交结构边坡。

通过现场结构面统计资料，参照国内外有代表性的结构面分级方案，边坡揭露的结构面分为Ⅱ级、Ⅲ级、Ⅳ级及Ⅴ级结构面。

Ⅱ级结构面：通过对边坡低空摄影图进行分析，有两条沿边坡走向分布的构造裂隙，产状总体为 56°∠85°，与河谷走向近于平行。从走向上看，两条裂隙的分布规模大，沿坡表展布长度约 400m。通过现场的构造应力场分析，主压应力的优势方位为 NW～NWW 向，与河流走向相似，主拉应力的优势方向为 NE～NEE 向，处于以水平运动为主的现代构造应力场中，边坡的主拉应力优势方向为 NE～NEE 向，与边坡走向近于垂直。由于构造应力在一个地区有一定的方向性，所以由构造应力形成的这两条构造裂隙在坡表的排布方向是一定的。力学性质属于软弱结构面，形成块裂体边界。

Ⅲ级结构面：边坡位于桃坪倒转背斜的核部，在核部附近顺层发育挤压带、挤压面。由于挤压带（面）顺层发育，一般系构造成因的结构面，其规模总体上延伸好、展布方位较稳定

(图6.4)。经过统计分析,倒转背斜核部揭露的挤压面优势产状为340°∠74°,呈灰黑色,影响带宽约5.3m。该影响带内挤压揉皱现象明显,受构造作用影响边坡岩体节理裂隙发育,夹杂少量石英脉。

图6.4　右岸分布的Ⅲ级结构面(背斜)

Ⅳ级结构面:以片理面、劈理面为主,坡表揭露主要为大量的陡倾角、缓倾角裂隙,如图6.5所示。其中坡表发育的陡倾角结构面为千枚岩片理面,延伸长度1.5~2m,间距约30cm,充填泥及岩屑,属于硬性结构面。经过调查,该区发育的Ⅳ级结构面主要为3组:①优势结构面350°∠77°,与坡斜交,延伸长度1.5~2m,即片理面(图6.6);②优势结构面199°∠17°,结构面张开1~2mm,微张,充填夹泥,贯通性差,间距约20cm,该组结构面为岩体底部切割面(图6.7);③优势结构面260°∠73°,构成侧缘边界,粗糙,呈锯齿状,间距30~40cm。

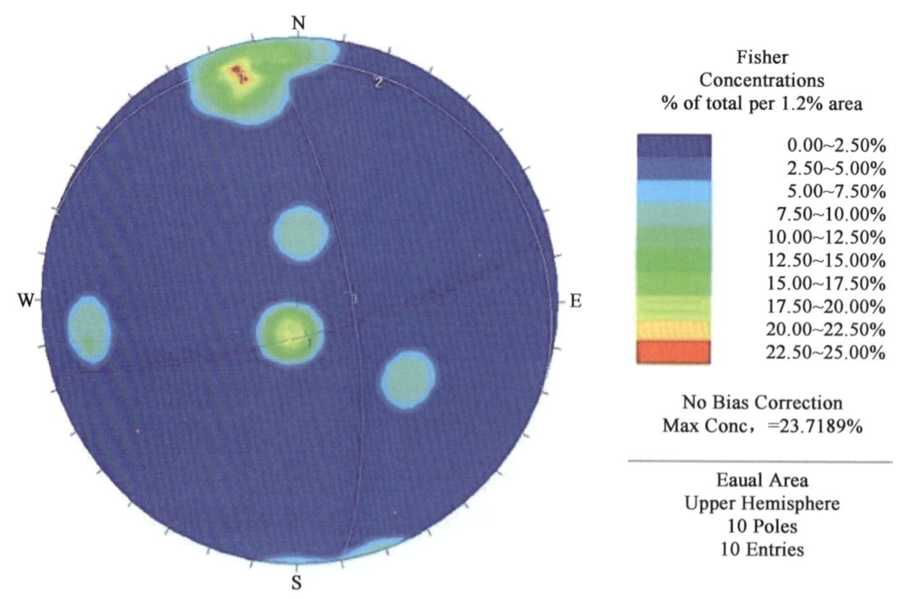

图6.5　Ⅳ级结构面极点等密图

图6.6　边坡优势片理面（层面）

图6.7　边坡切割结构面

Ⅴ级结构面：以层面裂隙为主，主要为千枚岩发育段内普遍密集发育的近WE向、陡倾的层面间结构面，以及大体平行于桃坪倒转背斜挤压面的平行层状裂隙。通过对这种类型结构面的精细调查（图6.8），结构面间距普遍在10～15cm，局部小于10cm，并且连续性极差。

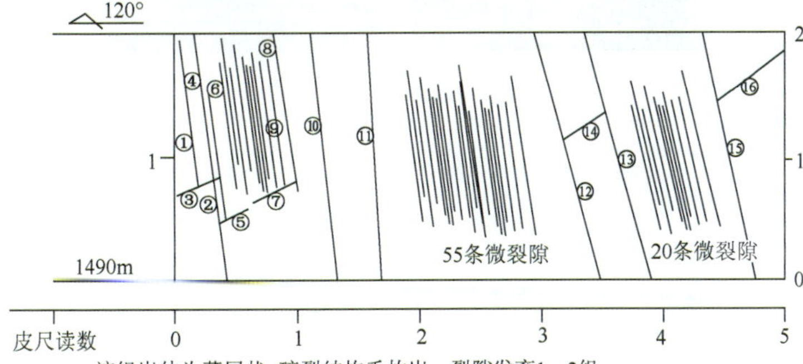

该组岩体为薄层状~碎裂结构千枚岩，裂隙发育1、2组。
1组：340°~350°∠70°~85°，延伸1~2m，裂面粗糙、闭合~微张、无充填，为千枚岩片理面。
2组：185°~205°∠15°~20°，延伸较短，间距约20cm，裂面粗糙、闭合、无充填。
该处岩体完整性较差，裂隙发育。

图6.8　坡表发育的层状裂隙（挤压带）

6.2 工程概况

裕丰岩边坡所在区域位于拟建 K69 +590、ZK69 +663 裕丰岩左、右线大桥汶川岸，紧接桃坪隧道的出口，地处阿坝州理县桃坪乡桃坪村裕丰岩组，拟建桥梁两跨杂谷脑河，顺杂谷脑河左岸展布，河流走向为 N60°W。斜坡距离汶川县城约 20km，距桃坪羌寨约 1km。斜坡位于杂谷脑河右岸，靠老 G317 国道，坡向 40°，走向 N50°W，与河流走向呈小角度相交。汶川至马尔康高速公路（C5 标段）ZK69 +225 ~550 段左边坡陡峻，局部形成陡崖，岩体节理裂隙发育存在危岩。该段桃坪隧道出口里程为 ZK69 +295，隧道出口以外接裕丰岩大桥，桥梁较长一段顺河布设，紧邻陡坡，受陡坡崩塌落石危害较大。

根据对裕丰岩边坡的现场调查、观察表明，研究区存在规模较小的孤石、倾倒变形体、危岩体等不良地质现象。斜坡为基岩陡坡，平均坡度在 70°以上，局部地段边坡近乎直立，且坡面多基岩裸露，形成断崖（图 6.9）。岩性以绢云母石英千枚岩为主，夹少量石英岩。岩体受地质构造作用、风化卸荷的影响严重，坡表位置的岩体较为破碎，分布有孤石。在陡崖上部分布有两处危岩体，由于降雨以及隧道爆破震动的影响，易使危岩体重心外移而失稳。由于斜坡距离线位轴线最近的地方仅有 20m，危岩崩塌将直接威胁拟建桥梁的安全（图 6.10）。

图 6.9　危岩区遥感影像图

图 6.10　危岩区照片

6.3　主要地质灾害问题

6.3.1　边坡变形破坏模式及特征

通过无人机数码摄影测量及三维激光扫描获取信息,并结合地面地质调查分析,对该处边坡变形破坏模式及变形破坏特征进行分析,确定对公路路线构成危害的主要潜在变形失稳区域及其潜在破坏模式,为稳定性分析和防治奠定基础。

1)边坡工程地质分区

从剖面上,该边坡可以分为如下3个区域(图6.11)。

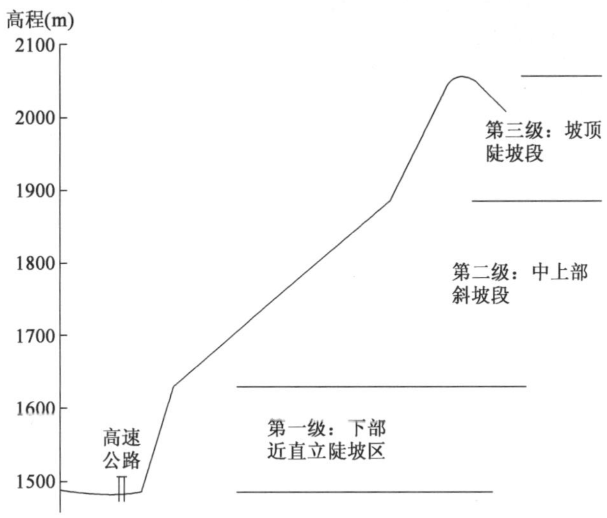

图6.11　边坡区立面图及剖面示意图

(1)下部近直立陡坡区

主要是从河岸至第一级陡坡坡顶段,海拔在1480～1630m之间,边坡坡度在70°以上,局部近直立甚至倒悬,坡面主要发育有规模不等的危岩体。

(2)中上部斜坡段

主要是从第一级陡坡坡顶之上,直至近山顶陡坡段之间的段落,坡面较为平顺,海拔大致在1630~1900m之间,地面横坡坡度大致在40°~50°,坡面发育多条冲沟。

(3)坡顶陡坡段

主要是中上部斜坡段顶部至山脊分水岭段落,海拔在1900~2050m之间,地面横坡坡度在55°~65°之间,山脊顶部由下游向上游逐步升高。

根据工程地质平面、剖面上的变化,以及不同位置边坡失稳破坏现象,将整个边坡划分为以下4个大的区域(图6.12):

①A1区,主要为下右侧下部陡坡区。

②A2区,主要为上右侧下部陡坡区。

③B区,主要为中上部斜坡段。

④C区,主要为坡顶陡坡段。

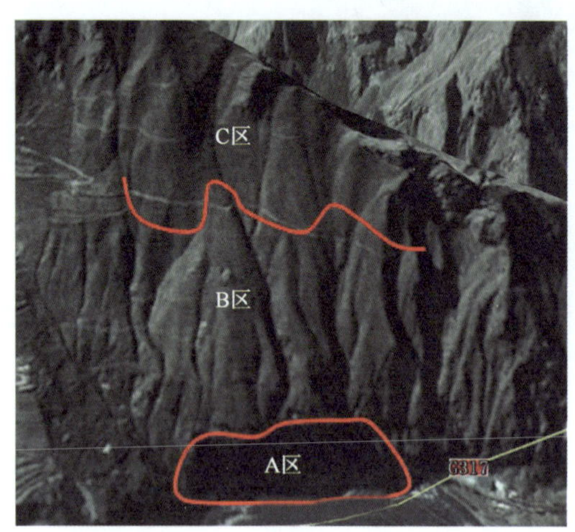

图6.12 边坡工程地质分区平面图

2)各分区失稳破坏模式及危害

(1)C区失稳破坏模式及危害

C区位于边坡顶部,该区域在风化冻融、卸荷作用下,局部岩体松动,在降雨、地震作用下有局部松动岩体失稳,失稳岩体顺坡坠落,在中部斜坡段滚动、堆积,个别块石坠落至坡脚,危害桥梁构造物。

根据对当地居民的访问,只在汶川地震期间,坡顶局部块石失稳,顺坡坠落、滚动,大部分块石堆积在坡面冲沟内,少量块石坠落至下部河床内。同时在特大暴雨期间,隧道进口上方沟床内有块石随水流滚落而下。

根据遥感影像图分析,C区坠落失稳滚石,主要顺B区坡面冲沟滚动、弹跳,在冲沟内停积,少量块石坠落至下部河床,可能危害桥梁。滚石运动路径分析见图6.13,B区冲沟停积的滚石见图6.13及图6.14。

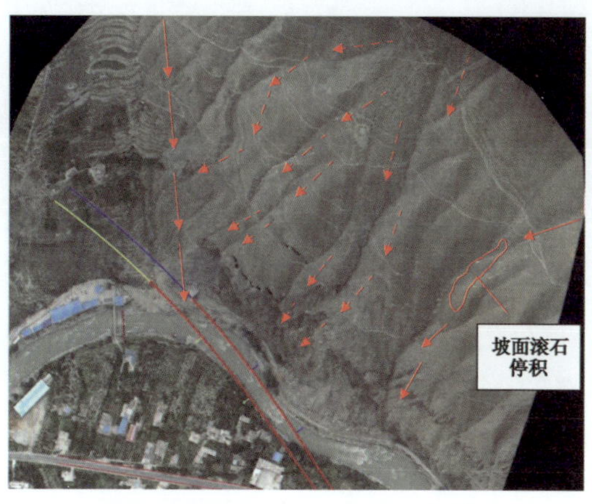

图6.13　B区及C区滚石主要运动路径分析图

图6.14　坡面停积块石照片

(2)B区失稳破坏模式及危害

B区为较平顺斜坡,该区域失稳破坏模式和可能对公路造成的危害主要有如下两方面:

①坡面孤石失稳,顺坡滚动,坠落下陡崖,危害高速公路安全。

根据调查,受风化、卸荷等作用,在B区坡面残留大量孤石,同时C区坠落岩体在B区也残留大量块石。这些孤石可能因地震、长期风化等作用影响而失稳,失稳块石顺坡滚动,可能坠落下陡崖,从而危害陡崖下方高速公路安全。

②在B区中下部,靠近A1区顶部,存在两条张拉裂隙(图6.15),裂隙前缘岩体的稳定性是关系公路安全的关键问题。裂隙及变形体位置剖面示意图如图6.16所示。

两条张开裂缝及变形体的地质特征如下:

a. LF1裂缝及变形体地质特征

根据调查,该裂缝在坡表呈断续分布,高程1672m,裂缝总长约52.7m,并且在坡表形成5个规模较大的深槽,其中规模最大的是位于裂缝中部的3号和4号深槽。裂缝具有一定的延伸性,总体走向呈N40°~60°W,与边坡走向近于平行,裂缝在走向上有似锯齿状弯曲(图6.17、图6.18)。

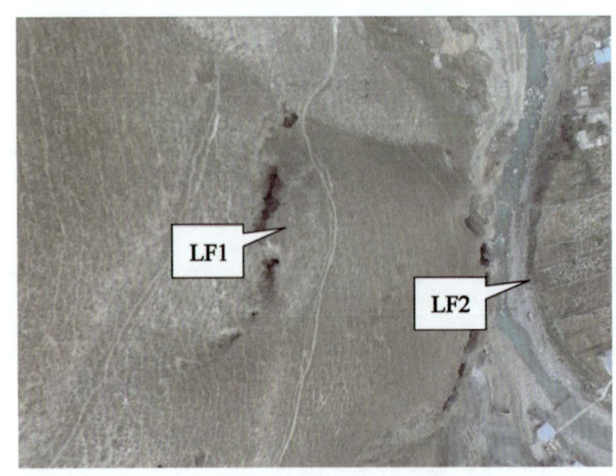

图6.15　坡面上两条张开裂隙位置图

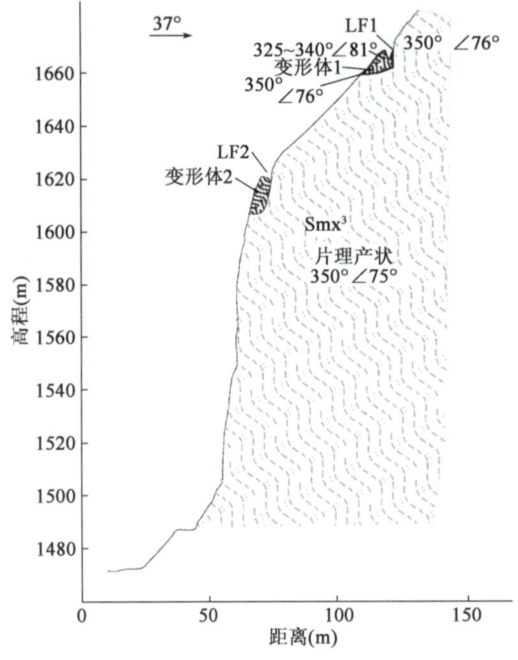

图6.16　裂缝及变形体位置剖面示意图

3号深槽延伸长度约11m，平均宽约5m，可见深度约6m（图6.19）。深槽壁面粗糙，节理裂隙发育，岩体结构破碎，同时在槽内还发育塌陷洞（图6.20），剖面形态上呈串珠状，其下岩土体悬空。塌陷洞上小下大，直径0.5～1m。通过调查，槽内及壁面无水流停积、冲刷痕迹。

4号深槽发育规模最大，延伸长度约15m，张开宽度约5.3m，可见深度达6.5m，走向呈N50°W（图6.21）。该深槽壁面粗糙，呈锯齿状（图6.22），岩性为千枚岩，出露的基岩颜色暗沉，呈深灰色。

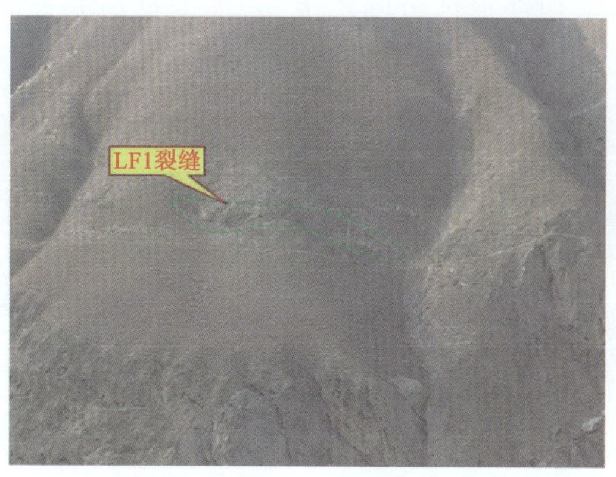

图6.17　边坡上部 LF1 裂缝(镜像 SW)

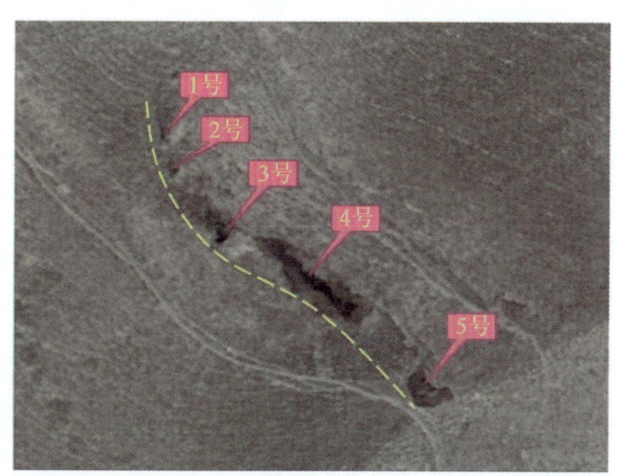

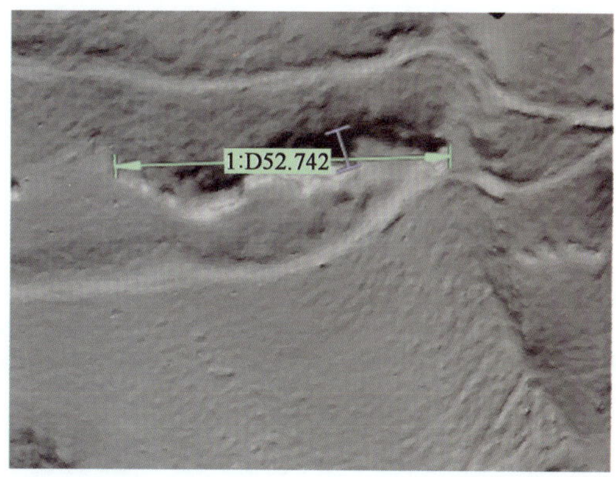

图6.18　LF1 裂缝遥感图像

图6.19　3 号深槽

图6.20　分布的塌陷洞

经现场调查分析认为,LF1 前缘为一重力变形体,张开裂缝是由于岩体变形引起的。

现场调查表明,裂缝后部陡壁为绢云母石英千枚岩,岩体完整性好,测得片理面产状为 350°∠76°,裂缝前缘岩体与后缘有一定差异,显示岩体有一定的变形迹象,测得片理产状为 337°∠85°、325°∠81°、340°∠76°,向下至小路边,片理产状为 350°∠76°,产状区域正常,表明变形体虽然后缘裂缝较宽,但变形体范围不大,岩体变形后并未解体,呈现整体变形特征(图6.23、图6.24)。

图6.21　4号深槽

图6.22　锯齿状槽壁面

a)　　b)

图6.23　裂缝后缘未变形岩体与前缘变形岩体对比照片

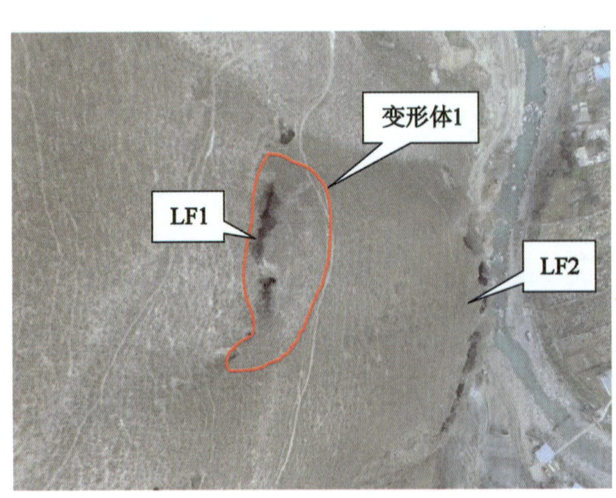

图6.24　变形体1范围平面示意图

根据现场调查及点云数据分析,变形体深10~15m,宽15~20m。根据裂缝发育特征,变形体主要产生弯折变形,并未产生滑移变形。根据对当地居民的访问,当地住户自20世纪70年代开始在边坡上走路、放羊等,至今裂缝没有明显变化。

b. LF2 裂缝及变形体地质特征

在陡坡坡顶,发育有一条张开裂隙 LF2,裂隙前缘为重力变形体,裂隙位置见图 6.25。裂缝分布在高程 1620m 处,分为两段,第一段长约 57m,第二段长约 32m,平均宽度约 4m,可见深度约 7m。该裂缝总体走向与边坡走向近于平行,总体走向呈 N40°~50°W,裂缝在走向上有似锯齿状弯曲。

图 6.25 LF2 平面位置图

裂缝前缘及陡坡段坡顶,发育有一重力变形体,岩体重力变形迹象明显,与下部未变形基岩边界清晰,如图 6.26 所示。变形体残留高度约 14m,裂缝缘顶部距离变形体底部高约 14m。变形体前缘坡表岩体卸荷强烈,且均发生了倾倒变形。这种强卸荷倾倒变形体由层状千枚岩组成,总体以薄层状为主,表层属碎裂结构,整体松弛,岩体破碎,卸荷裂隙发育,岩块间有岩屑和泥质物充填。倾倒变形体沿底部切割结构面发生折断,从倾倒变形体总体上可见片理面的产状,间距 5~6cm,其走向变化不大,但倾角变缓。变形体呈似层状定向排列,局部可见架空孔洞。

张开裂隙 LF2 在坡表形成多个规模较大的深槽,宽度约 4m,可见深度约 7m(图 6.27)。裂缝壁面粗糙呈锯齿状,节理裂隙发育,岩体结构破碎。现场发现该裂缝在坡表发育塌陷洞(图 6.28),洞内岩土体悬空。

在图 6.26 上,可以看出张开裂隙前岩体变形明显。分析其变形的原因,主要是岩体片理面陡倾、前缘临空,强烈风化卸荷,在上部岩体重力作用下,发生倾倒变形。

根据调查访问,汶川地震期间,该变形体并未发生大规模失稳破坏现象,仅前缘和下方陡坡岩体失稳。由图 6.26 可以看出,该变形体坐落于完整坚硬的绢云石英千枚岩"基座"上,基座的稳定性对变形体的稳定性起重要控制作用。同时,该变形体在风化、卸荷作用下,岩体强度进一步弱化,在降雨、地震作用下变形可能会继续发展,岩体逐步失稳破坏。

(3)A 区失稳破坏模式及危害

①A1 区失稳破坏模式及危害

A1 区为近直立陡坡,坡顶多见倒悬岩体,A1 区典型照片见图 6.29。

根据调查分析,该区为典型的陡倾斜交结构边坡,片理面产状为 350°∠75°边坡走向为 N50°W,倾向为 40°,片理面与坡面走向约呈 50°角相交。

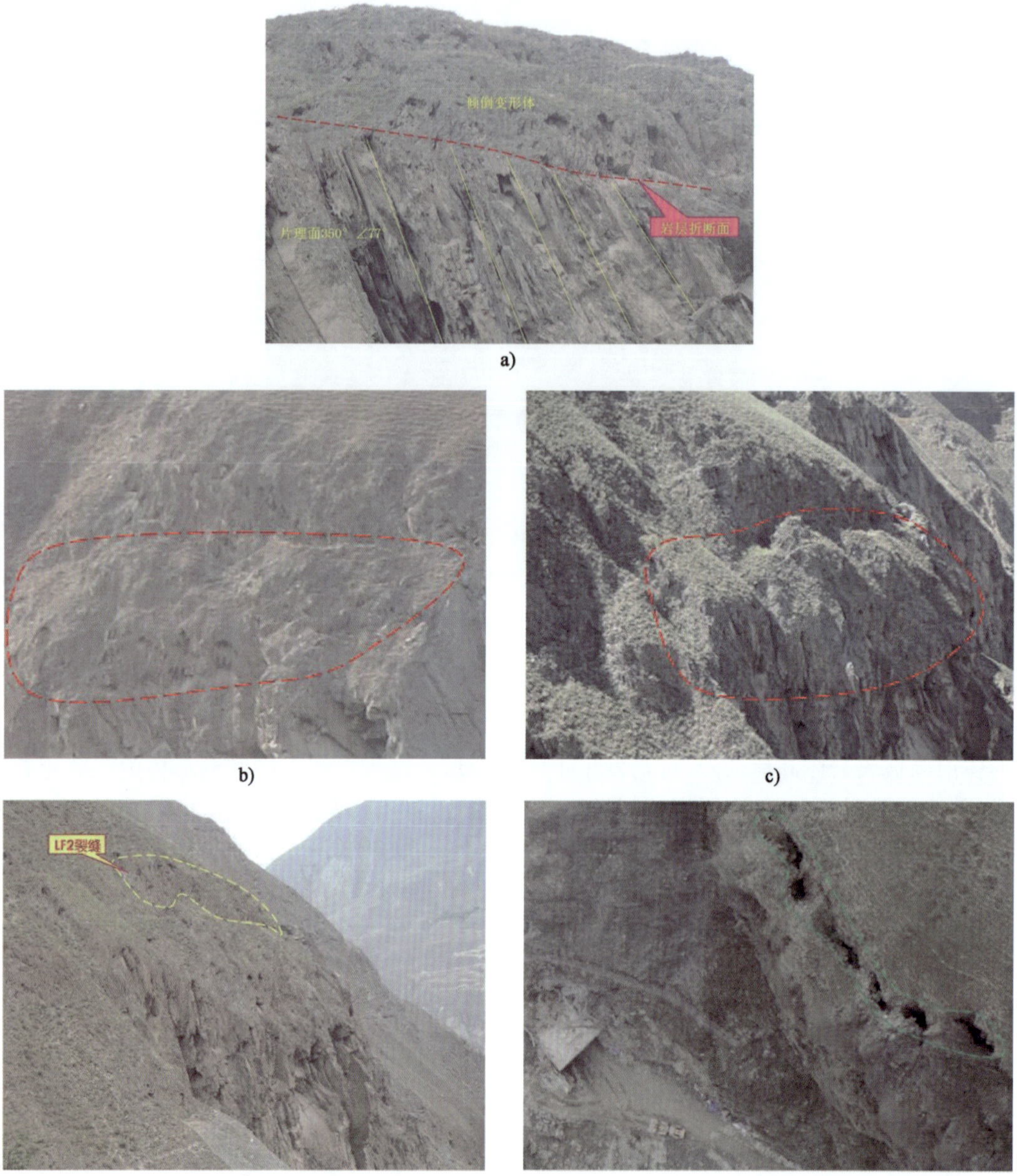

a)

b)

c)

d)

e)

图 6.26　重力变形体典型照片

该段陡坡主要存在结构面切割岩体失稳问题。边坡岩体整体稳定，但片理面与结构面切割岩体在不断风化、卸荷作用下，岩体强度不断弱化，在降雨、地震作用下容易诱发结构面切割岩体失稳，失稳后顺坡坠落，将危害陡坡下方布设的桥梁构造物(图 6.30)。

根据对当地居民的访问，汶川地震曾诱发陡坡段局部岩体坠落失稳，失稳岩体最远坠落滚动至河边。平时边坡稳定，未见岩体坠落。

图6.27 发育的宽大裂缝

图6.28 地表塌陷洞

图6.29 A1 区典型照片

图6.30 A1 区典型结构面切割岩体失稳区

②A2 区失稳破坏模式及危害

A2 区中上部为基岩陡坡，下部为崩塌堆积体，其典型照片如图 6.31 所示。

根据调查访问，A2 区在汶川地震时，斜坡中上部发生结构面切割岩体失稳，失稳岩体堆积

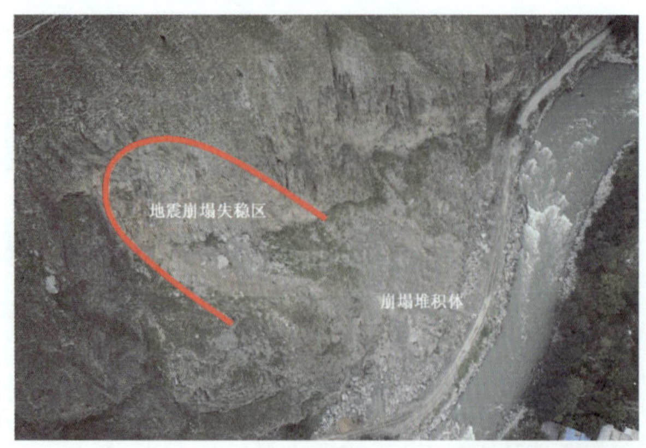

图 6.31　A2 区典型照片

于坡脚形成岩堆，至调查时仍能清晰辨别地震崩塌失稳区和堆积体的痕迹。

该区域的潜在失稳破坏模式主要为，上部结构面切割岩体在降雨、地震等作用下的失稳破坏，失稳岩体顺坡坠落、滚动，在坡脚堆积，危害坡脚外侧布设的桥梁构造物。

崩塌失稳区岩性多为灰黑色强风化千枚状板岩，局部夹有少量结晶灰岩，岩石大多软弱、局部较坚硬，层间夹有少量方解石。岩体结构面较发育，完整性差，坡表岩体呈薄层状构造（图 6.32），岩体变形严重。后缘坡表岩体受风化、卸荷作用强烈（图 6.33），岩体结构差，局部发育卸荷裂缝。千枚岩片理面产状为 355°∠77°，与下游的岩层层状相吻合。

图 6.32　坡表薄层状岩体

图 6.33　岩体卸荷作用强烈

在高程 1644m 附近分布一规模较小的地表裂缝，延伸性差，可见深度较小，向深处趋于闭合，宽度约 10cm，错动形成的台坎高差约 20cm（图 6.34）。

坡脚的崩塌堆积体沿河走向长约 145m，垂直河方向平均宽度约 10m，体量约 7000m^3（图 6.35）。崩塌堆积体以块石为主，散落块石平均粒径在 1～2m，最大粒径达 6m（图 6.36），岩性主要为绢云母石英千枚岩，夹杂少量变质砂岩，堆积体结构较密实，稳定性较好。

根据 A2 区边坡工程地质特征，该区内具有的潜在变形失稳问题主要为在前缘分布的危岩体 WY2（图 6.37），危岩区海拔在 1627～1643m，长度约为 23m，宽度约为 15m，厚度约 3m，体量约为 1035m^3。危岩地层属于志留系茂县群组第三段千枚岩，危岩体的底部凹腔发育，该危岩下方可以看见比较多的崩塌体滚落至坡脚。根据所获取的地质勘察资料,作 A2 区地质剖面图如图 6.38 所示。

图 6.34 A2 区坡表裂缝特征

图 6.35 崩塌堆积体

图 6.36 崩落的大块石

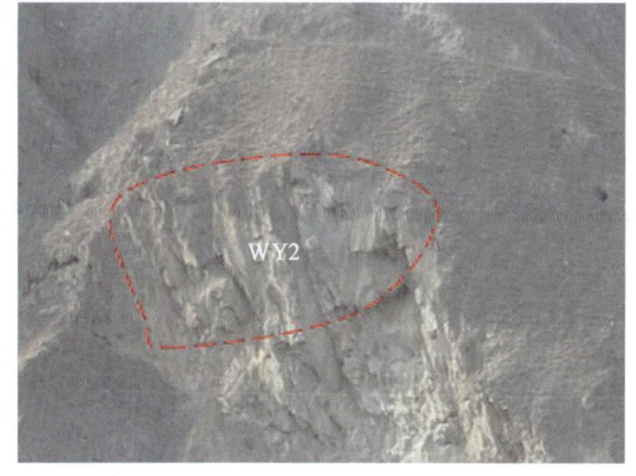

图 6.37 WY2 危岩体形态图

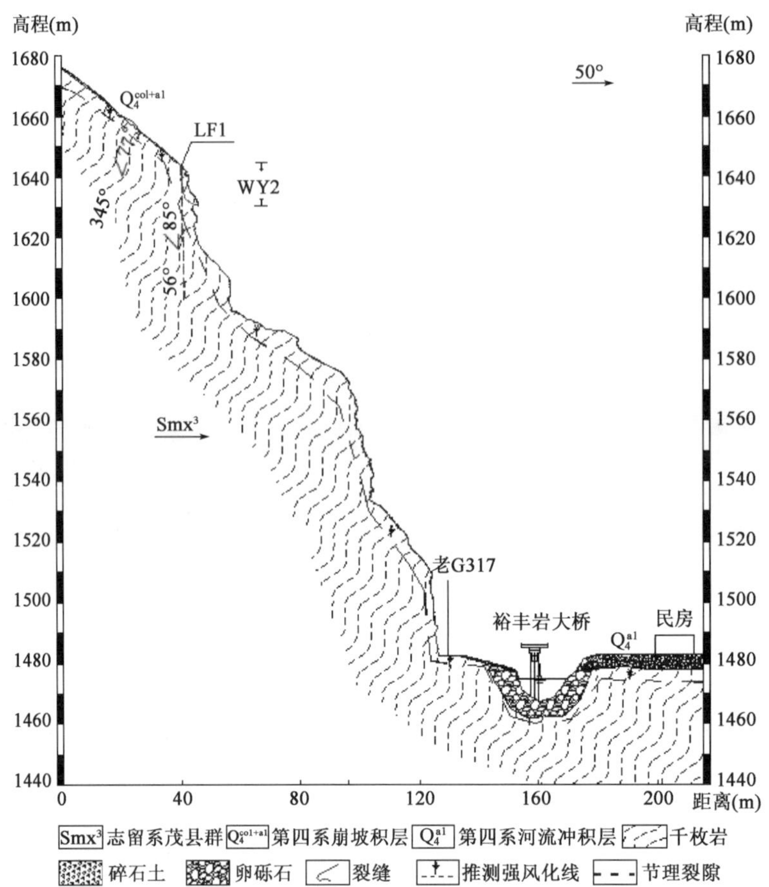

图 6.38　A2 区地质剖面图

该危岩的后缘发育有一条小型裂缝，宽度约 10cm，裂缝走向为 350°，沿河谷走向展布，构成该危岩体的后缘边界。WY2 危岩体的变形失稳主要受后缘裂缝及底部结构面控制，判断其破坏模式是倾倒式。图 6.39 所示为 WY2 危岩体综合分析图。

对于整体已与母岩分离，停留在坡表或嵌入覆盖层一定深度，靠与坡面的摩擦力、嵌合力或植被的拦挡保持现状的这一类块石称为孤石，如图 6.40 所示。

本次调查孤石(包括孤石堆)共 13 处(图 6.41)，计 42.94m³，大多位于边坡中部，高程在 1560～1730m 之间，共 7 处，坡度在 50°～70°之间，失稳模式多以“偏心滑落”为主，绝大部分体量在 1～2m³ 之间，少数达到 10m³；坡顶也分布少量孤石，共 4 块，坡度在 50°左右，地形较陡。

6.3.2　边坡变形破坏机制分析

通过对边坡的调查和分析研究，2 号重力变形体距离坡脚高速公路线位轴线最近的地方仅有 20m，危岩崩塌将直接威胁拟建桥梁的安全。为了研究 2 号重力变形体的变形破坏过程，选取该剖面作为计算剖面，对该边坡变形破坏机制以及运动全过程进行数值模拟分析，以期更为准确地把握此边坡变形破坏的成因机制。

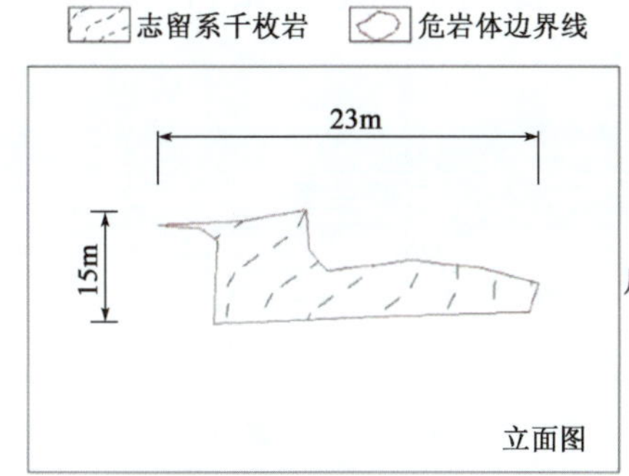

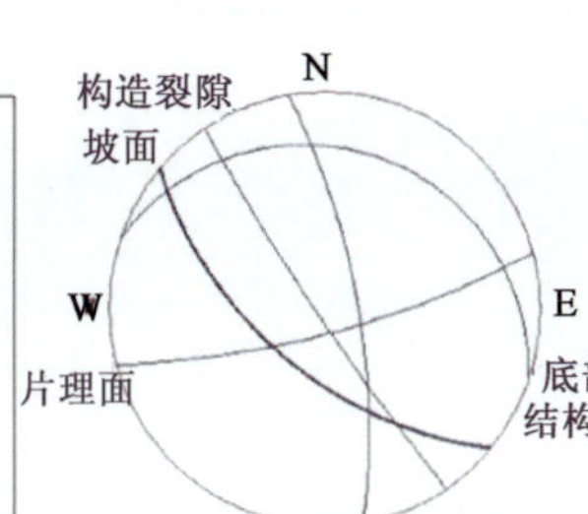

结构面 \ 产状	倾向(°)	倾向(°)
坡面	40	57
片理面	345	77
底部结构面	199	17
侧缘结构面	266	73
构造裂隙	56	85

典型照片

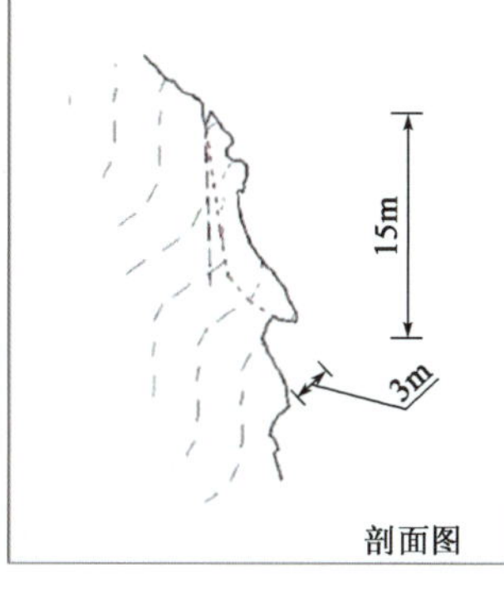

危岩体特征一宽表

位置	X 31″33″21′　　Y：103″18″34′		
岩性	千枚岩		
分布高程	1627~1643(m)		
规模(长、高、厚)	23×15×3=1035(m^3)		
危岩体形状	镶嵌-碎裂状态		
主崩方向	50°		
伤害性及危害对象范围	较重要，主要威胁下方隧道，桥的安全		
破坏模式	滑移式		
控制结构面及变形情况	控制裂隙主要为后缘，宽度约为10cm，危岩下部形成凹腔		
稳定性评价及防治建议	稳定状况综合评价：基本稳定 发展趋势分析：欠稳定	治理措施建议	爆破清除

图 6.39　WY2 危岩体综合分析图

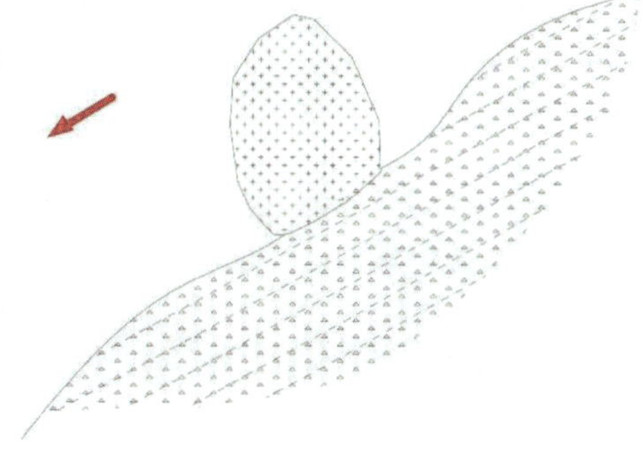

图 6.40　坡表分布的孤石

(1)计算模型

本次模拟计算中，采用有限元模拟软件，岩土体的破坏服从摩尔—库仑准则，有限元单元的划分以四节点、四边形单元为主，辅以少量三节点、三角形单元。由于主要考虑 WY1 的失稳机制，依托 A1 区地质剖面图，采用有限元分析软件将整个模型(图 6.42)共划分为 4034 个网格。故边坡整体简化考虑为强风化层和中风化层，以及局部碎石土层，以模拟实际中可能发生的变形，边界单元加以位移固定约束。

(2)计算参数

通过大量的岩样物理力学试验，根据边坡岩土体的勘察资料及试验数据，结合现场调查及模型构建的有关情况，综合给出了边坡内部各岩土体的物理力学参数（表6.1）。

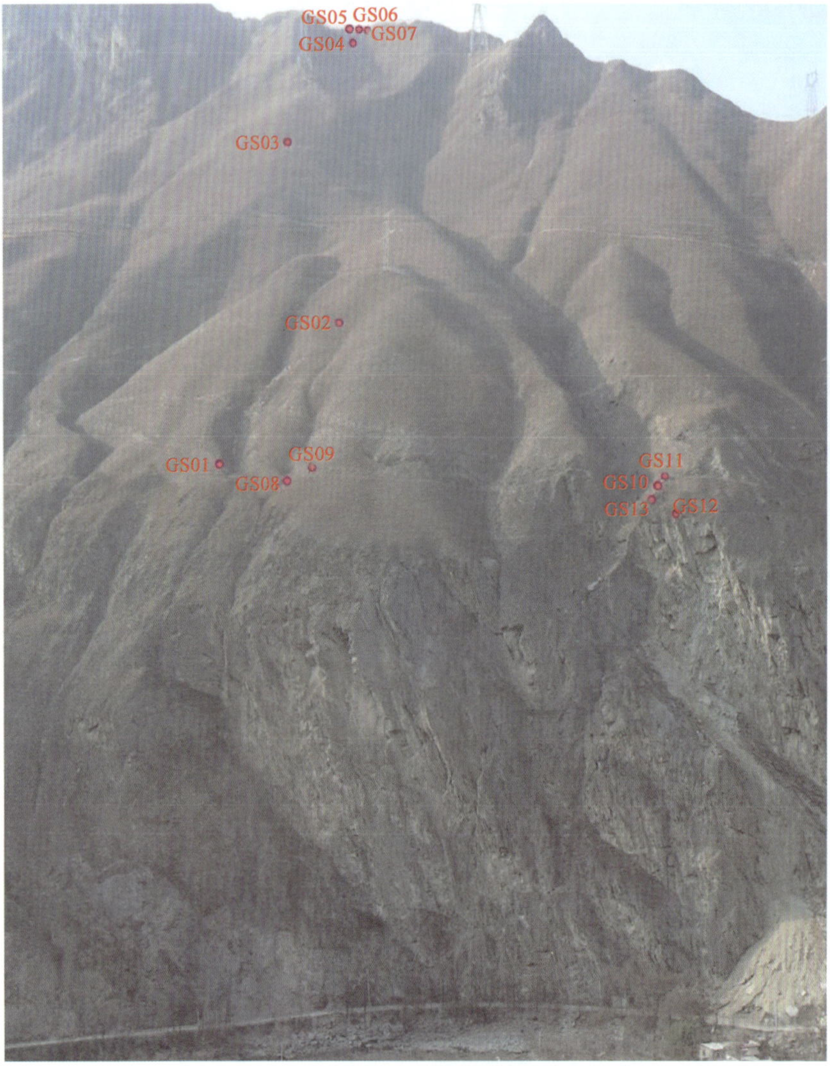

图6.41　坡表孤石分布图

边坡应力应变分析参数表　　表6.1

岩土体名称	弹性模量（MPa）	泊　松　比	重度（kN/m^3）
表层碎石土	100	0.45	22
强风化层	180	0.40	23
中风化层	250	0.35	30

（3）天然状态应力应变特征

图6.43、图6.44反映的是边坡天然状态下初始应力场及变形特征，从中可以看出边坡初始应力场与变形具有以下特征：

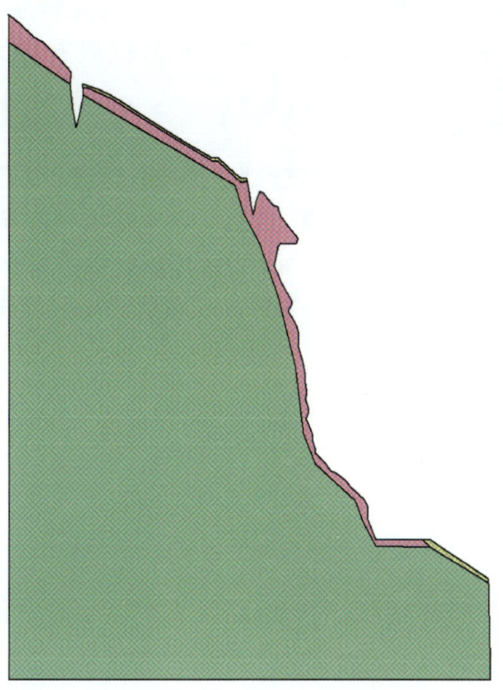

图6.42　二维有限元计算网格图

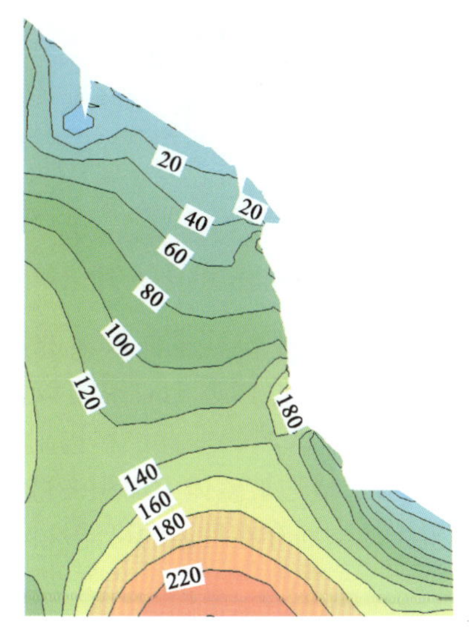

图6.43　边坡天然状态下主应力等值线图

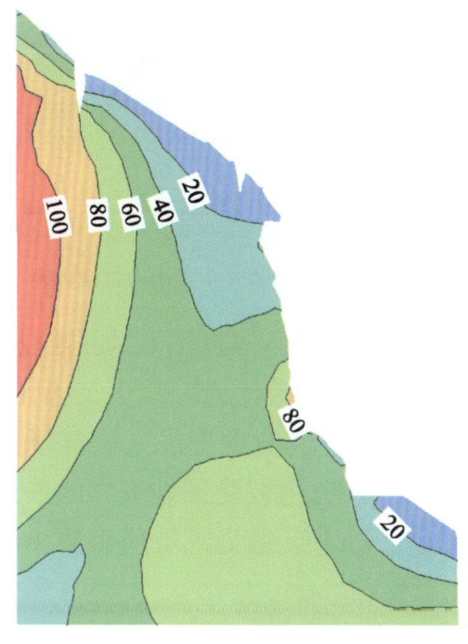

图6.44　边坡天然状态下剪应力等值线图

边坡在天然状态下,主要受重力作用的影响。边坡的应力场特征总体上是受重力场的控制,边坡主应力方向在坡内深部与重力方向近于一致,靠近边坡表层最大主应力方向发生偏转,在边坡表层其方向变为与坡面近于平行,在坡脚局部位置有应力集中现象,达到了180kPa。

从剪应力场分布图看出,天然状态下边坡的剪应力分布特征主要受地形的控制,分布在强、中风化岩层的接触带附近区域。在坡脚局部位置有应力集中,但量值较小,只有 80kPa。

(4)地震状态应力应变特征

从图 6.45、图 6.46 可以看出,由于边坡地形的影响,地震状态下主应力的分布跟天然状态下近似,从坡体表面逐渐向深部呈现递增的特征,其中在坡脚位置有明显的应力集中趋势,主应力达到 1700kPa,局部位置达到 2000kPa。剪应力值在坡脚也有明显的应力集中效应,应力值达到 500kPa,靠近坡面剪应力值逐渐减少。而在 WYI1 分布区域,剪应力量值达到 100kPa 左右,一旦超过该处的结构面抗剪强度,就会引起 WY1 的后缘主控结构面贯通导致 WY1 变形。

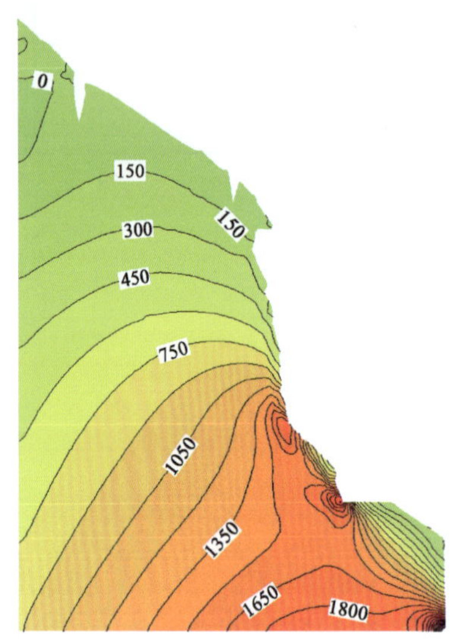

图 6.45 边坡地震状态主应力等值线图

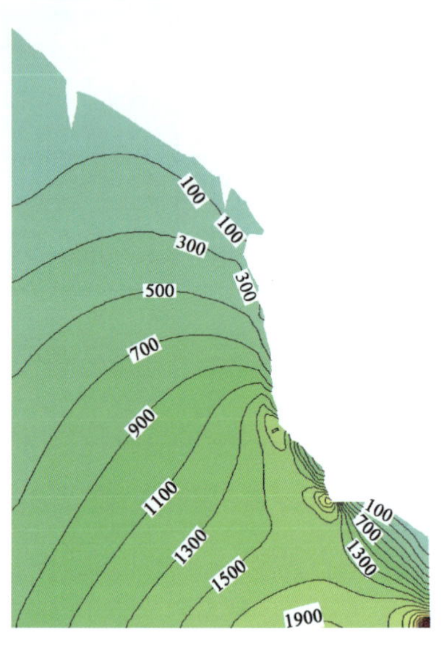

图 6.46 边坡地震状态剪应力等值线图

从位移分布图 6.47、图 6.48 可以看出,地震作用下,边坡水平位移量值较大的区域主要集中在边坡中上部位置,其中在 WYI1 分布区域的水平位移量值接近 1m,说明该区域的变形很明显。边坡的垂直最大位移场分布在坡体表面,在 WY1 区域的垂直位移达到 21cm。

总体上看来,边坡受到地震力的作用整体的变形不大,故造成边坡整体大面积失稳可能性较小。但在 WY1 区域局部有应力集中,对 WY1 后缘的主控结构面存在贯通的可能性,易导致 WY1 变形失稳。

6.3.3 边坡变形破坏过程分析

(1)计算模型

为了揭示边坡崩塌渐进破坏过程和更加深入地认识其形成机理,采用离散元软件进行边坡在天然和地震状态下发生崩塌的数值模拟分析。整个模型(图 6.49)共划分为 874 个单元网格,模型边界均采用固定边界条件。计算模型高 250m,底部宽 185m,坡度 50°。

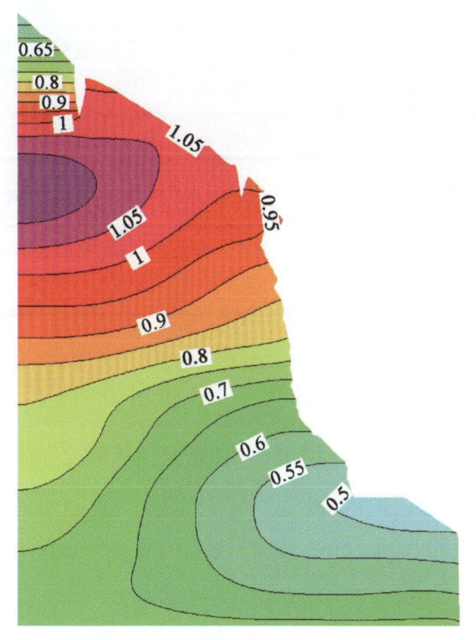

图6.47　边坡地震状态水平位移等值线图

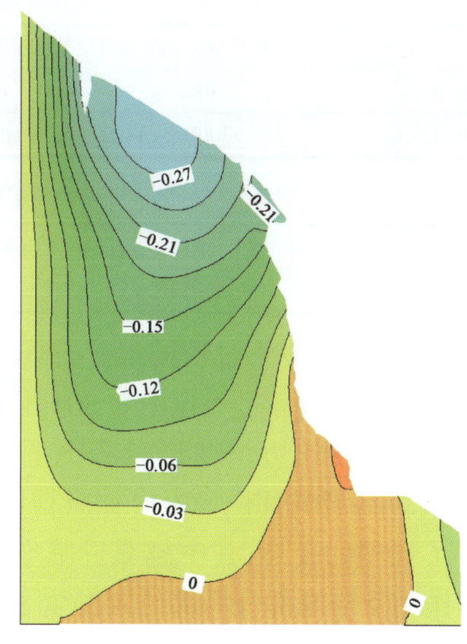

图6.48　边坡地震状态垂直位移等值线图

图6.49　滑移式危岩体离散元模型网格剖分图

在对离散元模型进行地震动力影响分析时，模型底部采用黏滞边界，两侧采用自由场边界，能够有效地避免向外传递的地震波的反射和能量的发散。在进行动力分析之前，首先要使静力分析达到平衡状态，再施加动力边界条件进行分析。其中，在静力分析阶段，其边界条件采用底部竖向约束，两侧水平向约束，地震波采用模拟地震波，加速度为0.20g，持续时间100s。

模型主要选用强、中风化层岩体作为计算参数，选择的结构面一组与坡体反向缓倾，一组近似垂直，岩体被结构面切割成不同大小的岩块。

(2)计算参数

模型其余参数根据现场试验和工程地质类比法得出，见表6.2、表6.3。

岩石物理力学参数 表6.2

岩土体地层	密度(kg/m³)	体积模量(GPa)	剪切模量(GPa)	内摩擦角(°)	黏聚力(kPa)
强风化层	2300	12	7	25	130
中风化层	3000	22	8	28	170

结构面物理力学指标 表6.3

法向刚度(GPa/m)	切向刚度(GPa/m)	内摩擦角(°)	黏聚力(MPa)
0.5	0.6	20	0.05

(3)天然状态变形过程模拟分析

边坡的变形破坏过程见图6.50~图6.55。

从不同时段的边坡变形过程图看出,岩体受到结构面的切割,呈薄层或碎裂状结构。WY1危岩体区域局部位置为自重应力的主要分布区,在该位置形成了塑性区,跟趾部的岩土体发生了强烈的变形,其中越靠近临空面,变形程度越高,破坏区向坡内呈逐渐减小的趋势。在天然作用下前缘部分局部位置发生了变形,规模较小,总体上整体稳定性较好。

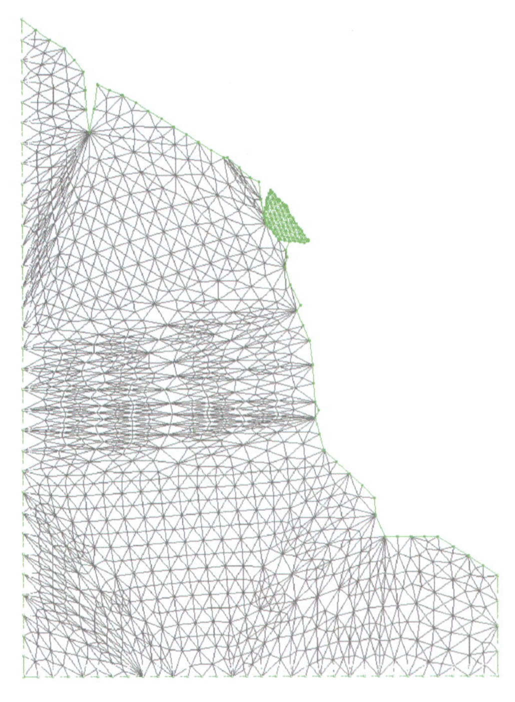

图6.50 离散元分析第10帧图片

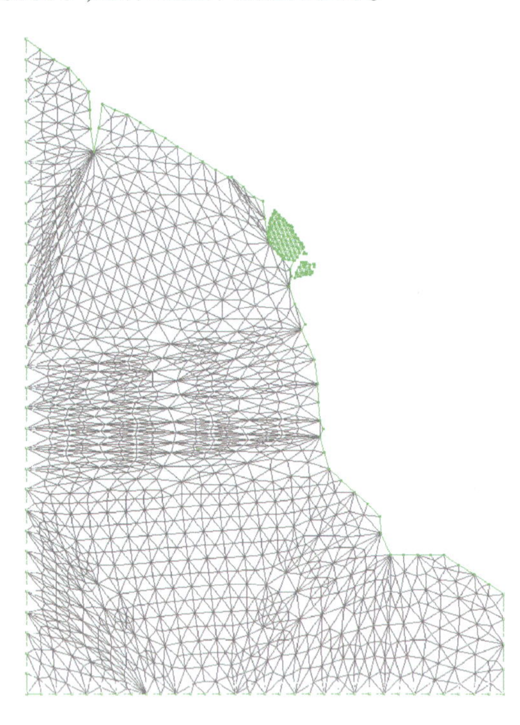

图6.51 离散元分析第20帧图片

(4)地震状态变形过程模拟分析

边坡的变形破坏过程见图6.56~图6.61。

从不同时段的边坡变形过程图看出,WY1危岩体区域在地震作用下发生了变形。该区域由于受到一组陡峭节理面5°∠55°和一组底部缓倾结构面199°∠17°的切割作用,岩体成薄层、碎裂状结构。同时这部分又是地震作用时应力集中的区域,当应力值超过该切割节理面的抗剪强度时,后缘裂缝和底部的缓倾结构面贯通,形成了控制WY1危岩体失稳的底部滑面。在地震力的持续作用下,切割节理面和后缘裂缝贯通,WY1危岩体沿底部贯通的滑动面发生滑移式失稳。同时 WY1 危岩体滑移失稳后呈薄层、碎裂状结构的块体沿坡面运动到坡脚位置，易对坡脚施工的桥墩构成严重威胁。

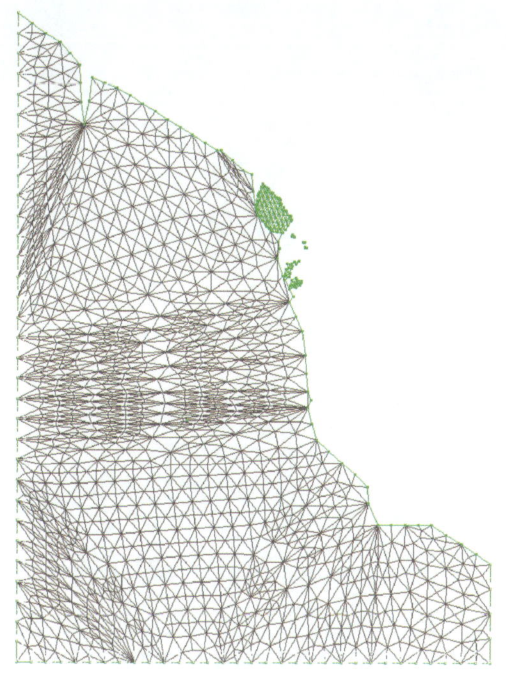

图 6.52　离散元分析第 30 帧图片

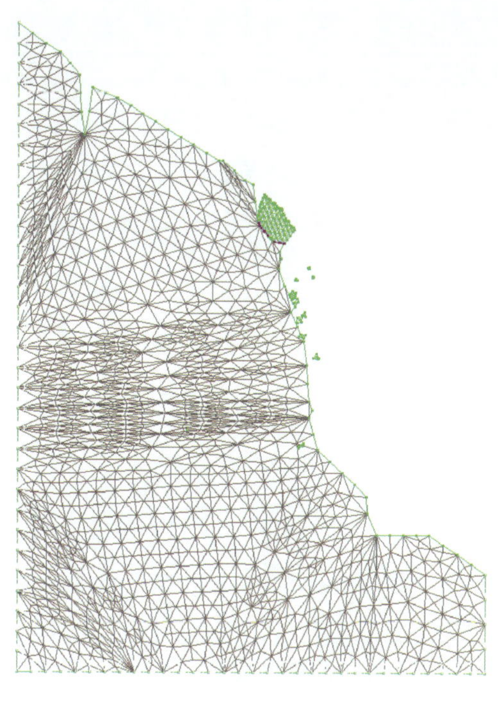

图 6.53　离散元分析第 40 帧图片

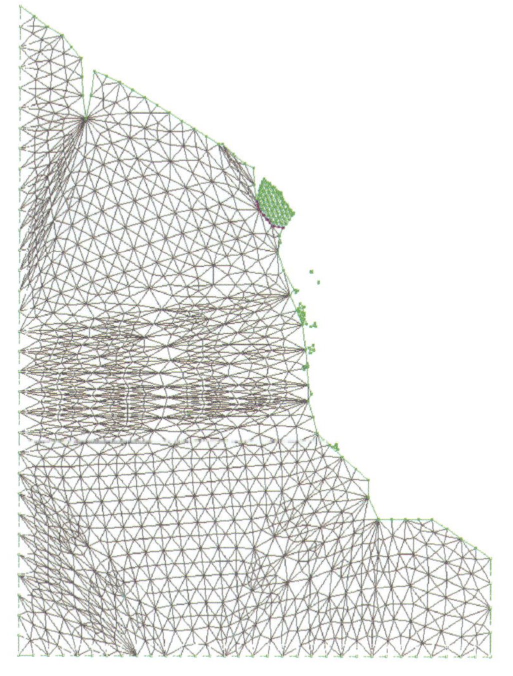

图 6.54　离散元分析第 50 帧图片

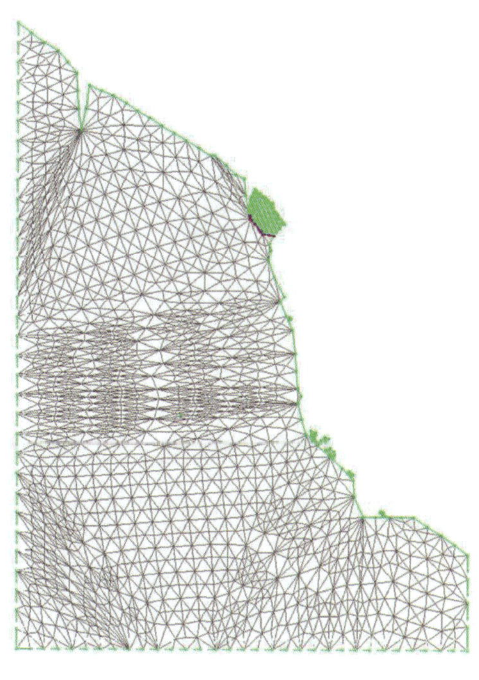

图 6.55　离散元分析第 60 帧图片

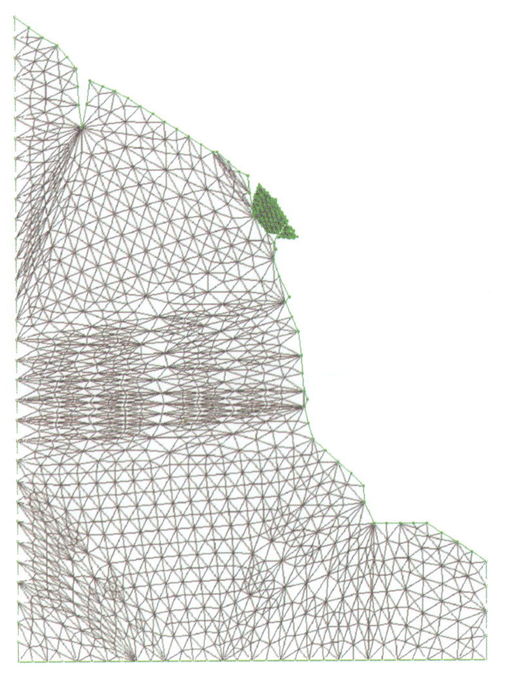

图 6.56　10s 时边坡单元变形图

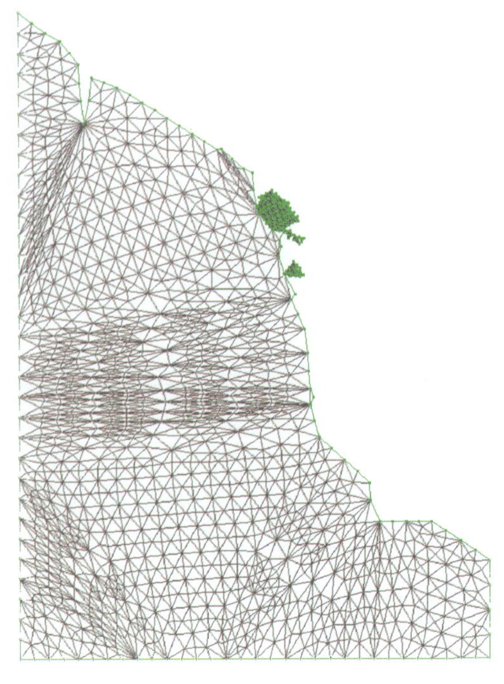

图 6.57　20s 时边坡单元变形图

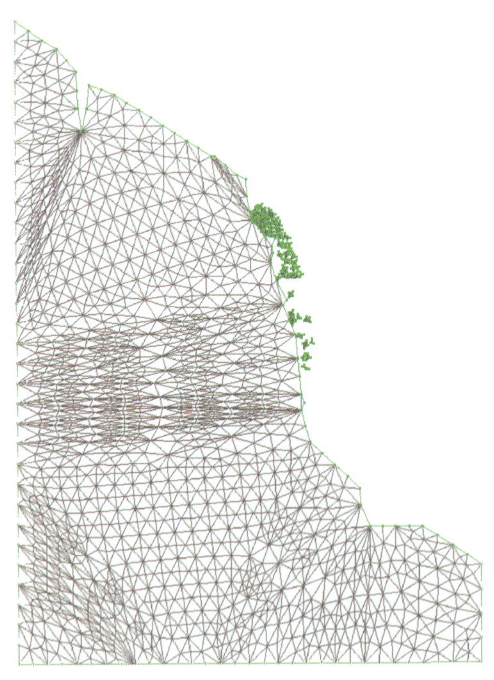

图 6.58　40s 时边坡单元变形图

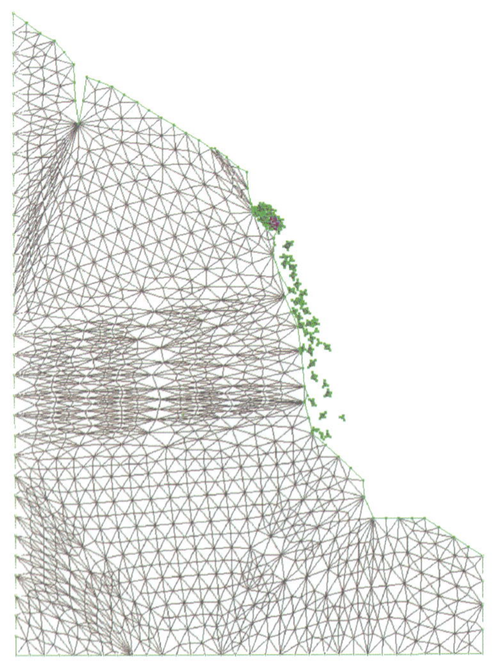

图 6.59　60s 时边坡单元变形图

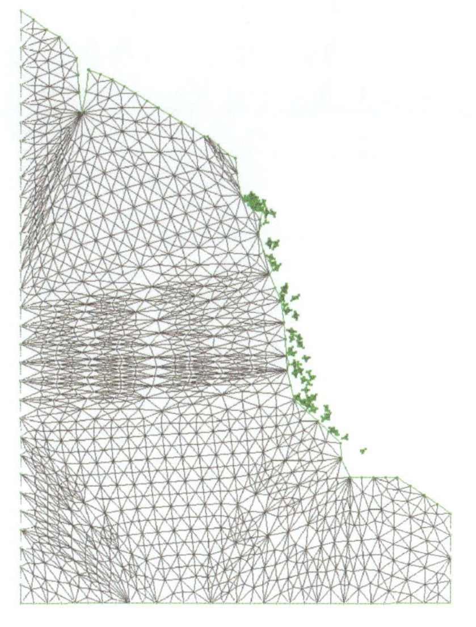

图6.60 80s时边坡单元变形图

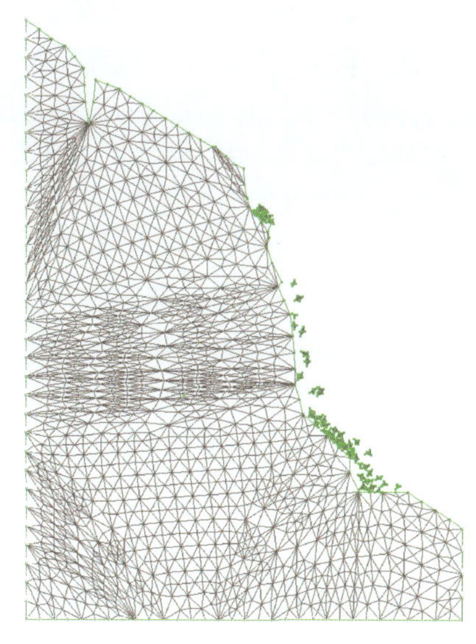

图6.61 100s时边坡单元变形图

6.3.4 变形体破坏模式分析

对坡顶2号重力变形体和坡面孤石进行稳定性分析，A1和A2区结构面切割岩体，多形成倒悬岩体，在长期风化作用下岩体逐步损伤弱化作用，以及地震作用下，必然存在结构面切割岩体以倾倒、坠落、滑移等模式失稳破坏问题。

(1)地表裂缝成因机制

地裂缝的形成与自然条件和营力作用密切相关，按成因分为内营力地裂缝和外营力地裂缝，参照谢广林的分类方法，见表6.4。

地裂缝成因分类表　　　表6.4

内营力地裂缝	外营力地裂缝
地震裂缝	膨胀土地裂缝、崩塌地裂缝、滑塌地裂缝
火山地裂缝	塌陷地裂缝、陷落地裂缝、湿陷地裂缝
构造蠕变地裂缝	渗蚀地裂缝、干旱地裂缝、融冻地裂缝、盐丘地裂缝

对于裕丰岩边坡地表裂缝的成因，其与地质构造、地应力、岩性及其组合等条件相关，但经过现场判断，岩体变形拉裂是直接关系。

(2)裂缝发育的构造基础

裕丰岩边坡两条宽大裂缝的发育均受到构造裂隙的控制。边坡地处强构造活动区域，在构造作用下在坡表发育了一系列构造裂隙，并且规模大，裂面平直，延伸性强，可见长度在50～70m，疏密相间。裂缝的走向即与纵向构造裂隙的走向一致，裂缝基本是顺着构造裂隙向下深切发育的，其平面延伸受到纵向裂隙构造的控制。

地区性的构造抬升也为边坡裂缝的发育创造了条件。裕丰岩边坡属于河流严重下切形成的高山峡谷地貌，并且该边坡位于桃坪倒转背斜的核部，说明该区内的构造作用强烈，最大主应力值较大。在裕丰岩边坡河谷存在多级河流阶地，在新构造运动中存在着大面积整体抬升的特点。在边坡区域,地质条件中等复杂,褶皱、挤压破碎带发育,经过多期的构造变形,形成了复杂的地质构造。边坡位于桃坪倒转背斜的核部,该影响带内挤压揉皱现象明显,说明研究区内构造作用强烈。由于强烈的地应力作用,发育的古生界志留系茂县群变质岩系均已发生不同程度的倾斜变形和构造破碎,岩体拉裂破坏为裂缝的发育创造了条件。

(3)裂缝发育的动力条件

从裕丰岩边坡的地貌特征上分析,岩体变形拉裂对裂缝的变形起着关键的作用。坡表宽大裂缝发育的动力来自于岩体变形拉裂作用。由于地震作用,河流下切等造成岩体变形拉裂以至于造成后缘拉裂缝的形成。

(4)裂缝发育的变形模式

综上,裕丰岩边坡的宽大裂缝形成是构造抬升过程,地震作用和河流下切过程中,岩体变形拉裂造成危岩体后缘拉裂,裂缝的平面延伸受到构造裂隙的控制,最终形成坡表的宽大裂缝(图6.62)。

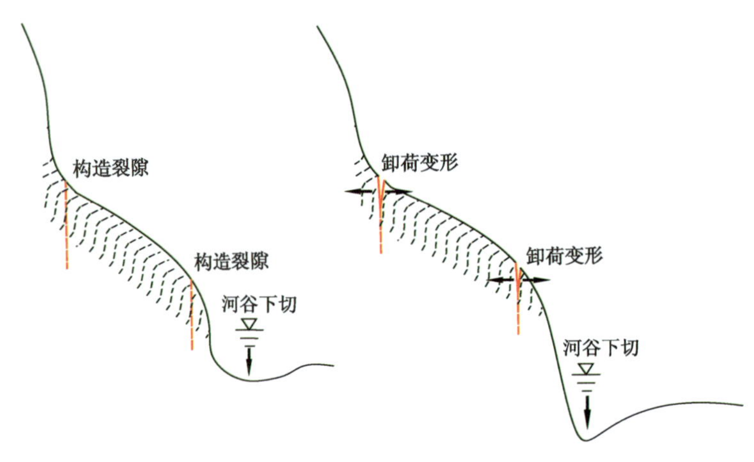

图6.62　裂缝变形模式扩展图

(5)坡顶重力变形体成因机制分析

对于边坡分布的倾倒变形体,根据岩层倾倒变形强烈程度的宏观表现形式及工程地质特性,裕丰岩边坡的倾倒岩体属于中等倾倒岩体。这类型的倾倒岩体大部分发育在斜向坡中,岩体结构以薄层状或次块状为主,倾倒变形体完整性较好,局部发育大的凹腔。岩层沿着结构面错动并发生强烈的倾倒现象,岩层倾角变化幅度一般在15°~25°,整个倾倒变形体折而不乱,片理面清晰可见(图6.63)。岩层沿陡倾片理面或板理面拉张变形强烈,局部岩柱表现为显著的切层破坏。这种中等倾倒变形体主要发生在边坡的浅表层部位,越往坡内深部片理面或板理面的层间错动特征越弱,折断面与基岩呈平缓过渡。

从变形体倾倒变形特征分析,其变形模式属于倾倒—折断—蠕滑型(图6.64),这种变形模式主要发育在变形体临空面陡峻,岩层层面倾倒大呈直立状,岩层层厚较薄的岩体结构中。其主要特征是在河流快速下切过程中,伴随强烈的河谷卸荷作用,边坡浅表层的应力场发生改变,导致反倾或斜交的薄层状陡倾岩层发生倾倒变形。同时边坡内部发育一组倾角较缓的不连续结构面,使得岩体倾倒过程中多沿该组结构面发生折断破坏。裕丰岩边坡基岩为千枚岩,岩体强度低、层厚较薄,在倾倒变形过程中对折断根部产生挤压作用,因此在根部会产生较明显的揉皱现象，并且在变形过程中，在变形体内形成一条挤压破碎带，倾倒变形体沿着这条压碎带向临空面方向发生变形。

图6.63　倾倒变形体岩体结构特征

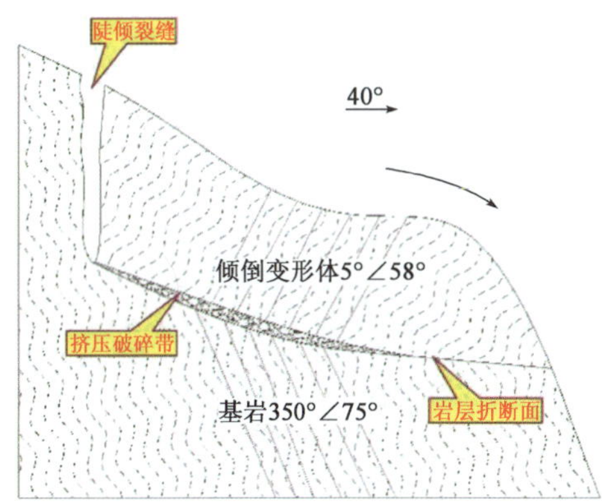

图6.64　倾倒—折断—蠕滑模式图(镜像SW)

通过现场调查，裕丰岩边坡发生的倾倒变形与边坡的地形地貌特征、岩体结构特征、结构面的发育特征以及岩体力学性能差异有主要关系，在这些因素的共同作用下，边坡岩层发生倾倒变形。

从地形地貌上分析，边坡属于高山峡谷地貌，陡崖部位的高差约150m，由于杂谷脑河的深切作用使得边坡临空条件好，在这种条件下边坡岩体的卸荷作用更加强烈，卸荷深度也更大，在经历了强卸荷作用后，岩体的力学性能降低，为岩体的倾倒变形提供了有力条件。

岩层的层厚也是倾倒变形体发育的一个重要条件。从边坡的岩体结构分析，边坡陡崖上部岩体以薄层状结构为主，局部有少量中厚层状结构，对边坡岩层层厚的分析间距普遍在10～15cm，并且倾角大。这种高陡倾、薄层状的岩体力学性质较差，在强烈的卸荷回弹作用下，岩体容易沿折断面倾倒变形。同时边坡岩性为千枚岩，其力学性能较差，在河谷不断下切过程中，倾倒变形体所在边坡要向临空面发生较大的卸荷回弹，千枚岩力学性能较差导致边坡浅部薄层状岩体沿片理面错位变形，发生折断。当边坡中发育适当薄弱面时容易从结构面处弯折、拉开。

岩体在倾倒变形的初始，由于岩块的强度较高，而结构面的强度则相对要低很多，因此倾倒变形体的变形一般首先是从岩体中的结构面开始拉裂变形。而初始边坡中结构面的方向与倾倒变形体变形方向之间的相关关系则对倾倒变形体的发育形成有着重要的作用。如果边坡中结构面的方向与倾倒变形体变形方向一致或者相反的话，那么在倾倒变形体变形初始阶段，沿着这些结构面更容易拉张变形，促使倾倒变形体的进一步变形破坏。

图6.65是边坡中优势结构面的优势方位与倾倒变形体变形方向之间的关系图。从现场调查分析，现场倾倒变形体的变形方向在-5°~10°之间，在岩体中分布一组底部结构面，优势产状为190°∠15°，这与倾倒变形体变形方向相反。同时河流走向为N50°~60°W，因此变形方向指向河流上游。推测倾倒变形体的根部折断面，首先沿这组底部结构面拉裂折断变形，为倾倒变形体进一步变形破坏提供有利条件。

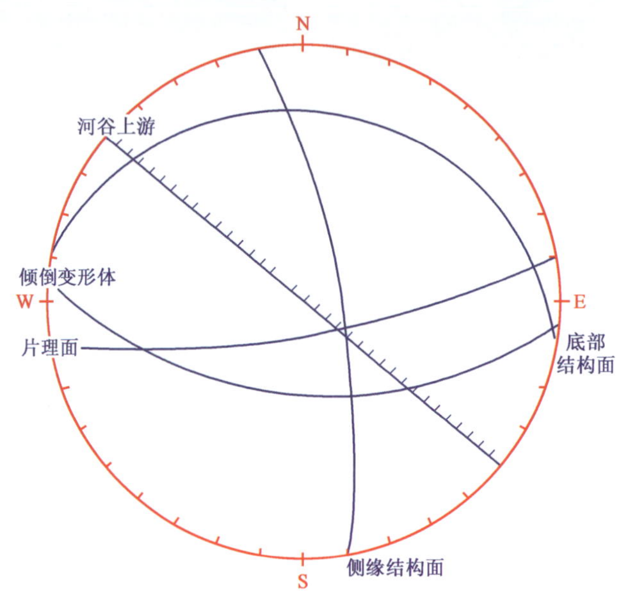

图6.65　优势结构面与倾倒变形方向关系图

因此，边坡岩体表层主要以薄层状结构为主，岩体的抗变形能力相对较差，再加上岩体的倾角普遍在75°以上，陡倾薄层的岩体更容易发生倾倒变形破坏。此外边坡千枚岩地层在河谷下切、边坡岩体应力释放导致岩体卸荷回弹的过程中，使得边坡表浅部薄层状岩体沿片理面错位变形。同时受底部结构面的影响，在倾倒变形破坏的初始阶段，倾倒变形体先沿这组结构面变形，在折断根部形成挤压破碎带，在表部最大主应力的长期作用下千枚岩薄层状岩体发生倾倒折断变形。

从岩体的力学特征上进行分析，岩体所受到的重力，在底部结构面处被分解为一个水平向和一个竖直向的分力，岩体受到水平力和垂直力的影响产生横向变形及压缩变形，显现出向坡体表面的挤胀作用。边坡表层薄层状的岩体受到水平力作用产生明显的张拉效应，岩体间不断出现微小的张拉裂缝，为后缘岩体的倾倒变形提供了先决条件。同时在薄层状岩体的根部受到上部岩体的竖直向下作用力的影响，岩体在上覆压力作用下被挤压破碎。随着边坡顶部的倾倒区域不断增大，在重力及上部岩体的挤压作用下，岩体沿着薄层状结构岩体的根部被折断,后侧岩体推动前方岩体倾倒,坡表的变形近乎连续,而底部的挤压破碎带逐渐贯通,并且与后缘裂缝相互贯通,最终形成贯通性的破坏。

通过已有的资料及前人研究成果,裕丰岩边坡倾倒变形体的形成机制与发展过程可以概括为四个基本发展阶段,各阶段变形有着不同的破裂力学机制和特征。

(1)卸荷回弹—倾倒变形发展阶段

在河谷下切、岩体卸荷早期,陡倾状的千枚岩薄层状岩体在自重弯矩的作用下,沿岩层折断面发生悬臂梁式倾倒,并由坡体浅表部逐渐向深部发展,变形过程中易沿层面发生剪切滑移[图6.66a)]。由于此阶段尚属倾倒变形的初期,且千枚岩属于软岩,层面间的岩体拉张效应较弱,不具备产生层间拉张变形的基本应力条件,故通常不发生宏观拉张破裂。

(2)层内拉张发展阶段

随着岩体倾倒变形的进一步发展,早期已经发生倾倒变形的薄层状岩体,对岩体折断根部产生挤压作用。同时在重力弯矩和底部剪切滑移的共同作用下,“悬臂梁”式倾倒变形加速发展,导致层内拉张效应渐趋强烈,错动面之间的岩板承受拉张应力逐步累积增加。当达到或超过岩板的抗拉强度时,产生拉张破裂或沿已有结构面发生拉张变形[图6.66b)]。

(3)折断变形破裂阶段

岩体倾倒变形的持续发展,必将导致作用于岩板的力矩随之增大,对岩体折断根部的挤压作用加剧。当作用于岩体根部的力矩超过该部位的抗弯折强度时,沿折断根部形成断续的挤压破裂带[图6.66c)],破裂面已经开始发展成为控制坡体稳定的张—剪应力集中带。

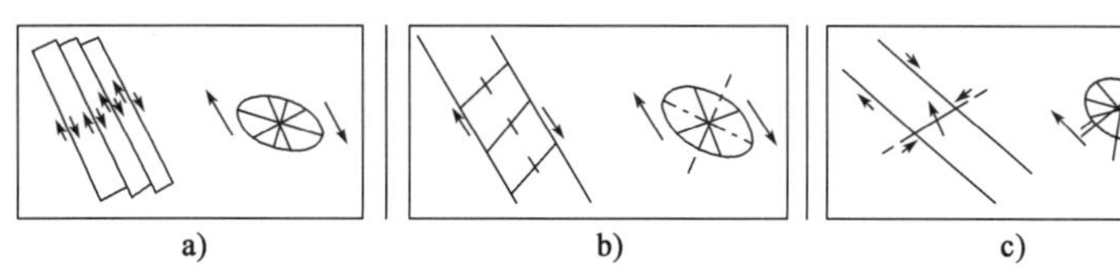

图6.66 不同倾倒变形程度岩体的破裂形式及力学机制

(4)底部折断面贯通滑移阶段

经过倾倒—弯、折变形发展阶段后,倾倒变形已相当强烈。岩体根部的挤压破裂面将持续发展并与后缘拉裂贯通,最终形成贯通的挤压破碎带,力学上属于张剪性破坏面。此时变形体整体转为蠕滑型变形破坏。

目前变形体尚处于折断变形阶段,倾倒变形并不十分强烈,尚未发展到蠕滑变形阶段。

但当下部重力变形体一旦在内外动力作用下失稳,上部的完整岩体也可能继续向临空方向发生倾倒变形。所以对下部的重力变形体要采取措施控制其继续变形,若上部岩体未临空,则其不会发生大的变形破坏。

6.4 地质灾害评估防治

6.4.1 变形体稳定性分析

根据现场判断,陡崖区悬挂WY1和WY2的失稳模式为滑移式。危岩体后缘裂隙与底部软弱结构面贯通，在动水压力和自重力作用下，缓慢向前滑移变形，形成滑移式危岩（图6.67）。

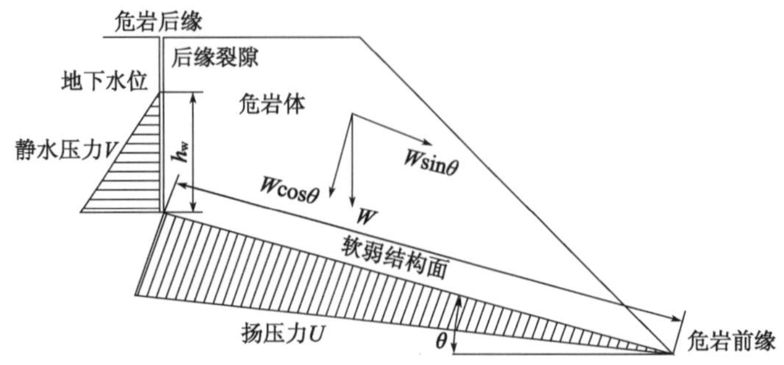

图6.67　滑移式危岩稳定性计算示意图

危岩稳定性系数为：

$$K = \frac{(W\cos\theta - Q\sin\theta - V\sin\theta - V)\tan\varphi + c \cdot l}{W\sin\theta + Q\cos\theta + V\cos\theta}$$

式中：V——裂隙水压力（kN/m），$V = \frac{1}{2}\gamma_w h_w^2$；

h_w——裂隙充水高度（m），取裂隙深度的1/3；

γ_w——取10kN/m；

Q——地震力（kN/m），按公式 $Q = \xi_e \times W$ 确定，式中地震水平作用系数Ⅷ烈度地区 ξ_e 取0.2；

K——危岩稳定性系数；

c——后缘裂隙黏聚力标准值（kPa）；当裂隙未贯通时，取贯通段和未贯通段黏聚力标准值按长度加权和加权平均值，未贯通段黏聚力标准值取岩石黏聚力标准值的0.4倍；

φ——后缘裂隙内摩擦角标准值（°）；当裂隙未贯通时，取贯通段和未贯通段内摩擦角标准值按长度加权和加权平均值，未贯通段内摩擦角标准值取岩石内摩擦角标准值的0.95倍；

θ——软弱结构面倾角（°），外倾取正，内倾取负；

W——危岩体自重（kN/m^3）。

（1）计算参数

研究区出露地层为古生界志留系茂县群，以绢云母石英千枚岩为主，计算参数取值参见表6.5。

岩体物理力学参数表　　表6.5

岩石名称	密度（g/cm^3）	抗压强度 σ（MPa）	承载力（MPa）	抗剪强度		变形模量 E（GPa）	泊松比 μ
				c（MPa）	φ（°）		
千枚岩	2.3	25	0.8	0.17	28	1.8	0.4
结构面				0.05	20		

(2)计算工况

共取三种工况进行计算分析:①天然状态(自重+裂隙水压力,其中裂隙充水高度取裂隙深度的1/5~1/2);②暴雨状态(饱和自重+裂隙水压力,其中裂隙充水高度取裂隙深度的1/2~2/3);③地震状态(自重+裂隙水压力+地震力,其中裂隙充水高度取裂隙深度的1/5~1/2)。

(3)稳定性评价

根据《滑坡防治工程勘察规范》(DZ/T 0218—2006),防治工程等级一级,滑移式危岩稳定安全系数取值为1.3,坠落式危岩稳定安全系数取值为1.8,倾倒式危岩稳定安全系数取值为1.5,评价标准见表6.6。

危岩体稳定性评价标准　　表6.6

危岩类型	危岩体稳定状态			
	不稳定	欠稳定	基本稳定	稳定
滑移式危岩	$K<1.0$	$1.0\leqslant K<1.2$	$1.2\leqslant K<1.3$	$K\geqslant 1.3$
坠落式危岩	$K<1.0$	$1.0\leqslant K<1.5$	$1.5\leqslant K<1.8$	$K\geqslant 1.8$
倾倒式危岩	$K<1.0$	$1.0\leqslant K<1.3$	$1.3\leqslant K<1.5$	$K\geqslant 1.5$

危岩稳定性计算结果见表6.7。

危岩稳定性系数及稳定性评价　　表6.7

危岩体	工况1		工况2		工况3	
	稳定性系数	稳定性评价	稳定性系数	稳定性评价	稳定性系数	稳定性评价
WY1	1.36	稳定	1.32	稳定	1.10	欠稳定
WY2	1.40	稳定	1.39	稳定	1.29	基本稳定

从表6.7可知,危岩体在天然状态和暴雨状态下都处于稳定状态,在地震工况下,WY1处于欠稳定状态,WY2处于基本稳定状态。在隧道施工过程中,由于经常的爆破施工产生的振动对危岩体的稳定性有影响,为了保证在施工过程中的安全,应对两处危岩体采取治理措施。因此,建议WY1进行清除,清除后的残留危岩应挂主动网进行防治。

6.4.2　孤石稳定性分析

边坡高高程处的岩体发生崩落等地质作用后,经过滚动、跳跃、翻滚等运动到坡下前缘坡度较缓、覆盖层较厚的部位,运动能量消耗完后停止堆积在覆盖层上,或者由于在运动过程中受到树木的拦挡作用而停止下来形成孤石。由于孤石靠与坡面的摩擦力、嵌合力或植被的拦挡等维持稳定,其变形失稳过程一般为:水对基座的软化或溶蚀,拦挡的植被折断,自身渐进性风化等作用下,其与坡面摩擦力、嵌合力降低,重心逐渐偏移失去支撑而失稳。坡表孤石的稳定性主要是受底部覆盖层的支撑,一旦受到某些因素(如坡面流水冲刷、地震)的影响,覆盖层受到扰动变形,会导致堆积的孤石失稳,其失稳模式为“偏心滚落”式或“偏心滑落”式,其稳定性系数的计算见图6.68和图6.69。

(1)计算方法

偏心滚落式的孤石计算模型如图6.68所示。

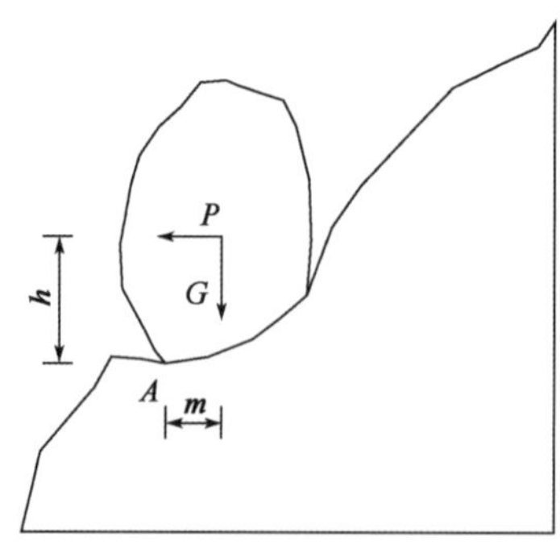

图6.68　偏心滚落式孤石计算示意图

孤石一旦失稳发生重心偏移，将以 A 点为转点发生转动失稳，其稳定性系数 K 可按下式计算：

$$K = \frac{G \times m}{P \times h}$$

式中：G——上部孤石的重量(kN)；

m——传点 A 至重力延长线的垂直距离(m)；

P——孤石承受的水平地震力(kN)；

h——转点 A 至水平地震力延长线的垂直距离(m)。

这类失稳模式的孤石计算模型如图6.69所示。孤石一旦失稳，将沿底滑面发生滑移，其稳定性系数 K 可按下式计算：

$$K = \frac{(G\cos\alpha - P\sin\alpha)\tan\varphi + \dfrac{ch}{\sin\alpha}}{G\sin\alpha + P\cos\alpha}$$

式中：h——孤石高度(m)；

α——孤石处坡角(°)；

c——孤石与坡表覆盖层间的黏聚力(kPa)；

φ——孤石与坡表覆盖层间的内摩擦角(°)；

其余符号同上。

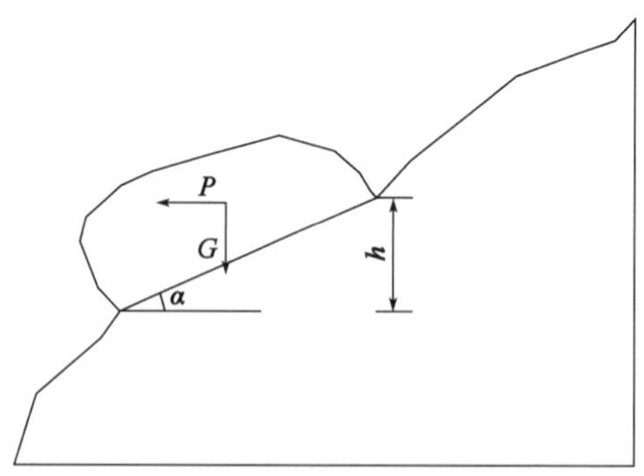

图6.69　偏心滑落式孤石计算示意图

(2)计算工况

共取三种工况进行计算分析：①天然状态(自重)；②暴雨状态(饱和自重+裂隙水压力)；

③地震状态(自重 + 裂隙水压力 + 地震力)。

(3)稳定性评价

孤石稳定性计算结果见表6.8。

孤石稳定性系数及稳定性评价　　表6.8

孤　石	工况1		工况2		工况3	
	稳定性系数	稳定性评价	稳定性系数	稳定性评价	稳定性系数	稳定性评价
GS01	1.70	稳定	0.93	不稳定	1.56	稳定
GS02	1.89	稳定	1.01	欠稳定	1.70	稳定
GS03	1.89	稳定	1.01	欠稳定	1.70	稳定
GS04	1.89	稳定	1.06	欠稳定	1.77	稳定
GS05	1.95	稳定	1.06	欠稳定	1.78	稳定
GS06	1.95	稳定	1.06	欠稳定	1.78	稳定
GS07	2.06	稳定	1.08	欠稳定	1.83	稳定
GS08	1.92	稳定	1.03	欠稳定	1.73	稳定
GS09	1.43	稳定	1.23	基本稳定	1.33	基本稳定
GS10	1.91	稳定	1.03	欠稳定	1.73	稳定
GS11	1.18	欠稳定	1.18	欠稳定	1.18	欠稳定
GS12	1.19	欠稳定	1.19	欠稳定	1.19	欠稳定
GS13	0.59	不稳定	0.31	不稳定	0.53	不稳定

从孤石的稳定性计算分析,在天然工况下除了GS11、GS12孤石稳定性较差以外,孤石的整体稳定性好。而在暴雨工况下,孤石的稳定性降低,其中在山顶的孤石整体处于稳定性的临界状态,极易发生失稳。对于GS13孤石堆,主要是由小型碎块石堆积而成,整体结构松散并有架空,其稳定性差。从不同工况的稳定性计算分析,暴雨是引起坡表孤石失稳的主要因素。随着雨水的下渗和坡面流水的冲刷作用,会使孤石底部与覆盖层的摩擦力降低,从而导致失稳。

因此,建议清除坡表的不稳定孤石,坡体中下部设置消能措施,以最终达到线位附近低能级石块可防治,高能级可避让的目的。

6.4.3　落石危害区域分析及冲击能量计算

1)落石危害区域调查

在峡谷地区修建建筑物,对于落石以及危岩体的调查是必不可少的,落石的运动路径无规则、冲击能量大,对建筑物的安全使用造成了极大的威胁。

(1)落石危害区域调查

针对裕丰岩边坡,此处落石危害在A、B、C三区均有发育,C区发育有5处落石灾害,B区发育有6处落石,A区发育有2处,其中发育于A区的落石灾害主要集中在两处危岩体上,B区及C区主要沿坡面的冲沟发育。

(2)落石粒径

在此次的落石危害调查中,落石的粒径大小从40~300cm不等,但是主要粒径在100~200cm之间,个别达到300cm。有些孤石在坡表的沟谷当中堆积,如果有大暴雨的降临,很有可能成为孤石启动的外动力地质营力,影响建筑物的使用寿命和安全。

2)各区域典型剖面落石运动路径分析及冲击能量计算

为了能够更加地反映落石灾害对所修筑的建筑物的影响,此处结合了典型的剖面,对落石的运动路径、运动方法以及冲击能量进行了计算。

(1)A1 区典型剖面计算分析

该区域的危岩体在地震工况下处于不稳定状态,落石会严重威胁下方公路的安全,其方量约 3000m^3。落石的运动路径以 A1 区地质剖面图为基础,对 A1 区失稳的块体进行落石运动路径计算(图 6.70),并划定落石的威胁区域,最终得到对坡脚构筑物威胁区域的总体范围。

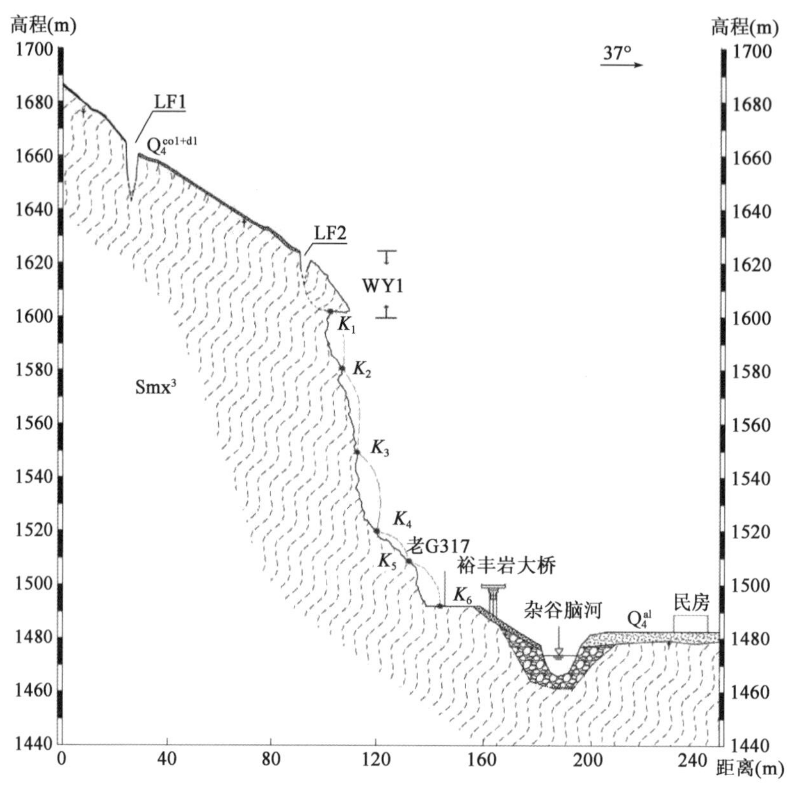

图 6.70 A1 区典型落石运动轨迹模式图

根据坡表孤石调查平均粒径约 1m^3,因此模拟计算落石体积以 1m^{3}计算。按落石运动路径计算方法从起点起,分段进行运动参数计算,依据敏感参数计算区间,按前述参数取值原则,分为 5 个极差,进行了共 6 次计算,该次计算参数见表 6.9。

落石碰撞运动特征计算表 表 6.9

位置	法向恢复系数	切向恢复系数	位置	法向恢复系数	切向恢复系数
K_1-K_2	0.3	0.87	K_4-K_5	0.36	0.87
K_2-K_3	0.34	0.87	K_5-K_6	0.37	0.87
K_3-K_4	0.34	0.87			

该路段的运动参数计算见表 6.10。

公路陡崖位置落石运动参数　　表 6.10

计算次数	弹跳高度(m)	动能(J)	运动速度(m/s)
1	3.30	1784.12	16.86
2	0.49	168.01	5.17
3	2.53	995.99	12.60
4	1.06	523.43	9.13
5	1.63	779.33	11.14

各运动参数随水平距离坐标的变化曲线分别见图 6.71 ~ 图 6.73。通过计算可得 A1 区落石方量约 $1m^3$ 的落石运动到坡脚构筑物处的弹跳高度为 1.63m，其运动速度达到 11.14m/s，其能量达到 186kJ，落石的冲击能量对坡脚的公路构筑物构成威胁。

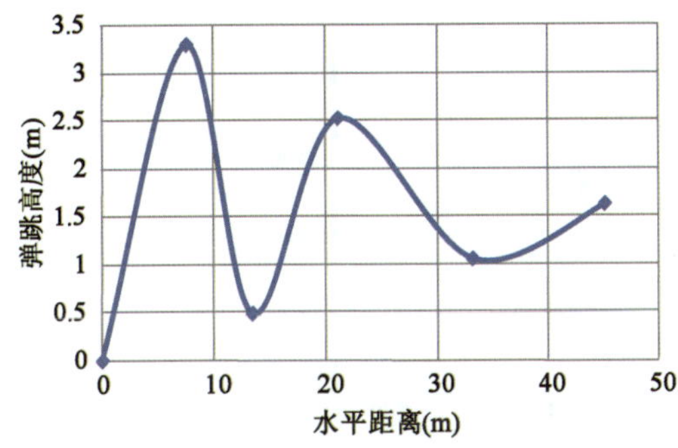

图 6.71　弹跳高度随水平距离的变化

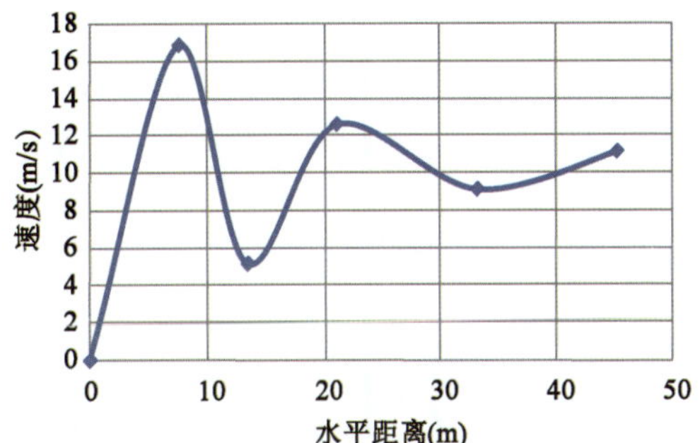

图 6.72　运动速度随水平距离的变化

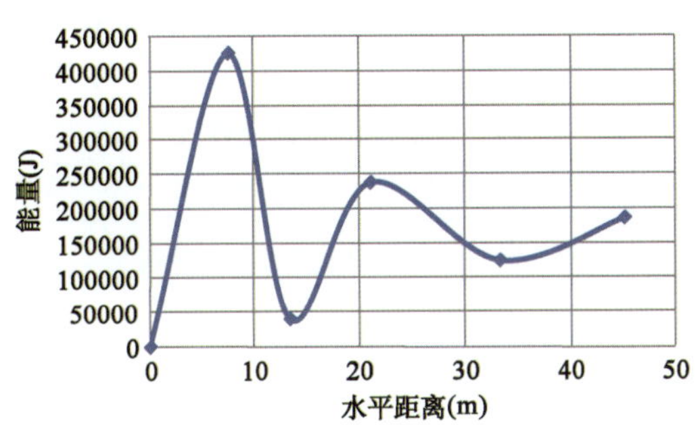

图 6.73　能量随水平距离的变化

若以坡脚隧道及公路为威胁对象，则落石威胁范围可达该区域，高速公路会受落石威胁。若取落石偏移比 $\eta = 0.3$，由坡脚公路至落石起点等效斜长 $L = 117m$，则可划定公路沿计算断面两侧各 35m 范围为受落石威胁区段。出于保护公路而言，该范围即是 A1 区落石的威胁区域。

(2) A2 区典型剖面计算分析

该区域块体整体稳定性较好，潜在失稳岩体方量约 $1000m^3$，对于 A2 区落石的威胁特征，落石的运动路径以 A2 区地质剖面图为基础，对失稳的块体进行运动路径计算（图 6.74），并划定威胁区域，最终得到对坡脚构筑物的威胁范围。

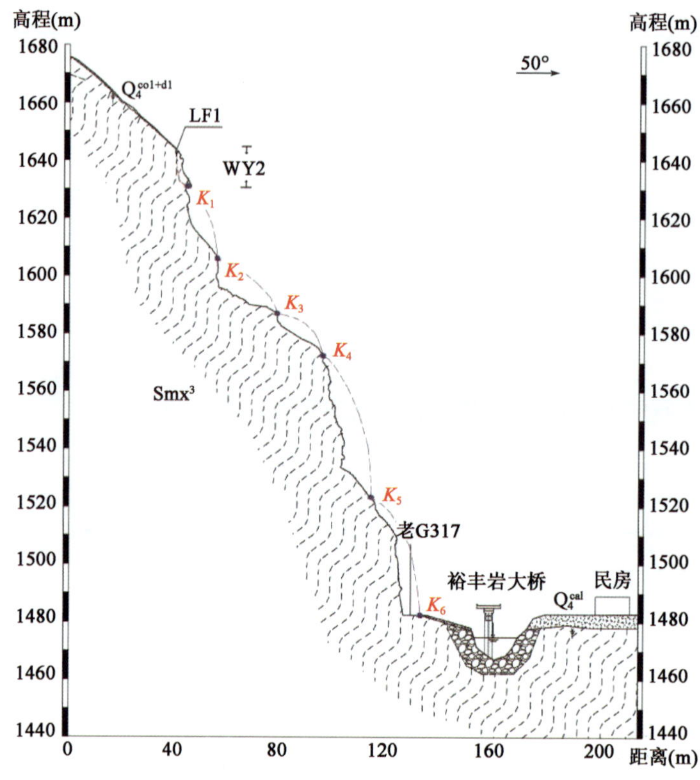

图 6.74　A2 区典型落石运动轨迹模式图

模拟计算落石方量以 $1\mathrm{m}^3$ 计算，按落石运动路径计算方法从起点起，分段进行运动参数计算，依据表 6.11 的敏感参数计算区间，按前述参数取值原则，分为 5 个极差，进行了共 6 次计算。

落石碰撞运动特征计算表　　表 6.11

位置	法向恢复系数	切向恢复系数	位置	法向恢复系数	切向恢复系数
K_1-K_2	0.32	0.87	K_4-K_5	0.26	0.91
K_2-K_3	0.34	0.87	K_5-K_6	0.26	0.87
K_3-K_4	0.34	0.88			

该路段的运动参数计算见表 6.12。

公路陡崖位置落石运动参数　　表 6.12

计算次数	弹跳高度(m)	动能(J)	运动速度(m/s)
1	2.94	2075.91	18.18
2	1.68	752.82	10.956
3	1.23	1070.77	13.06
4	2.63	1114.19	13.32
5	1.48	563.47	9.47

各运动参数随水平距离坐标的变化曲线分别见图6.75～图6.77。

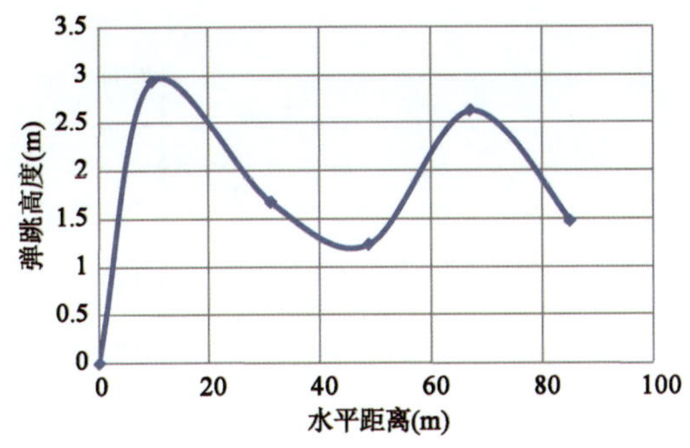

图6.75　弹跳高度随水平距离的变化

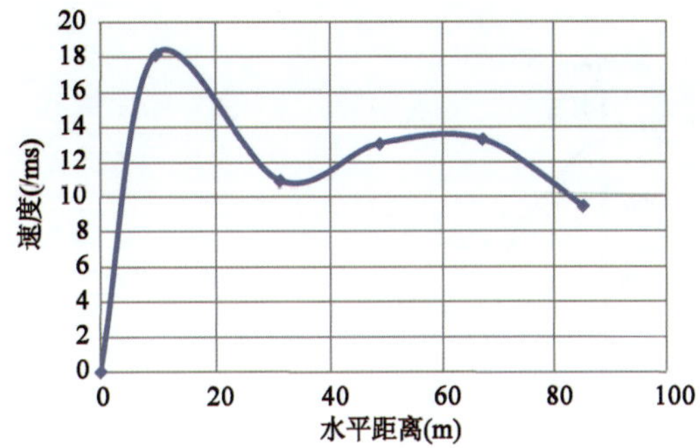

图6.76　运动速度随水平距离的变化

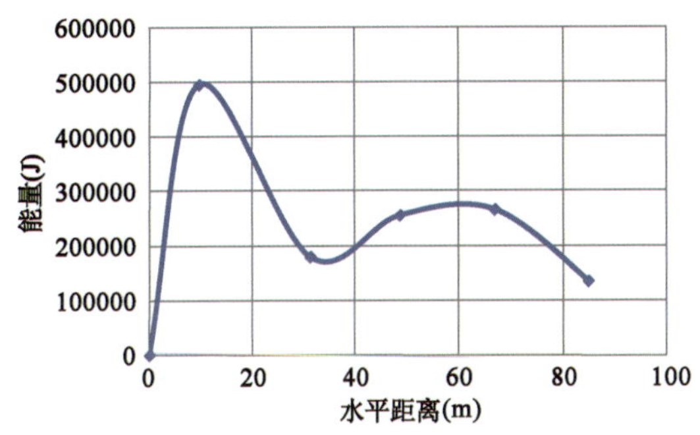

图6.77　能量随水平距离的变化

通过计算可得A2区处平均$1m^3$落石运动到坡脚构筑物处的弹跳高度为1.48m，其运动速度达到9.47m/s，其能量达到134.52kJ。

若以坡脚隧道及公路为威胁对象，则落石威胁范围可达该区域，高速公路会受落石威胁。若取落石偏移比$\eta=0.3$，由坡脚公路至落石起点等效斜长$L=172$m，则可划定公路沿计算断面两侧各51.6m范围为受落石威胁区段。出于保护公路而言，该范围即是A2区落石的威胁区域。

(3)B区及C区典型剖面计算分析

由于B区的落石只是零星分布，且落石的粒径相对较小，所以以C区为对象对其进行分析。

C区位于边坡顶部，且分布的孤石较多。为了能对坡顶孤石的运动特征有基础的认识，结合边坡地质情况和坡面植被，由于位于边坡坡顶的孤石稳定性差，因此选取高高程处的孤石所在剖面为计算运动特征的典型剖面，见图6.78。

落石威胁区域可以理解为崩落运动路径所经过的区域，以及可能运动到达的最大范围，该区域内所有基础设施和人员均为灾害威胁对象。滚石威胁区域的划定对坡下桥梁的稳定有重要意义，计算模式见图6.79。

威胁区域范围主要是位移偏移量的大小，它指落石垂直于运动剖面的横向威胁范围大小，采用Azzoni等定义的偏移指标，定义偏移比为停止点偏移运动坡面的距离同等效坡长的比值，即

$$\eta = \frac{D}{2L}$$

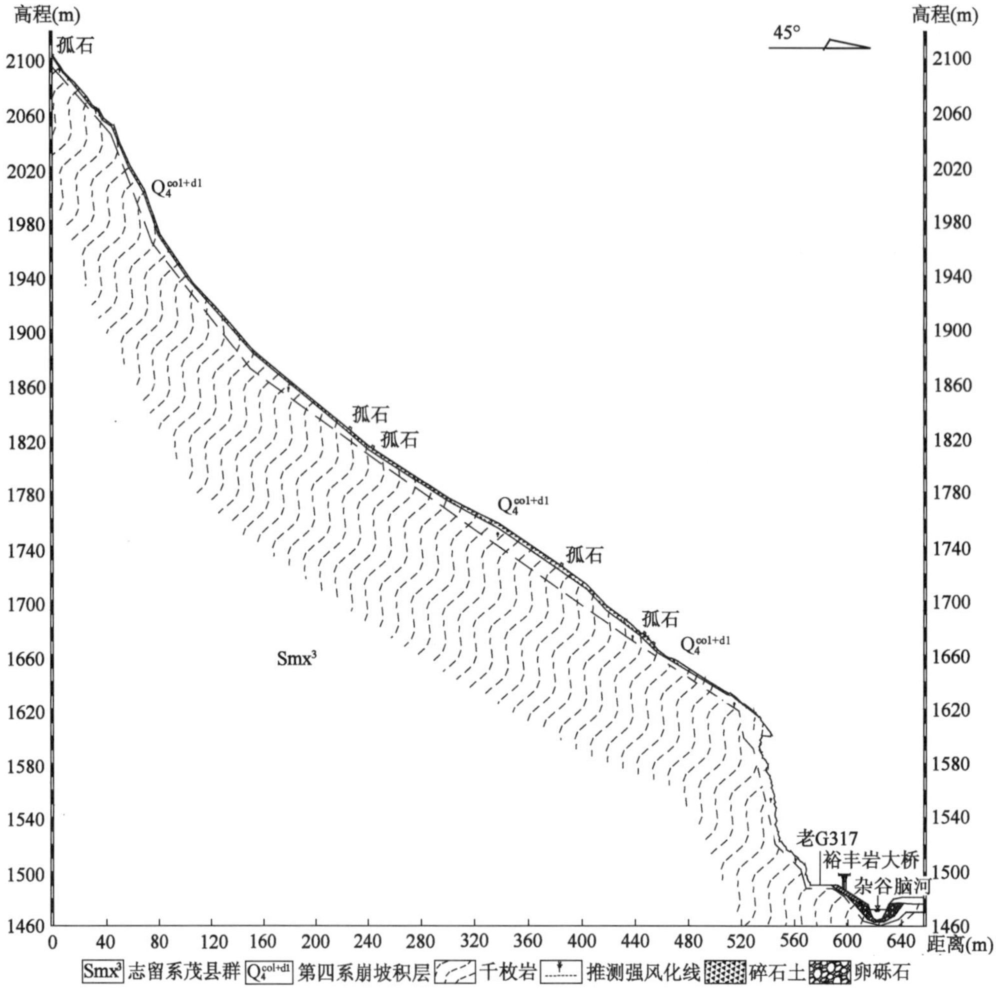

Smx³ 志留系茂县群 Q_4^{col+dl} 第四系崩坡积层 千枚岩 推测强风化线 碎石土 卵砾石

图 6.78　孤石路径计算典型剖面图

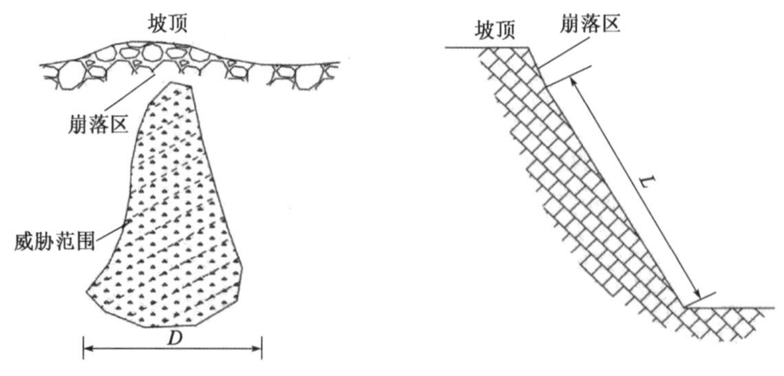

图 6.79　落石威胁示意图

图中 D 表示落石运动计算得到的最大运动斜长，η 为崩落运动最大偏移比。结合现场的工程地质条件和坡面情况，对于重点保护区域，可取 $\eta=0.3$，较重保护区域取 $\eta=0.25$，一般保护区域取 $\eta=0.2$。经过计算，断面两侧各250m内为孤石崩落威胁区域。由于孤石运动轨迹受坡面地形、沟谷、植被等影响，并且运动过程中也可能发生解体，但是根据滚落在河谷附近的早期崩落落石分析，距离隧道出口大约200m长的范围内为山坡孤石滚落的威胁范围。

对于调查的孤石失稳后的运动特征分为覆盖层变形引起的滑塌和重心偏移引起的滚（滑）动等。根据以往研究结果，崩落体只有在坡度小于某一临界值时（一般为12°或1∶5坡比），才停于崖脚。在假定坡形顺直，坡面平整，坡面植被以低矮次生灌木为主时，当坡度大于某一值（27°或1∶0.5坡比）时，崩落岩块可表现为滑动、滚动、跳跃和自由崩落方式，大部分或全部被搬运至坡脚，如图6.80所示。

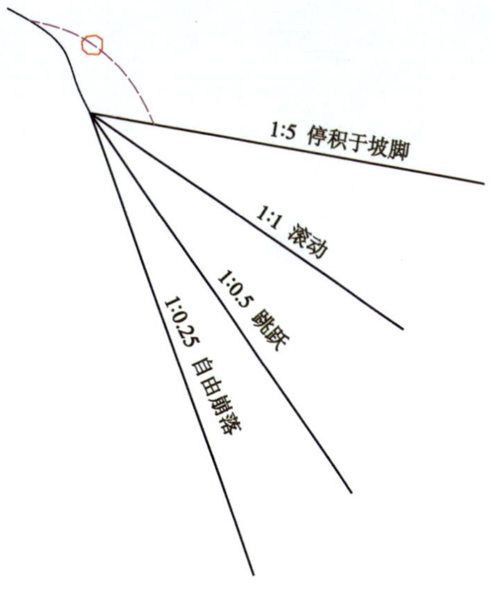

图6.80　孤石失稳后的运动方式示意图

根据现场调查，对孤石的运动路径进行了现场测绘，从山顶 A 点起，将运动坡面按坡度和地质条件分为 AB、BC、…、JK 等10段（图6.81）。

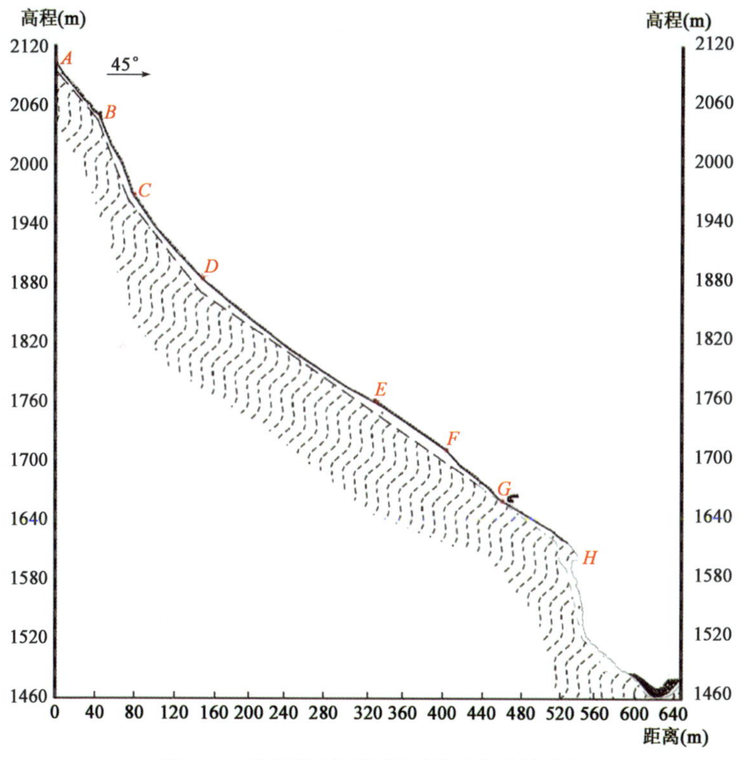

图6.81　裕丰岩边坡孤石运动路径典型剖面图

通过对运动坡面上的覆盖层性质、厚度、散落块石粒径进行调查，各段详细参数见表6.13。

裕丰岩边坡坡面描述与滚石运动特征　　表6.13

坡段	坡度(°)	坡面长度(m)	坡面形状描述	推测运动方式
AB	49	69.08	少量基岩裸露，发育杂草，强～中风化千枚岩	滚落
BC	66	88.93	碎石土覆盖层，发育杂草，厚约1m，较松散	跳跃、滚动为主
CD	50	110.48	碎石土覆盖层，杂草发育，厚1～2m，结构松散	滚落为主
DE	35	218.01	碎石土覆盖层，较密实，厚1～2m，杂草发育	跳跃、翻滚为主
EF	34	86.56	碎块石覆盖层，较密实，厚2～3m，杂草发育	跳跃、翻滚为主
FG	43	78.49	碎块石覆盖层，较密实，平均厚度>5m	跳跃、翻滚
GH	36	99.86	少量基岩裸露，发育杂草，强～中风化千枚岩	跳跃、翻滚
HI	66	121.21	基岩裸露，强～中风化花岗岩，岩质较坚硬，为陡壁	滚动为主
IJ	0	20	混凝土公路路面	滚动为主
JK	33	27.08	河谷，为块石坡面	跳跃、翻滚

根据现场进行的坡面调查，结合坡面的冲击改造情况和掌握的坡面地形地貌，对孤石失稳后的运动路径进行计算(图6.82)。以山顶的孤石GS07为例，采用恢复系数的计算方法对孤石运动过程中的运动速度进行计算，并根据已知的水平、垂直距离对滚石弹性碰撞恢复系数、落点速度及弹跳高度进行了反演。

采用恢复系数法计算滚石运动的速度、弹跳高度，见表6.14。

碰撞前、后滚石运动特征计算表　　表6.14

位置		坡角(°)	水平距离(m)	垂直距离(m)	水平速度(m/s)	垂直速度(m/s)	法向恢复系数	切向恢复系数
碰撞前	K_1-K_2	49.00	45.23	52.21	13.86	31.99	0.25	0.75
	K_2-K_3	66.00	23.61	81.03	18.34	−17.08	0.34	0.83
	K_3-K_4	50.00	70.46	85.10	−4.63	−5.13	0.34	0.83
	K_4-K_5	57.00	63.46	91.64	2.58	56.16	0.34	0.83
	K_5-K_6	35.00	101.86	61.07	3.24	24.24	0.34	0.83
	K_6-K_7	34.00	72.04	47.98	4.76	20.60	0.34	0.83
	K_7-K_8	43.00	58.60	52.22	2.73	10.41	0.33	0.82
	K_8-K_9	36.00	80.85	58.61	5.32	42.48	0.33	0.82
	K_9-K_{10}	66.00	49.77	110.52	6.27	50.66	0.33	0.82
	K_{10}-K_{11}	38.00	33.83	28.92	3.27	8.37	0.23	0.75

续上表

位置		坡角（°）	水平距离（m）	垂直距离（m）	水平速度（m/s）	垂直速度（m/s）	法向恢复系数	切向恢复系数
碰撞后	K_1-K_2	18.34	17.08	52.21	0.00	45.23	0.00	3.86
	K_2-K_3	-4.63	-5.13	81.87	1.87	25.73	2.12	1.16
	K_3-K_4	2.58	56.16	89.04	3.94	71.92	1.46	8.68
	K_4-K_5	3.24	24.24	99.57	-2.07	65.76	2.30	7.56
	K_5-K_6	4.76	20.60	62.49	1.42	99.15	-2.49	3.75
	K_6-K_7	2.73	10.41	46.42	-1.56	71.18	-0.86	2.35
	K_7-K_8	5.32	42.48	51.80	-0.43	59.96	1.36	4.60
	K_8-K_9	6.27	50.66	59.38	0.77	81.21	0.36	7.70
	K_9-K_{10}	3.27	1.67	112.79	2.27	51.04	1.27	0.38
	K_{10}-K_{11}	5.24	2.43	26.65	2.27	32.66	1.17	0.64

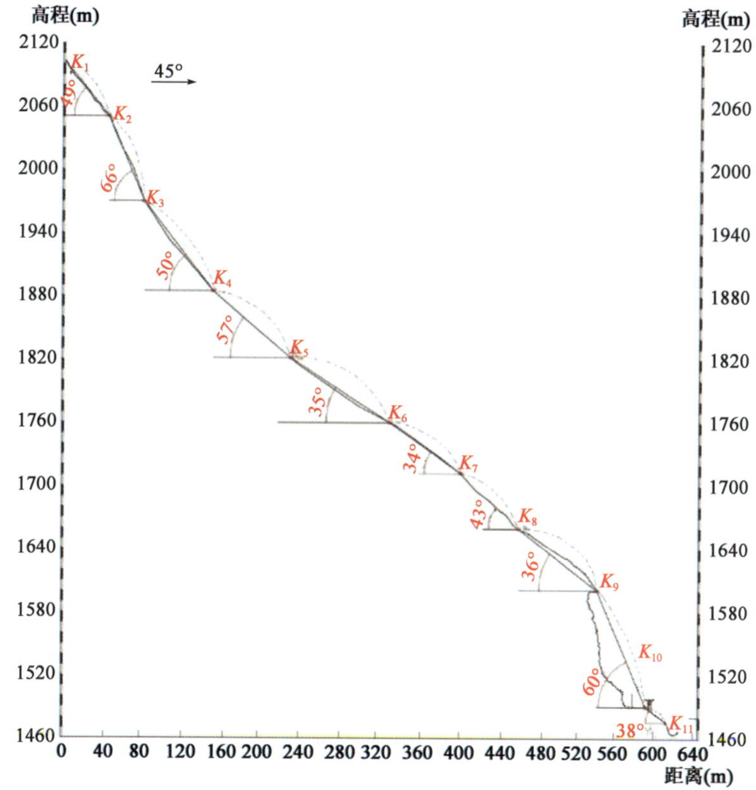

图 6.82　裕丰岩边坡典型滚石运动轨迹模式图

通过对孤石失稳的运动过程预测计算，山顶的孤石失稳崩落后运动到坡脚隧道洞口处，并仍有一定的能量，运动到隧道处弹跳高度达到 1.8m，水平运动速度达到 5.24m/s，冲击能量达到 113.67kJ。虽然对于实际落石，由于随机性的影响无法完全准确预测其运动路径，并且运动过程中还会发生解体，但是通过模拟计算，山坡上的孤石在滚落过程中会对山下的隧道及桥梁造成威胁。

通过计算,坡表的孤石失稳对桥梁造成冲击,为了对冲击力大小有一个定量的认识,以便预测对桥梁的威胁大小,对桥梁造成的冲击可以理解为刚性碰撞,对冲击过程功能原理进行简化。以山顶的孤石 GS07 为例,冲击力的大小根据《公路路基设计规范》(JTG D13—2015)中冲击力公式进行计算,对拦挡结构的冲击力由下式计算:

$$P = P(Z)F = 2\gamma Z\left[2\tan^4(45° + \frac{\varphi}{2}) - 1\right]F$$

式中:$P(Z)$——孤石冲击土堤后陷入缓冲层的单位阻力(kPa);

Z——孤石冲击后的陷入深度(m)。

Z 由下式计算:

$$Z = V_R\sqrt{\frac{Q}{2g\gamma F}} \times \sqrt{\frac{1}{2\tan^4\left(45° + \frac{\varphi}{2}\right) - 1}}$$

式中:V_R——孤石接触拦挡结构的冲击速度(m/s);

Q——石块重量(kN);

γ——缓冲层重度(kN/m^3);

g——重力加速度(10.0m/s^2);

φ——缓冲层内摩擦角(°);

F——落石等效球体的截面积(m^2)。

F 由下式计算:

$$F = \pi R^2$$

$$R = \sqrt[3]{\frac{3Q}{4\pi\gamma_1}}$$

式中:γ_1——落石的重度(kN/m^3)。

计算结果见表 6.15。

冲击力计算表 表 6.15

千枚岩重度 γ_1 (kN/m^3)	石块重量 Q (kN)	混凝土重度 γ (kN/m^3)	混凝土内摩擦角 φ (°)	落石冲击力 P (kN)
23.6	65.136(千枚岩)	26.5	55	2151.22

通过计算,山顶孤石滚落冲击到坡脚混凝土结构物的冲击力可以达到 2151.22kN。虽然冲击力在孤石滚落过程中的影响因素很多,还可能在过程中发生崩解,但是孤石从高处滚落下的冲击力仍对隧道及桥梁有一定的威胁。孤石运动到坡脚处不仅有相当大的冲击力,而且还有一定的弹跳高度,有可能会砸到高速公路路基或桥梁。

6.4.4 危害区域确定及构造物位置冲击能

对于落石灾害,确定其落石危害区域以及落石可能对建筑物构成的危害是极其重要的一件事,计算落石冲击能带来的危害可更好地设计防范措施。

1)危害区范围

综合A、B、C三处落石灾害。可以圈定落石的范围主要是隧道出口,以及跨域杂谷脑和所修建的大桥,边坡危岩落石对路线的威胁范围为距离隧道出口大约200m长的范围。见图6.83。

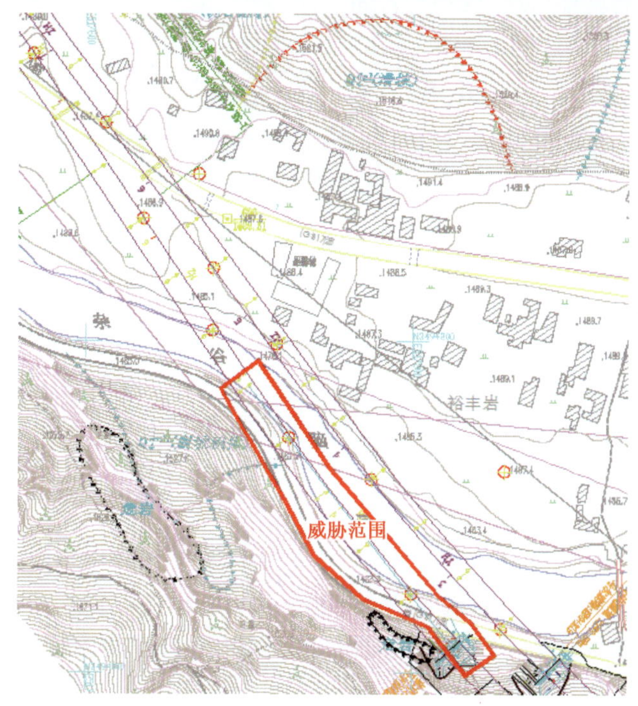

图6.83　落石危害范围图

2)构造物位置冲击能

综合上述计算及分析可以知道,在A1区$1m^3$的落石运动到坡脚构筑物处的弹跳高度为1.63m,其运动速度达到11.14m/s,其能量达到186kJ,在A2区平均$1m^3$落石运动到坡脚构筑物处的弹跳高度为1.48m,其运动速度达到9.47m/s,其能量达到134.52kJ。而在C区由于处于不同高度的落石冲击所造成的危害也不相同,但是对于GS07的分析可以知道:运动到隧道处弹跳高度达到1.8m,水平运动速度达到5.24m/s,冲击能量达到113.67kJ。

3)建议

根据该边坡主要落石危害,建议采取如下防治措施:

(1)B区中下部设置拦挡结构,可采用拦石墙、被动防护网等,拦截B区中上部及C区的落石。坡体上部的孤石应结合清除,边坡中下部设置消能措施,以最终达到线位附近低能级石块可防治,高能级可避让的目的。

需要说明的是,高速公路属安全等级高的重要构造物,被动防护网一般设计使用年限要远远低于高速公路,且受落石冲击后易损,因此若采用被动防护网结构,需设置检修和维护通道,定期检查,发生损坏及时维修。

(2)对A1区顶部重力变形体和A1区上部危岩采取主动加固措施。特别是WY1在地震工况下处于不稳定状态,建议清除。清除后的残留危岩应挂主动网进行防治,可综合考虑清危、锚固、支撑等综合措施。

(3)对隧道洞口接长明洞。

(4)对桥梁桥面设置棚洞或棚架,拦截坡顶坠落块石。

(5)桥墩左侧设置被动拦挡,拦截落石冲击。

6.5 本章小结

(1)从剖面上,该边坡可以分为下部近直立陡坡区(海拔高程在1480~1630m)、中上部斜坡段(海拔高程大致在1630~1900m)、坡顶陡坡段(海拔高程在1900~2050m)。根据工程地质平面、剖面上的变化,以及不同位置边坡失稳破坏现象,将整个边坡区域划分为4个大的区域:A1区边坡具有如下对公路构成危害的潜在变形失稳问题,主要有陡坡段结构面切割岩体失稳、重力变形体失稳破坏。A2区中上部为基岩陡坡,下部为崩塌堆积体,该区域潜在失稳破坏模式,主要为上部结构面切割岩体在降雨、地震等作用下的失稳破坏问题。B区为较平顺斜坡,该区内LF1裂隙在平面上断续分布,裂隙分若干段,各段之间并不连续,不具备边坡拉裂破坏现象,分析与边坡变形无关,推测与岩性及水的侵蚀密切相关。C区位于斜坡顶部,该区域在风化冻融、卸荷作用下,局部岩体松动,在降雨、地震作用下有局部松动岩体失稳,失稳岩体顺坡坠落、在中部斜坡段滚动、堆积,个别块石坠落至坡脚,危害桥梁构造物。

(2)根据计算分析,A1区重力变形体在地震、暴雨作用下下降,产生渐进失稳破坏,由于其规模较大,需采取主动加固措施。该边坡A1区陡坡段、A2区陡坡段,以及B区和C区,有结构面切割岩体、松动岩体失稳灾害,由于边坡高陡,落石冲击能量大,需采取边坡上方主动加固、拦挡与桥梁、隧道洞口被动防护相结合的措施。

本书主要结论

(1)深切峡谷山区公路边坡地质灾害总共分为4个大类,14个亚类,即倾倒型、滑移型、坠落型和剥蚀型四大类。其中倾倒型按照失稳机理又划分为冻胀—倾倒型、拉裂—倾倒型、风压—倾倒型、鼓胀—倾倒型、震动—倾倒型;剥蚀型划分为冻融—剥蚀型、风化—剥蚀型、震裂—剥蚀型;滑移型划分为张裂—滑移型、剪断—滑移型、冻融—滑移型、震动—溃滑型;坠落型划分为拉剪—坠落型、震裂—坠落型。对于坡体,岩体结构分为二元结构、块状结构、层状结构、碎裂结构、土层5个大类,15个亚类。

(2)地质灾害规模以小型为主,分布具有明显的区域性。高程1500~3500m范围内灾害点最为发育,在高海拔平原区地质灾害较少发生。高海拔地区由于强烈的寒冻风化作用岩体多属于强风化,灾害类型则以剥蚀型为主。地形地貌是影响地质灾害分布的主要因素,深切峡谷地区由于地形高陡,风化作用强烈,峡谷区的灾害点数量明显高于宽谷地区。岩体结构决定了地质灾害的类型,碎裂结构的岩体在研究区最为发育,其灾害类型主要为剥蚀型。研究区地质灾害的分布与影响因素的敏感程度从大到小依次为:地层岩性、高程、坡度、地震烈度。

(3)在纬度与经度相同的情况下,年平均气温随海拔高度的增加而降低;在经度与海拔相同的情况下,年平均温度随纬度的升高而降低;年最低温度与海拔有着较好的线性关系,与纬度,特别是经度的线性相关关系较差。通过监测数据建立海拔高度 H 与冻深 h 的相关关系,其回归方程为:$h = -1.498 + 6.4716 \times 10^{-4} H$;同时阳坡的冻土冻结深度低于阴坡的冻土冻结深度,阳坡处冻深的分布下界高度高于阴坡处冻土的分布下界高度。岩体表面温度与环境温度成正相关,具有一定的周期性。

(4)饱水岩样的冻融应变过程分为八阶段:冷缩阶段、冻胀阶段、冻缩阶段、升温迟滞阶段、热胀阶段、融缩阶段、融缩回弹阶段、融缩趋稳阶段。干燥岩样的冻融应变过程分为5个阶段:冷缩阶段、冷缩趋稳阶段、升温迟滞阶段、热胀阶段及热胀趋稳阶段。裂隙岩石的冻胀阶段微应变最大值随循环次数的增加而增大,不同岩性的裂隙岩石的最大微应变随恒定温度的减小都呈二项式增大,且增大速率各异。不同高度的充水预制裂隙在试验过程中微应变变化趋势随裂隙组数、宽度、高度的增加而增大。不同岩性裂隙岩样的冻融损伤劣化模式分为:层状脱落模式、块体剥落模式、片落模式、裂纹模式。冻融循环过后的不同岩石单轴抗压强度测试拟合得出统一的岩石抗压强度衰减曲线:$\overline{R_f} = \overline{R_s} - a\ln(n+1)$。

(5)对于高寒山区岩质边坡来说,岩石的弹性模量及输入的地震峰值加速度与地震动力放大系数的相关性是最高的,随着地震峰值加速度的增大、边坡弹性模量的增大得到的地震放大系数变化是非常明显的。黏聚力、内摩擦角与放大系数有一定的关系,对于理县这类直线边坡,地震对其扰动是非常明显的,而对于其他折线坡受到地震动的扰动则降低,这也是影响黏聚力及内摩擦角相关性的一个重要的因素。千枚岩和砂岩类边坡的弹性模量相关性是非常好的,但是花岗岩边坡和灰岩边坡的相关性比较差,说明千枚岩和砂岩类边坡的线性关系要强于花岗岩和灰岩类边坡。

(6)采用 GIS 评价方法建立公路边坡危险性评估方法,同时结合 Peila 和 Guardini 事件树概率分析,根据死亡率区分易损性高低,确定易损性,在此基础上建立易损性评价体系。然后基于危险性和易损性的评价方法,以两者相结合建立公路走廊带风险性评价体系。同时采用 RHRS 公路风险评估方法,将各类“参与”边坡致灾的风险性因子结合成一个整体,从单体角度评价了整个线路边坡的风险性,并对应评估准则进行分类,得出最终的综合风险性分区。

(7)结合深切峡谷山区公路边坡特征,提出公路边坡地质灾害防治特点,并针对不同类型的高陡边坡地质灾害及公路沿线高陡边坡不同部位的地质灾害特征,提出相应的防治措施;同时针对现有防治措施存在的问题,提出了新型的地质灾害防治措施,包括在公路高陡边坡调查中采用了无人机航拍遥感和激光扫描技术,研发了静态爆破技术、张口式帘式新型防护网、新型材料注浆加固技术以及钢花管注浆 + 框架型防护网装置,并经过现场应用取得良好效果。

参考文献

[1] 梁光模. 川藏公路南线(西藏境内)泥石流灾害与防治对策[D]. 成都:西南交通大学,2005.

[2] 袁广祥,尚彦军,杨志法,等. 藏东南波密地区岩石风化速率及其影响因素分析[J]. 工程地质学报,2010,18(2):191-196.

[3] S. D. Richardson,J. M. Reynolds. An overview of glacial hazards in the Himalayas[J]. Quaternary International,2000,65-66,31-41.

[4] 张兵. 天山公路重点滑坡地质灾害形成机制与防治对策研究[D]. 成都:成都理工大学,2007.

[5] 张元才. 天山公路散粒体边坡形成机理及防治对策研究[J]. 岩石力学与工程学报,2010,29(3):617-623.

[6] 杨逸畴. 川藏公路通麦天险段山地灾害及其防治[J]. 山地研究,1997,15(4):288-292.

[7] Jeen H W. A Frcatal Analysis of Earth-quakes in the West TaiWang[J]. Terrestrial,Atomospherci and Oceanic Science,1993,4(04): 457-464.

[8] Omura H. Frcatal dimension analysis on spatial distribution of shallow landslides triggered by heavy rainfall[C]. Proceeding of the IUFRO World Congress. Tampere(IUFRO),1995: 97-104.

[9] 姜恩三,任光明,王文坡,等. 基于关联维数的地质灾害空间分布特征分析[J]. 中国地质灾害与防治学报,2018,28(1): 113-117.

[10] Pourghasemi H R,Moradi H R,Aghda S M F,et al. Assessment of fractal dimension and geometrical characteristics of the landslides identified in North of Tehran,Iran[J]. Environmental Earth Sciences,2014,71(8):3617-3626.

[11] 滕宏泉,谢婉丽,盖海龙,等. 分形分维理论在地质灾害发育及空间分布规律中的应用——以长安区滑坡、崩塌地质灾害为例[J]. 地质灾害与环境保护,2016,(10): 44-50.

[12] 陈建勋,罗彦斌. 寒冷地区隧道温度场的变化规律[J]. 交通运输工程学报,2008,(02): 44-48.

[13] 程井,常晓林,周伟,等. 应用无单元伽辽金法计算大坝稳定温度[J]. 武汉大学学报(工学版),2008,(04): 48-51.

[14] 丁德文. 竖井冻结壁温度场的有限元分析[C]. 甘肃,1983.

[15] 高娟. 裂隙岩体冻结温度场与渗流场耦合作用机理及应用研究[D]. 北京:中国矿业大学,2014.

[16] 何国梁,张磊,吴刚. 循环冻融条件下岩石物理特性的试验研究[J]. 岩土力学,2004,(S2): 52-56.

[17] Halatchev Rossen A. Probabilistic stability analysis of embankments and slopes[M]. Proceedings of the 11th International Conference on Ground Control in Mining,1992.

[18] Hisakazu Sa Kai,Sumio Sawada,Kenzo Toki. Structure Considering Tensile Failure[M]. 12WCEE,2000.

[19] Lawarence L Davis,Lewis R West. Observed effects of topography on ground motion[J]. Bulletin of the Seismological Society of America,1973,63: 283-298.

[20] 赖远明,吴紫汪,等. 寒区隧道温度场、渗流场和应力场场耦合问题的非线性分析[J]. 岩土工程学报,1999,5 (21): 529-533.

[21] 李宁,程国栋,谢定义. 西部大开发中的岩土力学问题[J]. 岩土工程学报,2001,(03): 268-272.

[22] 李新平,路亚妮,王仰君. 冻融荷载耦合作用下单裂隙岩体损伤模型研究[J]. 岩石力学与工程学报,2013,32(11): 2307-2315.

[23] 刘昌森,吕美丽. 上海地区地震放大效应的初步探讨[J]. 上海地质,1998,1:7-13.

[24] 祁生文,伍法权,孙进忠. 边坡动力响应规律研究[J]. 中国科学技术,2003,33(增刊): 28-40.

[25] 陈建春,高福荣,汪洵波. 冶勒大坝地震动力反应分析[J]. 四川水力发电,2008,27(4): 99-104.

[26] Steven L Kramer. Geotechnical earthquake engineering[M]. New Jersey: Prentice 2 Hall Inc,USA,1996.

[27] 工程地质手册编委会.工程地质手册 [M].北京:中国建筑工业出版社,2007.

[28] 陈天城,魏炳乾.冻结融解作用对岩石边坡稳定的影响[J]. 西北水力发电,2003,19(3): 5-7.

[29] 刘泉声,黄诗冰,康永水,等.裂隙岩体冻融损伤研究进展与思考[J]. 岩石力学与工程学报,2015,34(3):452-471.

[30] 蒙明辉.循环冻融条件下岩质边坡破裂机制及变形监测研究[D]. 成都:成都理工大学,2015.

[31] 金川,汪仁和,王伟.张集矿北区地层冻结温度场的实测与分析[J]. 安徽理工大学学报(自然科学版),2004,(24): 13-17.

[32] Boore. A note on the effect of simple topography on seismic SH waves[J]. Bulletin of the Seismological Society of America,1972,62:275-284.

[33] Donald W Griffiths,G. A. Bollinger. The effect of Appalachian mountain topography on seismic waves[J]. Bulletin of the Seismological Society of America,1979,69:1081-1105.

[34] 刘红帅,薄景山,刘德东.岩土边坡地震稳定性分析研究评述[J].地震工程与工程振动,2005,25(1): 164-171.

[35] Bionai G,Cascone E,Maugeri M. Flow and deformation of sandy slopes[J]. Soil dynamics and earthquake enginering,2002,22(10): 1103-1114.

[36] 刘立平,雷尊宇,周富春.地震边坡稳定分析方法综述[J].重庆交通学院学报,2001,20(3): 83-88.

[37] 姚清林.自然灾害链的场效机理与区链观[J].气象与减灾研究,2007,(3): 31-36.

[38] 崔云,孔纪名,田述军,等.强降雨在山地灾害链成灾演化中的关键控制作用[J].山地学报,2011,(29): 87-94.

[39] 程正逢,梁巧云. 航空三维激光扫描与成像技术在送电线路工程中的用[J]. 岩土工程勘测,2004,(1): 31-35.

[40] 刘奇志.低空摄影测量与三维建模[D].青岛:山东科技大学,2005.

[41] 中国科学院地理研究所.地面立体摄影测量及其应用[M].北京:测绘出版社,1980.

[42] 王文颖,赵培洲,吴正春.工程与近景摄影测量[M].北京:地质出版社,1994.

[43] 卢晓攀.无人机低空摄影测量成图精度实证研究[D].北京:中国矿业大学,2014.

[44] Feng Q,Sjogren P,Stephansson O,et al. Measuring fracture orientation atexposed rock faces bye using a non-reflectortotal station[J]. Engineering Geology,2001,59:133-146.

[45] 董秀军,黄润秋. 三维激光扫描技术在高陡边坡地质调查中的应用[J].岩石力学与工程学报,2006,25(S2): 3629-3635.

[46] Guzzetti F,Reichenbach P,Ghigi S. Rockfall hazard and risk assessment along a transportation corridor in the Nera Valley,central Italy[J]. Environ Manage,2004,34(2):191-208.

[47] M. Jaboyedoff,V J P D. An attempt to refine rockfall hazard zoning based on the kinetic energy,frequency and fragmentation degree[J]. Natural Hazards and earth System,2005(5):621-632.

[48] 章照宏.边坡落石灾害评价与风险分析[J].路基工程,2007(01):158-160.

[49] 张路青,杨志法,张英俊.公路沿线遭遇滚石的风险分析方法研究[J]. 岩石力学与工程学报,2005(S2):5543-5548.

[50] 陈云. 边坡风险评估系统及其应用研究[D].重庆:重庆大学,2007.

[51] 赵东生. 静态爆破在高位自然边坡的应用[J].居业,2015,69-70.

[52] 王万昌. 广西炭质泥岩边坡防治技术研究[D].广西:广西大学,2006.

[53] 唐印,韦猛,陈志华. 控制爆破在清除高陡边坡危岩体中的应用[J]. 路基工程,2016,(01):151-154.

[54] 梅本志. SNS柔性防护网在黄山风景区公路边坡防治中的应用[J]. 工程建设与设计,2012,(07):152-

154 + 158.

[55] 侯伟涛,彭李. 张口式帘式网在高速公路高边坡防护中的应用[J]. 北方交通,2019,6: 66-69.

[56] 艾树波,焦海峰,吕汉川. 帘式网在门头沟灵山路边坡落石防护工程中的应用[J]. 路基工程,2015 (6): 168-173.

[57] 郭迎琦. 某实训基地边坡落石防护方案研究[J]. 四川水泥,2017 (8): 256-257.

[58] 王逸遮,杨俊毅. 山区公路边坡落石分析及柔性支护应用[J]. 公路交通科技 (应用技术版),2018 (9): 156-158.

[59] 裴向军,黄润秋,李正兵,等. 锦屏一级水电站左岸卸荷拉裂松弛岩体灌浆加固研究[J]. 岩石力学与工程学报,2011(20):284-288.

[60] 阮文军. 浆液扩散与浆液若干基本性能研究[J]. 岩土工程学报,2005,27(1):69-73.

[61] 袁进科,寇举安,雷振,等. 深圳益田浅埋暗挖地铁隧道富水砂层注浆堵水技术[J]. 施工技术,2019,1: 66-69.

[62] 杨华阳. 粘度时变浆液流变特性与裂隙岩体平面注浆扩散研究[D]. 成都:成都理工大学,2016.

[63] 裴向军,罗阳楚君,杨晴雯. 含水率及掺沙量对双聚材料改良碎石土试验研究[J]. 重庆交通大学学报, 2018,37(9): 48-54.

[64] 张真怡,罗阳楚君,裴向军. 滨海氯盐盐渍土加固工程特性[J]. 土木工程与管理学报,2017,34(04): 59-63.